NomosEinführung

Prof. Dr. Sybille Neumann
Hochschule für Technik und Wirtschaft des Saarlandes
Direktorin Deutsch-Französisches Hochschulinstitut

Dr. Oliver Berg, Docteur en droit
Rechtsanwalt in Paris, Lehrbeauftragter an den
Universitäten Lothringen und Straßburg

Französisches Recht

2. Auflage

Die Deutsche Nationalbibliothek verzeichnet diese Publikation in
der Deutschen Nationalbibliografie; detaillierte bibliografische
Daten sind im Internet über http://dnb.d-nb.de abrufbar.

ISBN 978-3-8487-7333-6 (Print)
ISBN 978-3-7489-1339-9 (ePDF)

2. Auflage 2023
© Nomos Verlagsgesellschaft, Baden-Baden 2023. Gesamtverantwortung für Druck und Herstellung bei der Nomos Verlagsgesellschaft mbH & Co. KG. Alle Rechte, auch die des Nachdrucks von Auszügen, der fotomechanischen Wiedergabe und der Übersetzung, vorbehalten.

Vorwort

Im Studium und in der beruflichen Praxis spielen die anderen großen Rechtssysteme eine immer bedeutendere Rolle. Das gilt auch für das französische Recht, das aus deutscher Perspektive zweifellos eine besondere Stellung einnimmt. Es gehört derselben Rechtsfamilie an und ist daher häufig ähnlich strukturiert. Auch nähert es sich im zusammenwachsenden Europa dem deutschen Recht an, was etwa die Reform des Verjährungsrechts von 2008 und die große Schuldrechtsreform von 2016 eindrucksvoll belegen. Gestärkt wird diese Tendenz durch die Umsetzung der Richtlinien (EU) 2019/770 vom 20. Mai 2019 über bestimmte vertragsrechtliche Aspekte der Bereitstellung digitaler Inhalte und digitaler Dienstleistungen und (EU) 2019/771 vom 20. Mai 2019 über bestimmte vertragsrechtliche Aspekte des Warenkaufs.

Aber zugleich ist das französische Recht auch durch deutliche Unterschiede gekennzeichnet, durch eigene Begrifflichkeiten und durch Sichtweisen, die dem französischen Rechtskreis eigen sind.

Das Ziel dieses Buches ist es, dem deutschen Juristen eine Einführung in das französische Rechtssystem an die Hand zu geben, die zugleich umfassend, aber auch praktisch ist. So werden alle Rechtsgebiete – Privatrecht, öffentliches Recht, Strafrecht – abgebildet, und Übersetzungen der wesentlichen Begriffe stets mitgeliefert. Unterschiede zum deutschen Recht werden herausgehoben. Zudem soll dem Leser etwa durch die Darstellung von Rechtsberufen oder Examensmethoden Einblick in die französische Rechtskultur gegeben werden.

Zu den heimlichen Wünschen der Autoren zählt nicht zuletzt, dass das Buch in die Hände eines Studierenden fällt, der sich auf einen Studienaufenthalt in Frankreich vorbereitet. Aber auch derjenige, der einfach mit Neugierde auf ein anderes Rechtssystem blicken will, soll sich durch die Lektüre bereichern können.

Prof. Dr. Sybille Neumann lehrt an der htw saar in Saarbrücken unter anderem Internationales Vertragsrecht in französischer Sprache und ist Direktorin des DFHI (Deutsch-Französisches Hochschulinstitut). Vor ihrer hauptberuflichen Tätigkeit als Professorin war sie Anwältin in Straßburg und Justitiarin in verschiedenen Banken. Dr. Oliver Berg ist Rechtsanwalt in Paris und unterrichtet u.a. Rechtsvergleichendes Vertragsrecht und Internationales Privatrecht an den Universitäten Lothringen und Straßburg. Prof. Neumann hat die Seiten 47 bis 100 und 123 bis 139 verfasst. Von Dr. Berg stammt alles Übrige.

Danken möchten wir Frau Hanna Clemenz und Frau Laura Morlo für ihre Unterstützung bei der Fertigstellung des Manuskripts für die zweite Auflage.

Saarbrücken und Paris, September 2022   *Sybille Neumann*
                                                          Oliver Berg

Inhalt

Abkürzungsverzeichnis	11
§ 1 Geschichtliche Grundlagen	13
A. Die Rechtsordnung vor 1789	13
B. Der Code civil von 1804	14
C. Die Herausbildung des öffentlichen Rechts	14
§ 2 Die Rechtsquellen	17
A. Das geschriebene Recht	17
I. Die Verfassung	17
II. Europarecht	17
III. Internationale Abkommen	18
IV. Ordentliche Gesetze	18
V. Verwaltungsakte	18
B. Das ungeschriebene Recht	19
I. Die Rechtsprechung	19
II. Das Gewohnheitsrecht	21
III. Die Lehre	22
§ 3 Die Gerichtsbarkeiten	23
A. Die Gerichtszweige	23
I. Zivil- und Strafgerichtsbarkeit	23
1. Erstinstanzliche Gerichte	23
a) Das Landgericht	23
b) Gerichte mit besonderen Zuständigkeiten	24
2. Berufungsgerichte	25
3. Der Kassationsgerichtshof	26
II. Verwaltungsgerichtsbarkeit	28
1. Verwaltungsgerichte und Berufungsgerichte	28
2. Der Conseil d'Etat	28
a) Oberstes Verwaltungsgericht	28
b) Regierungsberater	29
B. Das Konfliktgericht	30
C. Der Verfassungsrat	31
§ 4 Das öffentliche Recht	33
A. Verfassungsrecht	33
I. Die V. Republik	33
1. Entstehungsgeschichte	33
2. Organe	34
a) Der Präsident der Republik	34
b) Premierminister und Regierung	35
c) Das Parlament	36
3. Zuständigkeiten von Gesetz und Verordnung (Art. 34, 37 Const.)	36
II. Die Grundfreiheiten	37

Inhalt

B.	Verwaltungsrecht	38
I.	Anwendungsbereich und Abgrenzung zum Privatrecht	38
II.	Das Legalitätsprinzip	39
III.	Gegenstand der Klage vor dem Verwaltungsgericht	39
	1. Annullierung eines Verwaltungsaktes	39
	2. Schadensersatz, Reformierung	40

§ 5 Das Strafrecht 43

A. Allgemeines 43
B. Materielles Strafrecht 43
C. Strafprozessrecht 44
   I. Die Strafgerichtsbarkeit 44
      1. Die urteilenden Gerichte 44
      2. Der Untersuchungsrichter 45
   II. Das Strafverfahren 45

§ 6 Das Privatrecht 47

A. Allgemeines 47
B. Zivilrecht 48
   I. Vertragsrecht (Allgemeines) 50
      1. Einführung 50
         a) Kurze Historie und Struktur des neuen Vertragsrechts 50
         b) Die drei schuldrechtlichen Leitsätze im Code civil 51
         c) Definitionen 52
      2. Vertragstypen 53
         a) Im Code civil ausdrücklich geregelte Verträge und solche, für die dies nicht gilt 53
         b) Gegenseitige und einseitig verpflichtende Verträge 54
         c) Entgeltliche und unentgeltliche Verträge 54
         d) Konsensualverträge, formbedürftige und dingliche Verträge 54
         e) Frei ausgehandelte Verträge und Formularverträge 55
         f) Rahmenvertrag 56
         g) Verträge mit einmaliger Leistung und Verträge mit wiederkehrenden Leistungen 57
         h) Übersicht der unterschiedlichen Vertragstypen im Code civil 57
      3. Voraussetzungen für das Zustandekommen eines rechtswirksamen Vertrages 57
         a) Einführung 57
         b) Vertragsverhandlungen 58
         c) Exkurs: Vorvertragliche Bindungen 61
         d) Wirksamkeitsvoraussetzungen 63
         e) Rechtmäßiger und bestimmter Vertragsinhalt 70
      4. Vertragsauslegung 73
      5. Rechtswirkungen des Vertrags 74
         a) Rechtswirkungen zwischen den Vertragsparteien 74
         b) Rechtswirkungen im Hinblick auf Dritte 74
         c) Vertrag zugunsten Dritter 75
         d) Abtretung 75

Inhalt

	6. Nichterfüllung /Schlechterfüllung		75
	a) Einrede des nichterfüllten Vertrags		76
	b) Erfüllung durch Zwangsvollstreckung		76
	c) Minderung		76
	d) Vertragsaufhebung		77
	e) Schadensersatz		78
	7. Verjährung		78
	8. Vorschriften zum Beweisrecht		79
II.	Vertragsrecht (Besonderes)		80
	1. Einführung		80
	2. Kaufvertrag (contrat de vente)		81
	a) Der „klassische" Kaufvertrag		81
	b) Besonderheiten beim Verbrauchsgüterkauf		86
	c) Besonderheiten beim Immobilienkauf		92
	d) Besonderheiten beim Handelskauf		93
	e) Französisches internationales Kaufrecht		93
	3. Bürgschaftsvertrag		96
	a) Einführung		96
	b) Wesen des Bürgschaftsvertrags		97
	c) Zivilrechtliche und handelsrechtliche Bürgschaft		97
	d) Vertragsschluss		98
	e) Umfang der Bürgschaft		98
	f) Informationspflichten		98
	g) Einreden		99
	h) Mitbürgschaft		99
	i) Rückgriffsmöglichkeiten des Bürgen		100
	j) Erlöschen der Bürgschaft		100
III.	Deliktsrecht		100
	1. Allgemeines		100
	a) Grundzüge der Deliktshaftung		100
	b) Auftrag der Deliktshaftung		101
	c) Verhältnis der Deliktshaftung zu anderen Rechtsgebieten		102
	2. Schaden und Kausalität		104
	a) Ersetzbarer Schaden		105
	b) Direkte Kausalität		107
	3. Haftungsgründe		108
	a) Haftung für Fehlverhalten		108
	b) Sachhalterhaftung		111
	c) Haftung für Dritte		115
	d) Nachbarschaftshaftung		119
	e) Verkehrsunfallrecht		120
C. Handels- und Gesellschaftsrecht			123
I.	Handelsrecht		123
	1. Einführung		123
	2. Handelsgeschäfte (actes de commerce)		125
	a) Verschiedene Arten von Handelsgeschäften		125
	b) Rechtliche Folgen der Einordnung eines Rechtsgeschäfts als Handelsgeschäft		127

	3. Beweisvorschriften	128
	4. Weitere Besonderheiten	128
	a) Keine „Gnadenfrist"	128
	b) Zinseszinsverbot	128
	5. Gerichtliche Zuständigkeit und berufsständische Organisation	128
	a) Zuständigkeit der Handelsgerichte	128
	b) Berufsständische Organisation des Handels	129
	6. Der Kaufmann	130
	a) Begriff	130
	b) Pflichten des Kaufmanns	131
	c) Hilfspersonen des Kaufmanns	133
	7. Der fonds de commerce	135
	a) Definition	135
	b) Der Kauf des fonds de commerce	137
	c) Die Verpfändung des fonds de commerce	138
II.	Gesellschaftsrecht	139
	1. Allgemeines	139
	2. Gesellschaftsformen	140
	a) Handelsgesellschaften	140
	b) Gesellschaften bürgerlichen Rechts	141
	3. Gründung der Gesellschaft	142
	4. Leben der Gesellschaft	143
	a) Gesellschafter	143
	b) Unternehmensleiter	145
	5. Entwicklung und Ende der Gesellschaft	148
§ 7	**Juristische Ausbildung und Berufe**	**150**
A.	Das Universitätsstudium	150
	I. Allgemeines	150
	II. Gliederung und Inhalt	150
	III. Prüfungsmethoden und Rechtsverständnis	151
B.	Die berufliche Ausbildung	151
	I. Die Ausbildung zum Rechtsanwalt	151
	II. Die Ausbildung zum Richter	152

Stichwortverzeichnis   153

Abkürzungsverzeichnis

art.	Artikel
Ass. plén.	Assemblée plénière de la Cour de cassation/ du Conseil d'Etat
Aufl.	Auflage
BGB	Bürgerliches Gesetzbuch
BODACC	Bulletin officiel des annonces civiles et commerciales
Bull. civ.	Bulletin civil de la Cour de cassation
C. civ.	Code civil
C. com.	Code de commerce
C. cons.	Code de la consommation
C. trav.	Code du travail
Cass. civ.	Cour de cassation chambre civile
Cass. com.	Cour de cassation chambre commerciale
Cass. req.	Chambre des requêtes de la Cour de cassation
Cass. soc.	Cour de cassation chambre sociale
Cass.	Cour de cassation
CE	Conseil d'Etat
CFE	Centre de formalité des entreprises
CJA	Code de justice administrative
COJ	Code de l'organisation judiciaire
CPCE	Code des procédures civiles d'exécution
CPP	Code de procédure pénale
D.	Revue Dalloz
DS	Revue Dalloz Sirey
éd.	édition
etc.	et cetera
f.	folgend
ff.	ferner folgende
GAJA	Les grands arrêts de la jurisprudence administrative, éditions Dalloz
i.V.m.	in Verbindung mit
INSEE	Institut national de la statistique et des études économiques
JCP	La semaine juridique (revue)

Abkürzungsverzeichnis

JZ	Juristenzeitung
l.	loi
L.G.D.J.	Librairie générale de droit et de jurisprudence
n°	numéro
RJPF	Revue juridique personnes et famille
RSCA	Régistre Spécial des Agents Commerciaux
RTC com.	Revue trimestrielle de droit commercial
RTD civ.	Revue trimestrielle de droit civil
Rz.	Randziffer
S.	Seite
s.	siehe
S.	Revue Sirey
T. com.	Tribunal de commerce
TJ	Tribunal judiciaire
vgl.	vergleiche

§ 1 Geschichtliche Grundlagen

A. Die Rechtsordnung vor 1789

In Frankreich galt bis zur Revolution von 1789 eine tief im Mittelalter verwurzelte Rechtsordnung. Diese wurde von verschiedenen Einflüssen geprägt. Im frühen Mittelalter regelten vor allem **germanische Gebräuche** (*coutumes germaniques*) das Zusammenleben. Diese waren mit dem Zerfall des Römischen Reiches und den damit einhergehenden Völkerwanderungen insbesondere von den Franken, den Westgoten und den Ostgoten eingeführt worden. Mit der Renaissance kam es zu einer **Spaltung Frankreichs in einen südlichen und einen nördlichen Rechtskreis**[1]. In Bologna wurde bekanntlich im 11. Jahrhundert das Gesetzbuch Justinians (*Codex Justinianus*) neu entdeckt und leitete die Wiedergeburt des **römischen Rechts** (*droit romain*) ein. Der Süden Frankreichs – der *Midi* – ließ sich stark von den alten Schriften beeinflussen und galt fortan als das **Land des geschriebenen Rechts** (*pays de droit écrit*). Der italienische Gelehrte Placentinus gründete in Montpellier die erste Rechtsschule Frankreichs und lehrte dort den Codex Justinianus. Ab dem 15. Jahrhundert bezogen sich die Regionalgerichte (*parlements*) von Toulouse, Aix oder Bordeaux in ihren Urteilen ausdrücklich auf den Corpus Iuris civilis. Dagegen lebten im flächenmäßig größeren **Norden Frankreichs** die Gebräuche germanischer Prägung fort. Einfluss übte über die Jahrhunderte auch das **kanonische Recht** (*droit canonique*) aus.

Eine einheitliche Rechtsordnung kannte Frankreich in dieser Zeit nicht. Vorrangig war **lokales Gewohnheitsrecht** (*droit coumtumier*), das i.d.R. zunächst ungeschrieben war. Dabei bildeten sich im Laufe der Jahrhunderte einige größere Regionen heraus, in denen sich insbesondere das Erbrecht und das Familienrecht anglichen, etwa in der Normandie oder der Bretagne. Im Süden war das Recht ebenfalls regional geprägt, trotz fortschreitender Annäherung durch den gemeinsamen Bezug auf römische Quellen. Schließlich wurde auch das Gewohnheitsrecht niedergeschrieben. Im 16. Jahrhundert veröffentlichte Demoulin seine berühmte **Kommentierung des Pariser Gewohnheitsrechts**[2]. Die *Coutume de Paris* gewann in Folge immer stärkeren Leitbildcharakter für andere lokale Gewohnheitsrechte – ohne jedoch den Status allgemeinen Rechts zu erlangen[3].

Daneben wurden Normen auch vom **König bzw. der königlichen Verwaltung** (*administration royale*) gesetzt. Dessen Zuständigkeit lag in Bereichen, die man heute als öffentliches Recht bezeichnen würde, namentlich die Organisation der Verwaltung, der Justiz und des Militärs sowie die Erhebung von Steuern. Hier setzte der König im Laufe der Jahrhunderte und gegen teils heftige Wiederstände der lokalen Fürsten und Regionalgerichte (s. hierzu Rn. 9) eine **Vereinheitlichung** durch. Auf Bereiche des klassischen Privatrechts – Vertragsrecht, Deliktshaftung, Familienrecht usw – erstreckte sich seine Zuständigkeit dagegen nicht. Der Monarchie wurde mit der **französischen Revolution von 1789** ein jähes Ende gesetzt. Mit der Monarchie ist auch die alte Rechtsordnung (*droit de l'ancien régime*) untergegangen.

---

1 J.-P. Lévy, A. Castaldo, Histoire du droit civil, 2. Aufl., Dalloz, Paris 2010, Rn. 5 ff.
2 Im Original einzusehen unter: https://gallica.bnf.fr/html/und/droit-economie/coutume-de-paris.
3 Zu weiteren Vereinheitlichungsbestrebungen, R. Cabrillac, Introduction générale au droit, Dalloz, 13. Aufl., Paris 2019, Rn. 49.

B. Der Code civil von 1804

4 Im Jahre 1804 trat der Code civil in Kraft. Dem Gesetzbuch ist zunächst die historische Aufgabe zugefallen, das **Zivilrecht in Frankreich zu vereinheitlichen**. Inhaltlich ist es von verschiedenen Einflüssen geprägt. Zunächst sind die Werte der Bourgeoisie eingeflossen, vor allem die **Freiheit** (*liberté*) und die **Gleichheit vor dem Gesetz** (*égalité*). So etwa im Erbrecht, das die Gleichheit der Nachkommen gewährt, allerdings nur solange sie ehelich sind. Standesprivilegien wurden abgeschafft, ebenso die Rolle der Kirche: die Ehe wird nunmehr vor dem Staat geschlossen. Die **Willensautonomie** (*autonomie de la volonté*) durchzieht das Schuldrecht[4] (und wird dort im folgenden Jahrhundert das alles überstrahlende Leitprinzip). Auch die **Aufklärung** (*les lumières*) hat sichtbare Spuren hinterlassen. So geht z.B. der deliktische Grundsatz der allgemeinen Haftung für Fehlverhalten nach Art. 1382 C. civ., nunmehr 1240, unmittelbar auf ein von Hugo Grotius entwickeltes, naturrechtliches Prinzip zurück.

5 Trotz Gemeinsamkeiten, unterscheidet der Code civil sich deutlich vom BGB. Dies gilt schon für den **philosophischen Ansatz** der Gesetzesväter. Das BGB wurde bekanntlich als deutsches Regelwerk für die deutsche Nation erschaffen. Die Verfasser des Code civil folgten dagegen, wie schon bei der allgemeinen Menschenrechtserklärung von 1789 (*Déclaration des droits de l'homme et du citoyen*), dem Geist der Aufklärung und gingen davon aus, nicht nur Frankreich ein Regelwerk zu geben, sondern vielmehr ein rational hergeleitetes und daher **universelles** Werk zu erschaffen.

6 Aber auch der **unmittelbare Adressat** des Code civil war und ist ein anderer. Während das BGB für den Juristen erschaffen wurde, sollte der Code civil **für jeden Bürger verständlich sein**. Hierauf habe Napoleon persönlich Wert gelegt. So wurde die Sprache des Code civil in literarischen Kreisen des 19. Jahrhunderts für ihre Klarheit und Eleganz gelobt (was für neuere Vorschriften nicht mehr gilt) und ist tatsächlich dem einfachen Bürger weit zugänglicher, als man dies etwa aus Deutschland kennt. Sicherlich liegt auch hierin ein Grund dafür, dass der Code civil mittlerweile in Frankreich – nach dem Ausdruck von Demolombe – als **eine Art „Zivilverfassung"** (*constitution civile*) gesehen wird, also weit mehr ist, als einfach nur ein Zivilgesetzbuch.

C. Die Herausbildung des öffentlichen Rechts

7 Ein grundlegender Schritt in der Geschichte des französischen Rechts – und über dieses hinaus – ist die **Herausbildung des öffentlichen Rechts** (*droit public*) im ausklingenden 19. Jahrhundert und die damit einhergehende Erschaffung der **Verwaltungsgerichtsbarkeit** (*ordre administratif*).

8 Hierfür waren insbesondere zwei Entwicklungen maßgeblich[5]. Unter der Monarchie setzte sich zunächst die Vorstellung durch, dass die Entscheidungen des Königs bzw. der königlichen Verwaltung **nicht Gegenstand von Gerichtsurteilen sein können**. Vielmehr habe die Verwaltung über sie betreffende Streitigkeiten selbst zu entscheiden, da sie hierzu „eher als die ordentlichen Richter in der Lage ist […], denn sie hat die bessere Kenntnis der verschiedenen Gegebenheiten" (Portalis). Formal lag die Entscheidung bei Streit mit der Verwaltung beim König. In der Praxis wurden die Fälle jedoch

---

[4] Ausf. R. Cabrillac, Introduction générale au droit, Dalloz, 13. Aufl., Paris 2019 Rn. 53.
[5] Ausf. M. Lombard, G. Dumont, J. Sirinelli, Droit administratif, 13. Aufl., Dalloz, Paris 2019, Rn. 1 ff.

vom **Rat des Königs** (*Conseil du roi*) bearbeitet. Dieser hatte in der Hauptsache zur Aufgabe, die Regierung in allen Rechtsfragen zu beraten.

Zugleich bildete sich in Frankreich ein **tiefsitzendes Misstrauen gegenüber der Richterschaft** heraus. Der Grund hierfür war, dass die Gerichte des *ancien régime* (die *parlements*) auf die Rechtsetzung Einfluss nahmen, indem sie regelmäßig **Verordnungen des Königs durch einen formaljuristischen Kniff** aushebelten. So mussten Verordnungen von den Gerichten zunächst registriert (*enregistré*) werden, bevor sie Rechtskraft erlangten. Ebendies verweigerten die Gerichte jedoch beizeiten, freilich auf zweifelhafter rechtlicher Grundlage, sofern eine Verordnung nicht ihren Vorstellungen entsprach, was besonders dann der Fall war, wenn der König neue Steuern erheben wollte. Dies führte zu ständigen **Konflikten mit dem König**. So stellte etwa Louis XIII klar, dass die Gerichte dazu da seien „über Streitigkeiten zwischen maître Pierre und maître Jean zu urteilen", nicht jedoch die königliche Autorität in Frage zu stellen. Gegen Ende des *ancien régime* schlug sich der Konflikt in dem Warnruf der „Regierung durch die Richter" nieder.

9

Die Revolutionäre von 1789 schlossen sich dem Misstrauen gegenüber der Richterschaft an. Die **Unantastbarkeit der Verwaltungsentscheidungen** durch die Gerichte wurde gesetzlich festgeschrieben. So besagte das Gesetz vom 16.–24. August 1790, dass „die Funktion der Gerichtsbarkeiten von denen der Verwaltung getrennt sind und bleiben. Ein Richter kann unter keinen Umständen die Tätigkeit der Verwaltungen beeinträchtigen oder ein Mitglied der Verwaltung aufgrund von Amtshandlungen vor Gericht zitieren." Die Revolutionäre teilten das Misstrauen gegenüber der Richterschaft auch deshalb, weil die Richter des alten Regimes dem – wenngleich niederem – Adel zugehörig waren. Zudem untermauerten sie ihre Position mit der von Montesquieu entwickelten **Theorie der Gewaltenteilung** (*théorie de la séparation des pouvoirs*).

10

Unter Napoleon wurden die Institutionen fortgebildet. Aus dem Rat des Königs ging der noch heute bestehende *Conseil d'Etat* (Staatsrat) hervor. Dieser führte dieselben Aufgaben weiter und entschied somit die Streitfälle mit der Verwaltung. Er war jedoch zunächst keine Gerichtsbarkeit, da die Entscheidungen formal vom Regierungschef gefasst wurden; allein durch dessen Unterschrift erlangten sie Rechtskraft. Erst ein Gesetz vom 24.5.1872 machte den *Conseil d'Etat* – zusätzlich zu seiner Funktion als Berater der Regierung – zu einem ordentlichen Gericht. Zugleich wurde das **Konfliktgericht** (*Tribunal des conflits*) eingerichtet, welches in Zweifelsfällen zu entscheiden hat, ob ein Fall in die Zuständigkeit der Verwaltungsgerichtsbarkeit fällt, oder vielmehr in diejenige der klassischen Justiz (*justice judiciare*).

11

Das darauffolgende Jahr ist als formelles **Geburtsjahr des Verwaltungsrechts** in die Rechtsgeschichte eingegangen. In der berühmten Entscheidung *Blanco* vom 8.2.1873 hatte das Konfliktgericht über einen Unfall zu entscheiden, den ein Staatsbetrieb verursacht hatte[6]. Das Gericht stellte nicht nur die Zuständigkeit der Verwaltungsgerichtsbarkeit fest, sondern führte darüber hinaus aus, „dass für die Haftung der Verwaltung die Vorschriften des Bürgerlichen Gesetzbuches keine Anwendung finden können, da diese das Verhältnis zwischen Privatpersonen regeln". Vielmehr sei die Haftung „aufgrund von besonderen Regeln zu beurteilen, die sich nach den Bedürfnissen der Verwaltung und der Vereinbarkeit der Rechte des Staates mit den Privatrechten richten".

12

---

6 Tribunal des conflits, 8.2.1873, décision n° 00012.

13 Das Verwaltungsrecht hat sich weitgehend als **Richterrecht** (*droit prétorien*) herausgebildet. Eine unverzichtbare Hilfe für jeden Juristen des öffentlichen Rechts ist daher die **Urteilssammlung der großen Entscheidungen im Verwaltungsrecht** (*Les grands arrêts de la jurisprudence administrative*, im täglichen Sprachgebrauch kurz „GAJA")[7]. Teilweise haben sich die Verwaltungsrichter von den Vorschriften des Privatrechts leiten lassen, etwa in Bereichen des Vertragsrechts; anderenorts überwiegen dagegen die Unterschiede, wie in der außervertraglichen Haftung, die nur wenig mit der privatrechtlichen gemein hat.

Weiterführende Literatur:

B. Beignier, J.-R. Binet, A.-L. Thomas-Raynaud, Introduction au droit, 7. Aufl., LGDJ, Paris 2020

R. Cabrillac, Introduction générale au droit, 14. Aufl., Dalloz, Paris 2021

Y. Gaudemet, Droit administratif, 23. Aufl., LGDJ, Paris 2020

J.-P. Lévy, A. Castaldo, Histoire du droit civil, 2. Aufl., Dalloz, Paris 2010

M. Lombard, G. Dumont, J. Sirinelli, Droit administratif, 13. Aufl., Dalloz, Paris 2019

P. Malaurie, P. Morvan, Introduction au droit, 7. Aufl., LGDJ, Paris 2018

F. Terré, N. Molfessis, Introduction générale au droit, 13. Aufl., Dalloz, Paris 2021

---

7 Herausgegeben bei Dalloz.

§ 2 Die Rechtsquellen

A. Das geschriebene Recht

Das französische Recht beruht formell allein auf geschriebenem Recht (*droit écrit*), das viele Formen annimmt[1].

I. Die Verfassung

An der Spitze der Normenhierarchie steht die **Verfassung vom 4.10.1958** *(Constitution de 1958)*. Während die Institutionen der V. Republik dort ausführlich beschrieben sind, fehlt es an einem Grundrechtekatalog. Vor allem aus diesem Grund hat der Verfassungsrat mittels Auslegung der Präambel (*Préambule*) festgestellt, dass weitere Texte Teil der Grundgesetzgebung sind. Namentlich gilt dies zum einen für die **Menschenrechtserklärung von 1789** (*Déclaration des droits de l'homme et du citoyen*), womit den dort proklamierten Menschenrechten – zB Meinungsfreiheit, Gleichheit vor dem Gesetz – Verfassungswert zukommt. Dies gilt zum anderen für die **Präambel der Verfassung von 1949** (*Préambule de la Constitution de 1949*), was deshalb von Bedeutung ist, weil dort die Achtung der „**Grundprinzipien der republikanischen Gesetze**" (*principes fondamentaux reconnus par les lois de la République*) festgeschrieben ist[2]. Unter Verweis auf diese weitfassende Formel ließen sich die Errungenschaften der vorangehenden Republiken gewissermaßen „einsammeln" und zu Verfassungsnormen erklären, was insbesondere die unter der III. Republik anerkannten sozialen Rechte betrifft, z.B. die Gewerkschaftsfreiheit (*liberté syndicale*).

II. Europarecht

Die Stellung des Europarechts hat in Frankreich eine bedeutende Entwicklung durchlaufen. Zunächst wurde Europarecht als **Recht aus internationalen Abkommen nach Art. 55** der französischen Verfassung angesehen. Dies galt sowohl für Primärrecht (Abkommen, *traités*) als auch für Sekundärrecht (Verordnungen, *règlements*, Richtlinien, *directives*). Europarecht war folglich in der Normenhierarchie **über dem Gesetz und unter der Verfassungsnorm** angesiedelt. Grundlegend für diese Auffassung waren die berühmten Urteile *Jacques Vabre* des Kassationsgerichtshofes[3] und *Nicolo* des obersten Verwaltungsgerichts[4]. In diesen Entscheidungen wurde anerkannt, dass der nationale Richter ein Gesetz, das im Widerspruch zu einer europarechtlichen Norm steht, auch dann nicht anwenden darf, wenn es *nach* in Kraft treten der europarechtlichen Norm verabschiedet wurde. Damit war klargestellt, dass der französische Gesetzgeber eine europarechtliche Norm nicht aushebeln kann.

Den nächsten Schritt ist der **Verfassungsrat** (*Conseil constitutionnel*) in einer Entscheidung von 2004 gegangen[5]. Danach sei Art. 55 der Verfassung nicht einschlägig, da Europarecht nicht mit internationalen Abkommen gleichzustellen sei. Nach Art. 88–1 der Verfassung, der allgemein die Zugehörigkeit Frankreichs zur Europäischen Union festschreibt, sei die Europarechtsordnung vielmehr ein **integrativer Bestandteil der**

---

1 Ausf. L. Favoreu, P. Gaïa, R. Ghevontian, Droit constitutionnel, 21. Aufl., Dalloz, Paris 2018, Rn. 206 ff.; F. Terré, Introduction générale au droit, 10. Aufl., Dalloz, Paris 2015, Rn. 247 ff.
2 Vertiefend P. Wachsmann, Libertés publiques, 7. Aufl., Dalloz, Paris 2013, Rn. 117 ff.
3 Ch. mixte 24.5.1975, n° de pourvoi 7313556.
4 CE 20 octobre 1989, Rec. Lebon, S. 190 ff.
5 Cons. const., 19 nov. 2004, déc. n° 2004–505.

französischen Rechtsordnung: „der [französische] Verfassungsgeber hat die Existenz einer Europarechtsordnung anerkannt, die in die interne Rechtsordnung integriert ist"[6]. Damit hat der französische Verfassungsrat die europarechtlichen Normen assimiliert und erkennt sie **als französisches Recht** an. Er geht damit weiter als das deutsche Bundesverfassungsgericht.

III. Internationale Abkommen

18 Art. 55 der Verfassung besagt, dass internationale Abkommen (*conventions internationales*) „mit ihrer Veröffentlichung, eine dem Gesetz übergeordnete Autorität haben". Voraussetzung ist, dass sie ratifiziert (*ratifié*) wurden und dass Gegenseitigkeit (*réciprocité*) gegeben ist. Demnach stehen internationale Abkommen in der Normenhierarchie **über dem einfachen Gesetz**. Folglich können Gerichte ein Gesetz, das einem Abkommen widerspricht, nicht zur Anwendung bringen. Zugleich stehen internationale Abkommen in der Hierarchie **unter der Verfassungsnorm**. Daher kann ein Abkommen, das einer Verfassungsnorm widerspricht, nur nach vorheriger Verfassungsänderung (*modification constitutionnelle*) ratifiziert werden. **Bedeutende Abkommen**, die von Frankreich ratifiziert wurden und unmittelbare Auswirkungen im Zivil- oder Strafrecht haben, sind etwa die Europäische Menschenrechtskonvention von 1950, das Wiener UN-Kaufrecht von 1980 oder die UN-Kinderrechtskonvention von 1990. Im IPR kommt etwa das Abkommen zwischen Frankreich und Marokko zum Personen- und Familienstatus vom 10.8.1981 zum Tragen.

IV. Ordentliche Gesetze

19 Das ordentliche Gesetz (*loi ordinaire*) ist eine Norm, die vom französischen Parlament – bestehend aus den zwei Kammern Nationalversammlung (*assemblée nationale*) und Senat (*Sénat*) – verabschiedet wird. Anders als in Deutschland, gilt für das Gesetz ein **begrenzter Zuständigkeitsbereich** *ratio materiae* gemäß Art. 34 der Verfassung (s. hierzu Rn. 84 ff.). Das Gesetz muss ferner mit den Verfassungsnormen vereinbar sein. Die Kontrolle der Verfassungsmäßigkeit unterliegt allein dem Verfassungsrat, der im Rahmen einer abstrakten oder konkreten Normenkontrolle angerufen werden kann (s. hierzu Rn. 68 ff.).

20 Das Gesetz darf nicht im Widerspruch zu einem internationalen Abkommen stehen (Art. 55 der Verfassung). Die entsprechende Konformitätskontrolle (*contrôle de conventionalité*) liegt in der Zuständigkeit der Gerichte, was auf Seiten der Zivil- und Strafjustiz seit dem Urteil *Jacques Vabre* und für die Verwaltungsgerichtsbarkeit seit der Entscheidung *Nicolo* gilt (s. hierzu Rn. 16 ff.). Ist ein Gesetz mit einem internationalen Abkommen unvereinbar, so dürfen die Gerichte das Gesetz nicht anwenden.

V. Verwaltungsakte

21 Der Verwaltungsakt (*acte administratif* bzw. *acte administratif unilateral*) ist ein von der Verwaltung gefasster **einseitiger Rechtsakt**[7]. Der Verwaltungsakt trägt viele Na-

---

[6] « le constituant a ainsi consacré l'existence d'un ordre juridique communautaire intégré à l'ordre juridique interne ».
[7] Die Verwaltung geht auch bilaterale Rechtsgeschäfte ein; dies ist der Fall wenn sie kontrahiert, s. hierzu Rn. 90 ff.

men⁸. Der Präsident der Republik erlässt Verordnungen (*ordonnances*) oder, wie auch der Premierminister, Dekrete (*décrets*). Minister fassen Erlasse (*arrêtés*). Das gleiche gilt für die meisten anderen Verwaltungen (Präfekten, Bürgermeister, Regionspräsidenten usw.), es sei denn, es wird kollegial entschieden: in diesem Fall spricht man, etwa für den Gemeinderat, von einem Beschluss (*délibération*). Daneben finden sich weitere Bezeichnungen für Verwaltungsakte (*règlement, décision, circulaire, plan* usw.). Aber auch Entscheidungen der Verwaltung, die keinen Namen tragen oder durch Stillschweigen zum Ausdruck kommen, können einen Verwaltungsakt darstellen.

Im Gegensatz zum deutschen Recht, vertritt das französische Recht eine **weitfassende Auffassung vom Verwaltungsakt**. Der Begriff bezeichnet nicht nur die Einzelentscheidung (*décision individuelle*), wie etwa die Gewährung oder Verweigerung einer Baugenehmigung, sondern auch – anders als in Deutschland – die Norm mit allgemeiner Tragweite (*norme générale*), also die Rechtsverordnung.

22

Der Verwaltungsakt ist nur dann rechtmäßig, wenn er **mit den höherstehenden Normen konform ist** (*conformité avec les normes supérieures*), also mit Verfassungsnormen, internationalen Abkommen und (ordentlichen) Gesetzen. Im Prinzip ist der Verwaltungsrichter für diese Prüfung zuständig. Nicht zuständig ist er jedoch, wenn eine vermeintliche Verfassungswidrigkeit eines Verwaltungsakts nicht *in dem Verwaltungsakt selbst* begründet liegt, sondern in einem Gesetz, das der Verwaltungsakt lediglich zur Anwendung bringen soll⁹. In diesem Fall greift die sog. **Schutzwalltheorie** (*théorie de la loi écran*), wonach das Vorliegen eines Gesetzes jede Prüfung im Verhältnis zu einer höheren Norm blockiert. Damit soll vermieden werden, dass der Verwaltungsrichter unter dem Vorwand der Prüfung eines Verwaltungsaktes über die Verfassungsmäßigkeit eines Gesetzes entscheidet¹⁰.

23

B. Das ungeschriebene Recht

I. Die Rechtsprechung

Formell ist die Rechtsprechung (*jurisprudence*) in Frankreich keine Rechtsquelle. Nach Art. 5 des Code civil, „ist es Richtern untersagt, auf der Grundlage der ihnen vorgelegten Fälle allgemeine Rechtsnormen zu statuieren". Gerichte dürfen somit **nur den Einzelfall entscheiden**, nicht jedoch allgemeingültige Regeln aufstellen. Bindende Rechtsprechung bzw. *case-law* nach angelsächsischem Muster kennt die französische Rechtsordnung nicht. Grundlage ist die Gewaltenteilung (*séparation des pouvoirs*): Gesetzgebung steht allein der Legislative bzw. der Exekutive zu¹¹, nicht jedoch der Judikative¹².

24

Damit ist zur normativen Kraft der Rechtsprechung freilich nicht alles gesagt. So wird auch in Frankreich nicht mehr ernsthaft bezweifelt, dass die Rechtsprechung *de facto* Rechtsquelle ist¹³. Portalis – einer der Väter des Code civil – vertrat bereits eine dahin gehende Auffassung in seinen Ausführungen zur **Rollenverteilung zwischen**

25

---

8 Ausf. B. Stirn, Y. Aguila, Droit public français et européen, Dalloz, Paris, 2014, S. 223 ff.
9 CE 6.11.1936, Arrighi, Rec. Lebon, S. 966 ff.
10 Konkret muss in einem solchen Fall das Gesetz – auf das sich der Verwaltungsakt stützt – einer Normenkontrolle vor dem Verfassungsrat unterzogen werden.
11 Je nachdem, ob der Gegenstand der Norm unter Art. 34 (Legislative) oder 37 (Exekutive) der Verfassung fällt (s. hierzu Rn. 84 ff).
12 Wobei strittig ist, ob die Judikative in Frankreich überhaupt eine eigene „Gewalt" darstellt.
13 ZB F. Terré, Introduction générale au droit, 10. Aufl., Dalloz, Paris 2015, Rn. 361.

Gesetzgeber und Rechtsprechung. In einer berühmten Passage der parlamentarischen Vorarbeiten (*travaux préparatoires*) zum Code civil, führt er aus, es sei Aufgabe des Gesetzgebers, die Prinzipien und Grundregeln zu verabschieden, und die der Rechtsprechung, jene mit Leben zu füllen und ins Detail zu gehen[14]. Ebenso prägend ist sein bekannter Ausspruch: „Die Gesetzbücher der Völker entstehen mit der Zeit, man macht sie nicht einfach"[15]. Hier wird schon angedeutet, dass der Rechtsprechung eine **kreative und somit normgebende Rolle** zufällt. Diese Auffassung von der Rollenverteilung zwischen Gesetzgeber und Rechtsprechung erklärt auch, warum der Code civil vielfach Generalklauseln (*clauses générales*) statuiert (weit mehr als das BGB), etwa im Deliktsrecht die Art. 1382 und 1383 (alt) bzw. 1240 und 1241 (neu).

26 **Theoretisch untermauert** wurde die kreative Rolle der Rechtsprechung zu Beginn des 20. Jahrhunderts von **François Gény**, der – unter dem Einfluss von Jhering und Philipp Heck – eine kritische Methodenlehre entwickelt hat[16]. Er wies u.a. darauf hin, dass der Richter dort, wo das Gesetz schweigt oder nicht hinreichend klar ist, notwendigerweise normativ tätig werden müsse. Dazu verpflichte schon Art. 4 des Code civil, der Rechtsverweigerung (*déni de justice*) unter Strafe stellt. Danach macht sich ein Richter strafbar, „der sich weigert, ein Urteil zu sprechen, unter dem Vorwand, dass das Gesetz zu der Streitfrage schweigt oder unzureichend oder unklar sei." Überhaupt könne das Recht nicht auf Gesetzestexte beschränkt werden; schon deshalb nicht, weil der Gesetzgeber nicht alles voraussehen könne. Vielmehr sei das Recht auch auf dem Wege einer „**freien wissenschaftlichen Methode**" (*méthode de la libre recherche scientifique*) zu ermitteln.

27 Im juristischen Alltag des französischen Zivilrechtlers steht die Rechtsprechung schon deshalb im Vordergrund, weil die wesentlichen Vorschriften des Code civil **seit dem Jahre 1804 kaum reformiert wurden**, zumindest bis vor kurzem. Die Anpassung an die Rechtsbedürfnisse sowie die Erfassung moderner Lebenssachverhalte (etwa die Industrialisierung, der Einzug des Automobils, der Schutz der Persönlichkeitsrechte) wurden vorrangig von der Rechtsprechung gestaltet. So versteht es sich, dass der französische Student den Code civil nicht ständig bei sich trägt, denn dort sind die Lösungen häufig ohnehin nicht zu finden. Ebenso erklärt es sich, dass nur **Gesetzbücher mit ausführlichen Rechtsprechungszitaten** genutzt werden (i.d.R. der rote Code civil Dalloz oder der blaue Code civil Litec). Allerdings vollzieht sich hier ein Wandel, denn der Gesetzgeber hat das Problem erkannt und **umfassende Reformen** angestoßen. Zunächst wurde 2006 das Sicherheitenrecht (*droit des sûretés*) grundlegend neu gestaltet[17], darauf folgte 2008 das Verjährungsrecht[18] (*droit de la prescription*) sowie, 2016, das Obligationenrecht (*droit des obligations*), das Vertragsrecht (*droit des contrats*)

---

14 « L'office de la loi est de fixer, par grandes vues, les maximes générales du droit [...] et non de descendre dans le détail des questions qui peuvent naître sur chaque matière. C'est au magistrat et au jurisconsulte, pénétré de l'esprit général des lois, à en diriger l'application. Il y a une science pour les législateurs comme il y en a une pour les magistrats. La science du législateur est de trouver [...] les principes les plus favorables au droit commun; la science du magistrat est de mettre ces principes en action, de les ramifier, de les étendre par une application sage et raisonnée aux hypothèses prévues » (Portalis, in : P.-A. Fenet, Recueil complet des travaux préparatoires du Code civil, T. 1, Paris 1827, S. 470, 476).
15 « les codes des peuples se font avec le temps; mais, à proprement parler, on ne les fait pas ».
16 F. Gény, Méthode d'interprétation et sources en droit prive positif, T. I, L.G.D.J., Paris, 1919, T. II, L.G.D.J., réédition Pichon et Durand-Auzias, Paris 1954.
17 Ordonnance n° 2006–346 du 23.3.2006 relative aux sûretés. Eine weitere Reform steht an (s. *article 16 du Projet de loi „Pacte" du 9 octobre 2018*).
18 Loi n° 2008–561 du 17.6.2008 portant réforme de la prescription en matière civile.

und das Beweisrecht (*droit de la preuve*)[19]. Eine Reform der zivilrechtlichen Haftung ist seit Jahren in Vorbereitung[20]. In diesem Zusammenhang hat zuletzt der Senat einen Entwurf vorgelegt[21]. Der Gesetzestext rückt damit als Rechtsquelle wieder in den Vordergrund.

II. Das Gewohnheitsrecht

Als Gewohnheitsrecht (*coutume*) bezeichnet man Regeln, die ihre **normative Kraft vor allem aus ihrer langzeitigen Anwendung** ziehen. Unter dem *ancien régime* war Gewohnheitsrecht in Frankreich Rechtsquelle (s. hierzu Rn. 1 ff.). Dieser Zustand fand mit der Revolution von 1789, die das Gesetz in den Mittelpunkt der Normgebung stellte, ein Ende. Auch in der Doktrin des 19. Jahrhunderts war für Gewohnheitsrecht kein Raum mehr. Während auf deutscher Seite die Historische Rechtsschule den Blick zurück proklamierte, hielt die französische Lehre begeistert den Code civil in die Höhe und widmete sich allein der Exegese der neuen Vorschriften und der Rechtfertigung einer gesetzespositivistischen Auslegung (*positivisme juridique*). So ist also Gewohnheitsrecht in Frankreich, anders als in Deutschland, keine Rechtsquelle[22]. 28

Gebräuche (*usages*) spielen dagegen in Frankreich eine nicht unerhebliche Rolle. Gebräuche sind typische Verhaltensweisen in einem bestimmten Sozialmilieu oder Kontext, etwa unter Kaufleuten. Sie sind keine Rechtsquelle, spielen aber insbesondere bei der **Willens- oder Vertragsauslegung** eine Rolle (*interprétation de la volonté, interprétation du contrat*). So kann die Frage, ob Schweigen (*silence*) als Zustimmung auszulegen ist, unter anderem anhand der einschlägigen „Gebräuche" entschieden werden (Art. 1120 des Code civil). Ebenso können Minderjährige – seit der großen Reform des Obligationenrechts von 2016 – ohne Zustimmung der gesetzlichen Vertreter Verträge schließen, soweit diese „den Gebräuchen" entsprechen (Art. 1148 des Code civil). Zur Vertragsauslegung besagt Art. 1194 des Code civil allgemein, dass der Vertragsinhalt nicht allein darin besteht, was zwischen den Parteien „zum Ausdruck kam", sondern zudem aus „allen Konsequenzen, die sich aus Billigkeit, Gebräuchen oder dem Gesetz ergeben". Im Besonderen verweist Art. 1166 des Code civil darauf, dass die Qualität der geschuldeten Leistung, sofern diese nicht am Wortlaut erkenntlich wird, sich unter anderem nach den „Gebräuchen" richtet. Zur Unterstützung der Praxis stellt ein von der Universität Montpellier eingerichtetes Institut, das *Institut des usages*, eine frei zugängliche Sammlung von Gebräuchen zu Verfügung, die sich insbesondere aus Rechtsprechung speist[23]. 29

---

[19] Ordonnance n° 2016–131 du 10.2.2016 portant réforme du droit des contrats, du régime général et de la preuve des obligations.
[20] Projet de réforme de la responsabilité civile du 13.3.2017 ; http://www.justice.gouv.fr/publication/projet_d e_reforme_de_la_responsabilite_civile_13032017.pdf.
[21] Proposition de loi n° 678 portant réforme de la responsabilité civile du 29.7.2020 ; s. hierzu, V. Monteillet, G. Cerquera (Hrsg.), Le projet de réforme du droit de la responsabilité civile, Dalloz 2021.
[22] In der Literatur jedoch nicht einhellige Ansicht. Teilweise wird die handelsrechtliche Ausnahme zu Art. 1310 C.civ., wonach unter Kaufleuten vermutet wird, dass diese sich gesamtschuldnerisch verpflichten, unter Verweis auf „Gewohnheitsrecht" (*coutume*) begründet. Die Rechtsprechung verweist hier jedoch lediglich auf einen „Gebrauch" (*usage*), vgl. Cass Req. 20.10.1920, S. 1922.1.
[23] https://institutdesusages.com

III. Die Lehre

30 Als Lehre (*doctrine*) bezeichnet man sämtliche von **Universitätslehrern oder Praktikern** – Rechtsanwälten (*avocats*), Richtern (*magistrats*), Notaren (*notaires*) usw. – verfassten Rechtsmeinungen (*opinions*). Diese finden sich in Lehrbüchern (*ouvrages*) oder Zeitschriften (*revues*), als Meinung (*tribune*), Aufsatz (*étude*) oder Urteilskommentar (*commentaire d'arrêt*, hierzu näher Rn. 648), kaum jedoch in Form von Gesetzeskommentaren, die in Frankreich nicht geläufig sind. Die Lehre ist in Frankreich weniger reichhaltig als in Deutschland, was u.a. darauf zurückgeht, dass die französischen Universitäten finanziell schlechter ausgestattet werden und auch die meisten Rechtsberufe i.d.R. über weniger Mittel und folglich Zeit für schöpferische Tätigkeit verfügen.

31 Die Lehre ist keine Rechtsquelle. Ihre Aufgabe besteht nach einhelliger Ansicht darin, das Recht **darzustellen und zu ordnen** (*présenter et ordonner*). Die Frage, ob die Lehre das Recht zudem kritisch hinterfragen und weiterentwickeln soll, wird heute bejaht[24]. Der Einfluss der Lehre vollzieht sich jedoch in Frankreich **zumeist im Stillen**. Lehrmeinungen werden in Urteilen nicht zitiert – was so mancher mit einem etwas neidvollen Blick über den Rhein beklagt[25]. Und selbst große Reformen werden in Frankreich in kleinen Ministerialbüros erarbeitet.

Weiterführende Literatur:

B. Beignier, J.-R. Binet A.-L., Thomas-Raynaud, Introduction au droit, 7. Aufl., LGDJ, Paris 2020
M. Fabre-Magnan, Introduction au droit, Que sais-je, 5. Aufl., PUF, Paris 2021
L. Favoreu, P. Gaïa, R. Ghevontian et al., Droit constitutionnel, 24. Aufl., Dalloz, Paris 2022
P. Jestaz, Les sources du droit, 3. Aufl., Dalloz, Paris 2022
P. Malaurie, P. Morvan, Introduction au droit, 7. Aufl., LGDJ, Paris 2018
B. Stirn, Y. Aguila, Droit public français et européen, 3. Aufl., Dalloz, Paris, 2021
F. Terré, N. Molfessis, Introduction générale au droit, 13. Aufl., Dalloz, Paris 2021

---

24 R. Cabrillac, Introduction générale au droit, Dalloz, 13. Aufl., Paris 2019 Rn. 26, 27.
25 So etwa P. Malaurie, P. Morvan, Introduction au droit, 7. Aufl., LGDJ, Paris 2018, Rn. 386.

§ 3 Die Gerichtsbarkeiten

A. Die Gerichtszweige

Die französische Justiz besteht aus **zwei Gerichtszweigen**, an deren Spitze jeweils ein oberstes Gericht steht: zum einen die Zivil- und Strafgerichtsbarkeit (*juridictions judiciaires*), zum anderen die Verwaltungsgerichtsbarkeit (*juridictions administratives*)[1]. Die Zuständigkeiten ergeben sich aus dem Gesetzbuch für Gerichtsorganisation (*Code de l'organisation judiciare* – COJ) aber auch aus besonderen Gesetzen.

I. Zivil- und Strafgerichtsbarkeit

1. Erstinstanzliche Gerichte

a) Das Landgericht

Dreh- und Angelpunkt der französischen Gerichtsorganisation ist das Landgericht (*Tribunal judiciaire*). Frankreich zählt 164 solcher Gerichte, ein bis zwei in jedem *département*, je nach Bevölkerungsdichte, zumeist in den größeren Städten. Der jeweilige Gerichtsbezirk ist auch derjenige der Anwaltskammern (*ordres des avocats*) und anderer juristischer Standesorganisationen (Notare, Gerichtsvollzieher). Das gesellschaftliche und institutionelle Leben der Justiz spielt sich vorgeblich am Landgericht ab.

In Zivilsachen hat das Landgericht die **allgemeine Zuständigkeit** inne (*compétence de droit commun*)[2]. Diese liegt immer dann bei dem Gericht, wenn nichts Anderes vorgesehen ist (Art. L 211–3 COJ). Daneben hat es besondere Zuständigkeiten, insbesondere für Personen-, Familien- und Immobiliensachen.

Die umfassende **Justizreform von 2019**[3], die am 1. Januar 2020 in Kraft getreten ist, hat die Zuständigkeit des Landgerichts erheblich ausgeweitet. Vormals kannte das französische Justizwesen das **Amtsgericht** (*Tribunal d'instance*), das in Zivilsachen allgemein bis 10 000 Euro Streitwert zuständig war, aber auch für bestimmte Sachen, etwa Verbraucher- oder Mietsachen. Bis 4000 Euro Streitwert entschied das Amtsgericht in erster und letzter Instanz, lediglich die Kassation stand offen. Es bestand aus einem Einzelrichter (*juge unique*), das Verfahren war mündlich, anwaltliche Vertretung keine Pflicht. Am Amtsgericht war ferner das **Polizeigericht** (*Tribunal de police*) angesiedelt, welches i.d.R. für **Ordnungswidrigkeiten** (*contraventions*) zuständig ist, insbesondere Verstöße gegen die Straßenverkehrsordnung (s. hierzu Rn. 114).

Mit der Reform ist das **Amtsgericht im Landgericht aufgegangen.** Vorgeblicher Zweck war eine Vereinfachung der Justiz, so dass „die Bürger sich nicht mehr fragen müssen, welches Gericht zuständig ist"[4]. Tatsächlich handelt es sich in erster Linie um eine verwaltungstechnische Zusammenlegung, die dem Präsidenten des Landgerichts auch die Richter und die Verwaltung der umliegenden Amtsgerichte unterstellt. Deren Zuständigkeiten sind in der Regel gleichlautend auf das Landgericht übergegangen. Sie werden dort von einer besonderen Kammer bearbeitet, der sogenannten **„Bürgernahen Kammer"** (*Chambre de proximité*) beziehungsweise dem **„Bürgernahen Gericht"** (*Tribunal de proximité*), wenn die Räumlichkeiten sich in einer anderen Stadt befinden,

---

1 Ausf. S. Guinchard et al., Insitutions juridictionnelles, 14. Aufl., Dalloz, Paris 2017, Rn. 378 ff.
2 L. Cadiet, E. Jeuland, Droit judiciaire privé, 9. Aufl., LexisNexis, Paris 2016, Rn. 122 ff.
3 LOI n° 2019-222 du 23.3.2019 de programmation 2018-2022 et de réforme pour la justice.
4 https://www.gouvernement.fr/action/reforme-de-la-justice.

wobei das Personal häufig aus den vormaligen Amtsrichtern besteht. Auch die Gebäude der Amtsgerichte wurden beibehalten und gehören nun zum jeweiligen Landgericht. Die neue Kammer entscheidet **bis 5000 Euro in erster und letzter Instanz**. In der Regel besteht unter 10 000 Euro Streitwert weiterhin keine Anwaltspflicht. Das **Polizeigericht** ist nunmehr mit gleichbleibenden Zuständigkeiten am Landgericht angesiedelt.

36 Im Zuge der Reform wurden auch **sachliche Zuständigkeiten** des Landgerichts neu zugeschnitten. Dabei geht die Tendenz weiter dahin, Klagen für besondere Rechtsmaterien in **Schwerpunktgerichten** zu bündeln, was bei Streitigkeiten zum geistigen Eigentum (Markenrecht, Patentrecht, usw.; Article L. 211-10 ff. COJ) und in bestimmten Berufungssachen schon länger der Fall ist (s. hierzu unten Rn. 44). Das Ziel liegt darin, die Akten fachlich besonders sachkundigen Richtern anvertrauen zu können. Nunmehr ist in bestimmten Bereichen wahlweise für ein oder zwei *départements* ein *ratio materiae* allein zuständiges Landgericht zu bestimmen (Artikel L. 211-9-3 COJ). Dies gilt bislang in zwölf Rechtsmaterien, etwa „Steitigkeiten im Rahmen der Erfüllung eines Warentransportvertrages", „Klagen auf der Grundlage eines Gewerbemietvertrages" oder „Medezinhaftungsrecht" (R. 211-4 COJ). Im „Umwelthaftungsrecht" greift ebenfalls eine regional gebündelte Kompetenz (Artikel L. 211-20 COJ). Der Preis dafür ist, dass die Zuständigkeit der Gerichte in Frankreich immer weitergehender Kasuistik unterliegt; allgemeingültige Regeln verlieren an Tragweite.

37 Der **Gerichtspräsident** (*Président du Tribunal judiciaire*) hat zudem **eigene Kompetenzen**. Diese nehmen in der Praxis so erheblichen Raum ein, dass er sie i.d.R. an mehrere Richter seines Gerichts delegiert (*délégation de pouvoir*). Insbesondere ist er Richter des **vorläufigen Rechtsschutzes** (*juge du provisoire*). So kann er auf Eilantrag (*requête en référé*) eine Vorschusszahlung auf eine Forderung (*provision*) gewähren, wenn die Forderung „nicht ernsthaft bestreitbar ist" (*non sérieusement contestable*; art. 809 CPP); ebenso kann er einen gerichtlichen Gutachter (*expert judiciaire*) bestellen (Art. 145 CPP), was etwa im Bauhaftungsrecht tägliche Praxis ist. Vorläufiger Rechtsschutz spielt in der französischen Praxis eine große Rolle; auch deshalb, weil die Verfahrensdauer besonders kurz ist (ca. 2 bis 3 Monate), während Verfahren in der Sache zumeist 1 bis 2 Jahre in Anspruch nehmen.

38 Der Gerichtspräsident ist auch **Vollstreckungsrichter** (*juge de l'exécution*; Art. L.213–6 COJ). Er urteilt über Streitfragen in Vollstreckungssachen, etwa bei Pfändungen (*saisies*). Ist die Durchsetzung einer offenbar begründeten Forderung gefährdet, beschließt er ferner die – in der Praxis sehr wichtigen – vorläufigen Sicherungsmaßnahmen (*mesures provisoires*; Art. L. 511–1 CPCE), z.B. eine Sicherungspfändung (*saisie conservatoire*) oder eine Sicherungshypothek (*hypothèque conservatoire*), die allerdings nur Bestand haben, wenn der Antragsteller innerhalb eines Monats ein Verfahren in der Sache anstrengt.

39 Am Landgericht sind zudem die wesentlichen strafrechtlichen Gerichte angesiedelt: das Polizeigericht (*Tribunal de police,* s. hierzu oben Rn. 35), das Strafgericht (*Tribunal correctionnel*) und das Geschworenengericht (*Cour d'assises,* s. hierzu unten Rn. 114 f.).

b) Gerichte mit besonderen Zuständigkeiten

40 In der ersten Instanz ist die französische Gerichtslandschaft durch eine Vielzahl von Gerichten mit besonderen Zuständigkeiten gekennzeichnet. Am bedeutendsten sind das Handels- und das Arbeitsgericht.

A. Die Gerichtszweige

Das **Handelsgericht** (*Tribunal de commerce*) ist stets bei **Streitigkeiten zwischen Kaufleuten** zuständig (Art. 721–1 C. com)[5], außer in Elsass-Mosel[6]. Ein Nicht-Kaufmann, der mit einem Kaufmann kontrahiert hat, kann wählen, ob er vor ein Zivil- oder ein Handelsgericht zieht (*théorie de l'acte mixte*). Das Handelsgericht ist auch für **Insolvenzverfahren** (*procédures collectives*) zuständig. Die Gerichtsverwaltung (*Greffe du tribunal de commerce*) betreut das **Handelsregister** (*Registre du commerce et des sociétés*). Das Gericht setzt sich allein aus Laienrichtern (*conseillers*) zusammen, die der örtlichen Kaufmannschaft entstammen, **ohne Mitwirkung eines Berufsrichters**. Juristische Vorbildung wird nicht vorausgesetzt, jedoch gilt seit 2018 eine Fortbildungspflicht[7]. Reformbestrebungen hin zur Einbeziehung eines Berufsrichters konnten die Handelsgerichte stets erfolgreich abwehren. Ein Gesetz von 2015[8] hat immerhin durchgesetzt, dass nur noch 18 größere Handelsgerichte – von 136 insgesamt – für große Insolvenzen (Unternehmen mit einem Umsatz über 40 Millionen Euro oder mehr als 250 Mitarbeitern) zuständig sind.

41

Die umfassende Justizreform von 2019 lässt die Zusammensetzung der Handelsgerichte weiterhin unberührt[9]. Sie sieht lediglich einige Neuerungen im Verfahrensrecht vor. So gilt nun zum Beispiel vor den Handelsgerichten grundsätzlich Anwaltspflicht (Artikel 853 CPC). Ferner sind die Urteile, wie vor den ordentlichen Gerichten, vorläufig vollstreckbar (Artikel 514 CPC).

Bei arbeitsrechtlichen Streitigkeiten ist das **Arbeitsgericht** (*Conseil des prud'hommes*) zuständig (Art. L. 1441–1 Code du travail). Frankreich zählt 210 solcher Gerichte. Das Arbeitsgericht ist **ausschließlich mit Laienrichtern** (*conseillers prud'hommaux*) besetzt: zwei Arbeitnehmer- und zwei Arbeitgebervertreter, die von Arbeitgeberverbänden und Gewerkschaften bestimmt werden. Juristische Vorbildung wird nicht vorausgesetzt. Bei Stimmengleichheit wird ein Berufsrichter hinzugezogen (*juge départiteur*). Die Verfahren sind mündlich, anwaltliche Vertretung ist nicht Pflicht. Die Dauer für eine Instanz beträgt je nach Gericht 1 bis 5 Jahre. Die Berufungsquote ist anormal hoch[10]. Die Arbeitsgerichte wehren sich seit Jahrzehnten erfolgreich gegen Veränderungen.

42

Die Justizreform von 2019 deutet gleichwohl einen Modernisierungswillen an. Die Zusammensetzung der Gerichte bleibt zwar unverändert, aber die Verwaltung des Arbeitsgerichts wird in das Landgericht eingegliedert. So mancher sieht darin den ersten Schritt zu einer Umwandlung der Gerichte zu „Arbeitsrechtskammern" der Landgerichte. Den Kammervorsitz könnte dann ein Berufsrichter übernehmen.

2. Berufungsgerichte

Die Zuständigkeit für Berufungen gegen Urteile der zivil- und strafrechtlichen Gerichte liegt grundsätzlich beim **Berufungsgerichtshof** (*Cour d'appel*; Art. L. 311.1 COJ)[11]. Dass andere Gerichte diese Funktion innehaben, ist nur sehr ausnahmsweise vorgesehen (etwa in Insolvenzverfahren, wo das Handelsgericht Berufungsgericht über Ent-

43

---

5 Über 10 000 Euro, darunter ist das Amtsgericht zuständig.
6 Dort ist eine Handelskammer des Landgerichts zuständig, die mit einem Berufsrichter und zwei Kaufleuten besetzt ist.
7 Décret n° 2018–664 du 27.7.2018. Die Fortbildung findet an der Nationalen Richterschule (ENM) statt.
8 Loi n° 2015–990 du 6.8.2015 pour la croissance économique.
9 LOI n° 2019-222 du 23.3.2019 de programmation 2018-2022 et de réforme pour la justice.
10 L. Cadiet, E. Jeuland, Droit judiciaire privé, 10. Aufl., LexisNexis, Paris 2017, Rn. 155 ff.
11 AaO, Rn. 135 ff.

scheidungen des Insolvenzrichters ist). Der Zuschnitt der teils sehr unterschiedlich großen Gerichtsbezirke erklärt sich vor allem historisch: die Berufungsgerichtshöfe sind unmittelbare Nachfolger der Regionalgerichte (*parlements*) des *ancien régime* (zu den *parlements*, s. auch Rn. 9). Es gibt 36 Berufungsgerichtshöfe.

44 Der **Berufungsgerichtshof Paris** (*Cour d'appel de Paris*) spielt eine Sonderrolle. Neben seiner allgemeinen Zuständigkeit *ratio loci*, hat der Berufungsgerichtshof Paris **besondere Zuständigkeiten**. Paris ist z.B. Berufungsinstanz gegen Entscheidungen staatlicher Aufsichtsbehörden (Finanzmarktaufsicht, Wettbewerbsaufsicht etc.) oder Entschädigungsfonds (Asbestopfer, HIV-Transfusionsopfer). Zudem ist es *ratio materiae* nationales Berufungsgericht bei bestimmten Anspruchsgrundlagen; so z.B. bei Schadensersatzforderungen wegen rechtsmissbräuchlicher Kündigung einer dauerhaften Geschäftsbeziehung (*rupture abusive d'une relations d'affaires établie*, Art. L. 442–1, II C. com). Zweck dieser Bündelung, die mit der Justizreform von 2019 auch in erster Instanz vorangetrieben wurde (s. oben Rn. 36), ist es, bestimmte Fälle besonders hoch spezialisierten Kammern anzuvertrauen.

45 **Berufungsfrist** (*délai d'appel*) ist im Regelfall 1 Monat nach Zustellung der erstinstanzlichen Entscheidung. Eine Zulässigkeitsprüfung nach Streitwert bzw. grundsätzlicher Bedeutung des Falles, wie man sie in Deutschland kennt, gibt es in Frankreich nicht. Vormals galt, dass die Berufung **aufschiebende Wirkung** hat (*effet suspensif*), wobei das Gericht auf Antrag einer Partei oder von Amts wegen eine Entscheidung für vorläufig vollstreckbar erklären konnte. Mit der Justizreform von 2019 ist das Prinzip umgekehrt worden[12]. Erstinstanzliche Urteile sind nunmehr **vorläufig vollstreckbar** (*exécutoire par provision*), es sei denn, das Gericht entscheidet ausdrücklich anders, was es begründen muss, oder es liegt ein gesetzlicher Ausnahmefall vor (Art. 514 CPC). Kommt der Schuldner dem Urteil nicht nach, kann der Gläubiger im Berufungsverfahren einen Antrag auf Verfahrensunterbrechung stellen. Eine Wiederaufnahme erfolgt nur bei Erfüllung oder wenn einem Härtefallantrag des Schuldners stattgegeben wird (Art. 524 Abs. 1 CPC).

3. Der Kassationsgerichtshof

46 **Oberstes Gericht des zivil- und strafrechtlichen Zweiges** ist der Kassationsgerichtshof (*Cour de cassation*), der seinen Sitz in Paris auf der *Ile de la cité* hat. Hervorgegangen ist das 1804 gegründete Gericht aus dem Pariser Regionalgericht (*Parlement de Paris*) und dem Rat des Königs (*Conseil du roi*), der im *ancien régime* die Urteile der Regionalgerichte kontrollierte (s. hierzu Rn. 8).

47 Der Kassationsgerichtshof ist in **Kammern** (*chambres*) unterteilt: drei Zivilkammern (*chambres civiles*), eine Kammer für Handels-, Wirtschafts- und Finanzsachen (*chambre commerciale*), eine Arbeitsrechtskammer (*chambre sociale*) und eine Strafrechtskammer (*chambre criminelle*). Jeder Kammer steht ein Präsident vor (*président de chambre*). In besonderen Fällen urteilt eine **gemischte Kammer** (*chambre mixte*) oder die **Vollversammlung** (*assemblée plénière*)[13], die i.d.R. Grundsatzentscheidungen fällt. Eine Besonderheit des Verfahrens vor dem Kassationsgerichtshof ist, dass die **Generalstaatsanwaltschaft** (*parquet général*) stets eingebunden ist, selbst wenn Zivil- oder Handelssachen betroffen sind. Tatsächlich geht jede Akte auch an die Staatsanwalt-

---

[12] LOI n° 2019-222 du 23.3.2019 de programmation 2018-2022 et de réforme pour la justice.
[13] Ausführlich erläutert auf der Seite des Kassationsgerichtshofes: www.courdecassation.fr.

schaft und diese legt dem Gericht ihre Ansicht zu dem Fall vor (*avis du procureur général*). Zweck ist es, die Verhandlungen um eine unabhängige Rechtsmeinung zu bereichern.

Frist für den Antrag auf Kassation (*pourvoi en cassation*) ist im Regelfall 2 Monate nach Zustellung der Entscheidung. Der Kassationsgerichtshof prüft allein Rechtsfragen (*juge du droit*); er ist kein Tatsachenrichter (*juge du fait*). Anders als der Bundesgerichtshof, ist er **grundsätzlich keine Revisionsinstanz**: kassieren die Richter ein Urteil, so wird der Fall stets an den Tatsachenrichter zurückverwiesen, d.h. an einen Berufungsgerichtshof bzw. an ein Amtsgericht. Bislang konnte das Gericht hiervon allein in Strafsachen abweichen und abschließend urteilen. Seit 2016 ist eine Revision auch in Zivilsachen zulässig, sofern dies im Interesse einer „geordneten Rechtspflege" liegt (*bonne administration de la justice*; Art. L. 411–3 Abs. 2 COJ)[14].

48

Der französische Kassationsgerichtshof pflegt einen – im internationalen Vergleich – eher **außergewöhnlichen Urteilsstil**. Die Entscheidungen werden nur **sehr knapp** begründet. Zumeist wird die Rechtsfrage in einem einzigen Satz beantwortet. Erläuterungen bzw. **Hinweise auf Rechtsprechung oder Literatur fehlen**. Die Königsdisziplin der französischen Wissenschaft ist daher der Urteilskommentar (s. hierzu Rn. 644). Da die Entscheidungen nicht selbstredend sind, sondern teilweise eher einem Orakelspruch gleichen, bedarf es der kontextuellen Einordnung, der Erläuterung und der Bewertung. Als Vorteil dieser Urteilsform wird u.a. angeführt, dass das Gericht sich nicht wirklich festlegen muss, wenn es unentschieden ist. So wird in schwierigen Fragen teilweise ganz bewusst mit zweideutigen Formeln gearbeitet, die i.d.R. wissenschaftliche Kommentierungen nach sich ziehen, die wiederum dem Gericht bei der Meinungsbildung behilflich sind.

49

Im Februar 2017 hat der Gerichtshof einen **Reformprozess** eingeleitet[15]. Wenngleich der Urteilsstil grundsätzlich beibehalten wird, so werden nunmehr wichtige Urteile mit einer „bereicherten Begründung" (*motivation enrichie*) versehen; dies gilt dann, wenn ein Meinungswechsel vollzogen oder eine Proportionalitätsabwägung durchgeführt wird. Zudem wird die **Öffentlichkeit** nunmehr zu diesen Urteilen **umfassend informiert**. So veröffentlicht der Gerichtshof auf seiner Internetseite neben dem Urteil, zum einen, für das Fachpublikum: den Bericht des berichterstattenden Richters (*note du rapporteur*; aber verständlicherweise nicht die Urteilsvorschläge, die der Richter der Kammer zur Beratung vorgelegt hat), sowie die Stellungnahme des Generalstaatsanwaltes (*avis de l'avocat général*); zum anderen, für das breite Publikum: eine Erläuterung der Entscheidung in einer auch für Nicht-Juristen verständlichen Sprache.

50

Vor dem Kassationsgerichtshof – und zugleich vor dem Conseil d'Etat – können allein dort **speziell zugelassene Anwälte** auftreten (*Avocats au Conseil d'Etat et à la Cour de cassation*), deren Anzahl staatlich auf ca. 100 begrenzt ist[16]. **Zweck des Monopols** soll es sein, die Qualität der Vertretung vor den obersten Gerichtshöfen sicherzustellen. Ob dies durchgehend gewährleistet ist, wird allerdings teilweise bezweifelt, schon deshalb, weil viele Kassationsanwälte heute sehr weitgehend auf freie Mitarbeiter zurückgreifen, um die Masse der Verfahren zu bewältigen. Herausgehoben wird zudem ein hoher

51

---

14 Die Reform ist von der Verwaltungsgerichtsbarkeit inspiriert, s. hierzu Rn. 58.
15 www.courdecassation.fr/cour_cassation_1/reforme_cour_7109/; La Cour de cassation se modernise pour garder son rang, Le Monde 2017, 1.3.2017.
16 www.ordre-avocats-cassation.fr.

Anteil an Familienerbhöfen. Bestrebungen zur Lockerung des Monopols konnten die Kassationsanwälte bislang stets erfolgreich abwehren.

II. Verwaltungsgerichtsbarkeit

52 Die französische Verwaltungsgerichtsbarkeit (*juridictions administratives*) hat **weitreichende Zuständigkeiten** und spielt daher in der Praxis eine bedeutendere Rolle, als dies in Deutschland der Fall ist. Sie zeichnet sich zudem durch ihre **institutionelle Eigenständigkeit** aus: sie verfügt über ein eigenes Budget und über ein eigenes Richterkorps (*magistrats administratifs*), das sich anders rekrutiert als jener der Zivil- und Strafrechtsjustiz. Noch bis 1986 waren die Verwaltungsgerichte nicht dem Justiz-, sondern dem Innenministerium zugeordnet.

53 **Ins Leben gerufen** wurde die Verwaltungsgerichtsbarkeit mit der Anerkennung des *Conseil d'Etat* als ordentliches Verwaltungsgericht durch ein Gesetz von 1872 (näheres hierzu Rn. 11). Zunächst war der *Conseil d'Etat* erste und letzte Instanz. 1956 wurden die Verwaltungsgerichte (*Tribunaux administratifs*) als erstinstanzliche Gerichte gegründet. 1987 kamen die Berufungsgerichtshöfe in Verwaltungsrechtssachen (*Cour administrative d'appel*) hinzu.

1. Verwaltungsgerichte und Berufungsgerichte

54 In erster Instanz hat das Verwaltungsgericht (*Tribunal administratif*) die **allgemeine Zuständigkeit** inne[17]. Nur in bestimmten Fällen entscheidet der *Conseil d'Etat* in erster und letzter Instanz (*en premier et dernier ressort*), etwa bei Klagen gegen Regierungsverordnungen oder Ministerentscheide (Art. R. 311–1 CJA). Frankreich zählt 42 Verwaltungsgerichte, davon 11 in Übersee (*outre-mer*). Es gilt das **Kollegialitätsprinzip** (*principe de collégialité*; 3 Richter). Anwaltliche Vertretung ist nicht Pflicht.

55 Die allgemeine Zuständigkeit für Berufungsverfahren liegt bei den 9 **Berufungsgerichtshöfen** der Verwaltungsjustiz (*Cour administrative d'appel*). Ausnahmsweise ist der *Conseil d'Etat ratio materiae* in der Berufung zuständig (etwa bei lokalem Wahlrecht). Anwaltliche Vertretung ist auf Berufungsebene Pflicht. Fälle unter 10 000 Euro Streitwert sind von der Berufung ausgeschlossen (nicht jedoch von der Kassation).

2. Der Conseil d'Etat

56 Der *Conseil d'Etat* hat seinen Sitz im *Palais Royal*, gegenüber vom *Louvre*[18]. Er ist seit seiner Gründung im Jahre 1799 mit zwei Aufgaben betraut[19]. Zum einen, ist er Verwaltungsrichter. Zum anderen, ist er Berater der Regierung in Rechtsfragen, insbesondere bei der Gesetzgebung.

a) Oberstes Verwaltungsgericht

57 Bei seiner Gründung war der *Conseil d'Etat* kein Gericht. Er hatte allein zur Aufgabe, die Entscheidung des Staatsoberhauptes bei Streitigkeiten, in die der Staat oder die Verwaltung verwickelt waren, vorzubereiten. **Ordentliches Gericht für Verwaltungssa-**

---

17 B. Stirn, Y. Aguila, Droit public français et européen, Dalloz, Paris, 2014, S. 563 f.
18 S. auch zum Conseil d'Etat www.conseil-etat.fr.
19 B. Stirn, Y. Aguila, Droit public français et européen, Dalloz, Paris, 2014, S. 549 f.

chen wurde der *Conseil d'Etat* durch ein Gesetz von 1872. Im Jahre 2008 wurde die Rolle des *Conseil d'Etat* zudem in der Verfassung festgeschrieben (Art. 61–1, 65)[20].

Der *Conseil d'Etat* ist **Kassationsrichter** über Berufungsurteile oder, insbesondere wenn der Streitwert unter 10 000 Euro liegt, über erstinstanzliche Entscheidungen. Er **prüft allein Rechtsfragen**. Im Prinzip ist er kein Revisionsgericht, d.h. er verweist im Kassationsfall an die unteren Gerichte zurück. Er kann jedoch **ausnahmsweise** auch als **Revisionsrichter** auftreten (*règlement au fond*; Art. L. 821–2 CJA), namentlich dann, wenn dies im Interesse einer „geordneten Rechtspflege" liegt (*bonne administration de la justice*), z.B. um einen lang andauernden Rechtsstreit zu Ende zu bringen. In Ausnahmefällen ist der *Conseil d'Etat* in erster und letzter Instanz (*en premier et dernier ressort*, Art. R. 311–1 CJA) oder als Berufungsgericht (Art. R. 321–1 CJA) tätig.

58

Eine Besonderheit stellt die im Jahre 1987 eingeführte **Streitmeinung** (*avis contentieux*) dar, welche der *Conseil d'Etat* auf Antrag eines unteren Gerichts ausspricht[21]. Danach können Verwaltungsgerichte und Berufungsgerichte die Meinung des Kassationsrichters zu einem Streitfall einholen, wenn sie vor einer „neuen Rechtsfrage stehen, die eine erhebliche Schwierigkeit aufweist und in vielen Fällen auftritt" (Art. L. 113–1 CJA). Der *Conseil d'Etat* muss in einer Frist von drei Monaten antworten, wobei seine Meinung zwar weder Rechtskraft hat, noch formal bindend ist, jedoch nahezu ausnahmslos befolgt wird (seit Kurzem besteht der Streitmeinungsantrag auch im zivil- und strafrechtlichen Gerichtszweig (s. Rn. 48), wird dort jedoch bislang wenig in Anspruch genommen). Zweck ist es, Rechtsunsicherheiten etwa bei der Auslegung neuer Gesetze schneller zu beseitigen und die Einheit der Rechtsprechung zu gewähren.

59

b) Regierungsberater

Der *Conseil d'Etat* füllt eine **Doppelrolle** aus, wie man es auch in einigen anderen Ländern von obersten Verwaltungsgerichten kennt (etwa in Italien, Belgien oder den Niederlanden)[22]. Er ist nicht nur Richter, sondern auch **Rechtsberater der Regierung** (*conseil du gouvernement*) beim Verfassen von Gesetzen im weitesten Sinne. In bestimmten Fällen muss die Regierung die Prüfung eines Normentwurfes durch den *Conseil d'Etat* zwingend durchführen lassen (fehlt es daran, ist die Norm nichtig). Dies gilt insbesondere im Zuständigkeitsbereich des ordentliches Gesetzes nach Art. 34 der Verfassung (s. hierzu Rn. 84 ff.). Der Prüfungspflicht unterliegen etwa Gesetzesvorhaben (*projets de loi*; Art. 39 der Verfassung) oder Gesetzesverordnungen (*ordonnances*; Art. 38 der Verfassung). Bei Verwaltungsnormen besteht nur ausnahmsweise Prüfungspflicht (Art. 37 der Verfassung); wichtige Texte werden dem *Conseil d'Etat* i.d.R. gleichwohl zur Prüfung vorgelegt.

60

Im Einzelnen prüft der *Conseil d'Etat* Form und Inhalt der ihm vorgelegten Texte, ihre Verfassungsmäßigkeit und ihre Vereinbarkeit mit europarechtlichen Normen und internationalen Abkommen; ebenso ihre Zweckmäßigkeit hinsichtlich der vorgegebenen Zielsetzung oder auch Kosten und Nutzen. Das Ergebnis der Prüfung ist im Prinzip **vertraulich**, kann jedoch von der Regierung veröffentlicht werden. Wenngleich das

61

---

20 AaO, S. 524 f.
21 AaO, S. 552 f.
22 AaO, S. 553 f.

Ergebnis **nicht bindend** ist, folgt die Regierung der Auffassung des *Conseil d'Etat* in den meisten Fällen.

62 Seit der Verfassungsreform von 2008, kann nunmehr **auch das Parlament** dem *Conseil d'Etat* Gesetzesvorschläge (*proposition de loi*) zur Prüfung vorlegen (Art. 39 der Verfassung). Auf Anfrage der Regierung oder in Eigeninitiative erarbeitet der *Conseil d'Etat* zudem thematische **Fachstudien** (*études*) in den verschiedensten Rechtsgebieten. Begründet wird die Doppelfunktion des *Conseil d'Etat* als Richter über die Verwaltung und Rechtsberater derselben damit, dass sich die beiden Rollen ergänzen und gegenseitig bereichern würden. Kritiker heben dagegen hervor, dass der *Conseil d'Etat* letztlich über Normen richtet, die er selbst verfasst hat.

63 **Informell gestärkt** wird der Einfluss des *Conseil d'Etat* dadurch, dass seine Mitglieder zudem regelmäßig Posten in Ministerkabinetten besetzen (*membre d'un cabinet ministériel*), Beraterfunktionen im Präsidentenpalast ausüben (*conseiller à la Présidence de le République*) oder auch die Leitungen von Zentralverwaltungen (*directeur d'administration centrale*) oder großen Staatsunternehmen übernehmen. Im Gefüge der französischen Institutionen nimmt der *Conseil d'Etat* somit eine **zentrale Rolle** ein.

B. Das Konfliktgericht

64 Das Konfliktgericht (*Tribunal des conflits*) wurde durch ein Gesetz von 1872 ins Leben gerufen[23]. Vorrangig hat es zur Aufgabe, **Zuständigkeitskonflikte** (*conflits de compétence*) zwischen den beiden Gerichtszweigen zu lösen, also zwischen der Zivil- und Strafgerichtsbarkeit, einerseits, und der Verwaltungsgerichtsbarkeit andererseits. Das Gericht steht über den obersten Gerichten, dem Kassationsgerichtshof und dem *Conseil d'Etat*, stellt aber **keine Revisions- oder Kassationsinstanz** dar. Ihm fallen ausschließlich Zuständigkeitsfragen zu. Das Gericht setzt sich aus acht Richtern zusammen; diese sind je zur Hälfte Richter des *Conseil d'Etat* und des Kassationsgerichtshofes. Es hält seine Sitzungen im *Palais Royal* ab[24], der zugleich Sitz des *Conseil d'Etat* ist.

65 Das Gericht kennt zunächst sog. **Positive Zuständigkeitskonflikte** (*conflit positif*). So kann die Verwaltung das Konfliktgericht stets dann anrufen, wenn sie vor einem Zivil- oder Strafgericht verklagt wurde, dessen Zuständigkeit jedoch bestritten. Unbestreitbar ist die Zuständigkeit allein bei Strafverfahren wegen Kapitalverbrechen (*crimes*). Zweck dieses Rechtsmittels ist es, die Verwaltung und ihre Mitarbeiter **vor dem Übergriff der Judikative zu bewahren**. Als Grund wird auf die Gewaltenteilung (*principe de la séparation des pouvoirs*) verwiesen.

66 Für die Verwaltung klagt der Präfekt des Bezirks (*préfet du département*), in dem das strittige Verfahren eingeleitet wurde. Er muss zunächst vor dem Zivil- oder Strafgericht einen begründeten **Antrag auf gerichtliche Unzuständigkeit** (*incompétence juridictionnelle*) einreichen. Weist das Gericht den Antrag ab, so kann der Präfekt den Beschluss vor dem Konfliktgericht anfechten. Das Verfahren ist bis zum Urteil des Konfliktgerichts ausgesetzt (*suspendu*). Je nachdem, wie das Urteil ausfällt, wird das Verfahren vor der Straf- oder Zivilgerichtsbarkeit entweder fortgesetzt, oder aber diese

---

23 M. de Villiers, T. de Berranger, dir., Droit public général, 7. Aufl., Lexis Nexis, Paris 2015, Rn. 1755 ff.
24 Näheres: www.tribunal-conflits.fr.

wird von dem Fall entbunden und der Kläger muss den Weg über die Verwaltungsgerichtsbarkeit gehen[25].

Ein **negativer Zuständigkeitskonflikt** (*conflit négatif*) liegt vor, wenn sich keiner der Gerichtszweige für zuständig hält, womit die Gefahr einhergeht, dass der Kläger kein rechtliches Gehör findet (*déni de justice*). Vormals lag es in diesem Fall beim hier- wie dort abgewiesenen Kläger, das Konfliktgericht anzurufen. Seit einer Reform von 1960, ist diese Aufgabe an das zuletzt mit dem Fall befasste Gericht übertragen worden. Sollte sich dieses – wie schon das Gericht des anderen Zweiges – für nicht zuständig halten, muss es das Verfahren aussetzen und das Konfliktgericht zur Klärung anrufen.

C. Der Verfassungsrat

Frankreich hat im Vergleich zu anderen Ländern erst sehr spät zu einer Verfassungsgerichtsbarkeit gefunden[26]. Dies wird insbesondere auf eine streng rousseauistische Sichtweise zurückgeführt, wonach das Gesetz als Ausdruck von Volkes Wille nicht einer richterlichen Prüfung unterzogen werden könne. Die **Verfassung von 1958** sah zunächst nur eine sehr zurückhaltende Kontrolle vor. Zum einen richtete sie kein Verfassungs*gericht* ein, sondern lediglich einen Verfassungs*rat* (*Conseil constitutionnel*). Zum anderen waren die Zuständigkeiten dieses Rates **stark eingeschränkt**: er sollte nur kontrollieren, ob sich das Parlament bei der Verabschiedung von Gesetzen im Rahmen seiner verfassungsmäßigen Kompetenz *ratione materiae* bewegt (s. hierzu Rn. 84 ff.). Wie es obersten Gerichtsbarkeiten häufig zu eigen ist, hat der Verfassungsrat seine Kompetenzen im Laufe der Zeit jedoch stetig ausgeweitet. Vor allem aber hat eine grundlegende **Verfassungsreform von 2008** eine zusätzliche Kontrollmöglichkeit eingeführt.

Heute lässt sich der Verfassungsrat über zwei Verfahren anrufen. Das erste ist die „klassische" **abstrakte Normenkontrolle**, die *vor* der Verabschiedung des Gesetzes erfolgt. Den Antrag hierzu können allein eine Reihe politischer Organe stellen, etwa der Premierminister, oder eine Gruppe von sechzig Abgeordneten. Diese Normenkontrolle ist bereits seit 1958 in der Verfassung vorgesehen (Art. 61); sie betrifft sowohl formelle Fragen des Gesetzgebungsverfahrens (etwa Zuständigkeiten), als auch den Inhalt der Norm. Problematisch war freilich stets, dass **nach in Kraft treten** eines Gesetzes **keine Möglichkeit mehr bestand, die Verfassungskonformität eines Gesetzes zu prüfen**. Nicht zuletzt deshalb hat der Europäische Gerichtshof für Menschenrechte in Frankreich stets eine bedeutende Rolle gespielt; dieser bot noch bis vor kurzem den einzigen Weg, um geltende Gesetze auf Grundrechtskonformität prüfen zu lassen (wenngleich nur in Hinblick auf die EKMR).

Die Reform von 2008 hat die Rolle des Verfassungsrates grundlegend ausgeweitet, indem sie ein zweites Verfahren eingerichtet hat: die **vorrangige Anfrage der Verfassungskonformität** (*Question prioritaire de constitutionalité* – *QPC*). Danach kann jede Partei in einem ordentlichen Gerichtsverfahren, wenn sie die Verfassungsmäßigkeit eines einschlägigen Gesetzes bezweifelt, beantragen, dass die Norm dem Verfassungsrat zur Prüfung vorgelegt wird (Art. 61-1 der Verfassung). Die Kontrolle umfasst ordentliche Gesetze, aber auch deren Auslegung (*interprétation*) durch die Gerichte,

---

25 Es sei denn, es handelt sich um Regierungsentscheidungen, die gegen gerichtliche Klagen „immun" sind (*théorie des actes de gouvernement*); in diesem Falle steht kein Rechtsweg offen.
26 Ausf. L. Favoreu, P. Gaïa, R. Ghevontian et al., Droit constitutionnel, 21. Aufl., Dalloz, Paris 2018, Rn. 376 ff.

sofern die Rechtsprechung gefestigt ist[27]. Gesetze, die gegen Grundrechte verstoßen, werden vom Verfassungsrat annulliert (*annulé*). Ein **doppelter Filter** verhindert eine Antragsflut: die Frage, ob eine Normenkontrolle gerechtfertigt ist, wird zunächst vom Gericht, das die Sache behandelt, und anschließend von der obersten Gerichtsbarkeit des jeweiligen Gerichtszuges (Kassationsgerichtshof oder *Conseil d'Etat*) innerhalb einer **3-monatigen Frist** geprüft. Wird die Frage dem **Verfassungsrat vorgelegt**, so muss dieser innerhalb von **6 Monaten** entscheiden. Anders als vor den obersten Gerichten, kann jeder Anwalt in der Verhandlung vor dem Verfassungsrat auftreten. Im Anschluss an diese konkrete Sprung-Kontrolle, wird das Verfahren in der Sache fortgeführt.

71 Das QPC-Verfahren hat innerhalb weniger Jahre eine beachtliche Rechtsprechung erwachsen lassen und wird, auch aufgrund seiner Zügigkeit, als **großer Fortschritt in der Durchsetzung der Grundrechte** angesehen. Wenn in der Vergangenheit noch Zweifel herrschten, ob der Verfassungsrat eine Gerichtsbarkeit ist, so lässt sich dies heute kaum mehr bestreiten[28]; die Umbenennung in *Cour constitutionnelle* (Verfassungsgerichtshof) scheint nur noch eine Frage der Zeit zu sein. Die neue Rolle führt auch dazu, dass die Forderung nach einer weitergehenden **Professionalisierung** des aus 9 Mitgliedern bestehenden Rates mehr in den Vordergrund rückt. Während der Rat seit jeher Alterssessel für verdiente Minister und hohe Verwaltungsbeamte ist, werden nun zum Teil auch bewährte Juristen ernannt. Zudem sind ehemalige Präsidenten der Republik Mitglieder *per se* des Rates. Da diese mittlerweile zumeist auf das Amt verzichten, umfasst der Rat gegenwärtig keinen Altpräsidenten.

Weiterführende Literatur :
L. *Cadiet*, E. *Jeuland*, Droit judiciaire privé, 11. Aufl., LexisNexis, Paris 2020
C. *Chainais*, F. *Ferrand*, S. *Guinchard*, L. *Mayer*, Procédure civile, 35. Aufl., Dalloz, Paris 2020
R. *Chapus*, Droit du contentieux administratif, 13. Aufl., LGDJ, Paris 2008.
L. *Favoreu*, P. *Gaïa*, R. *Ghevontian et al.*, Droit constitutionnel, 24. Aufl., Dalloz, Paris 2021
G. *Peiser*, Contentieux administratif, 16. Aufl., Dalloz, Paris 2014
M. *de Villiers*, T. *de Berranger, dir.*, Droit public général, 8. Aufl., Lexis Nexis, Paris 2020.

---

27 Conseil const., n° 2010–52, QPC vom 14.10.2010, Compagnie agricole de la Crau.
28 B. Stirn, Y. Aguila, Droit public français et européen, Dalloz, Paris 2014, p. 635.

§ 4 Das öffentliche Recht

A. Verfassungsrecht

I. Die V. Republik

1. Entstehungsgeschichte

Die französische Verfassung ist als **Gegenentwurf zur gescheiterten Nachkriegsverfassung von 1946** konzipiert worden[1]. Die Verfassung von 1946, welche die IV. Republik ins Leben gerufen hat, war stark parlamentarisch geprägt, womit die Lehren aus den dunklen Jahren gezogen werden sollten. So kam der Nationalversammlung (*Assemblée nationale*) eine erdrückende Machtfülle zu. Zum einen, hatte sie die gesetzgeberische Gewalt inne (Art. 13), während der zweiten Kammer, dem *Conseil de la République*, nur eine beratende Funktion zukam. Vor allem aber konnte sie den Regierungschef (*Président du conseil*) nicht nur mit absoluter Mehrheit wählen – dieser ernannte daraufhin die Minister –, sondern ihn mit der gleichen Mehrheit auch jederzeit wieder abberufen. Die Hürden, um die Nationalversammlung aufzulösen, waren dagegen nahezu unüberwindbar. Im Ergebnis konnte die Exekutive jederzeit gestürzt werden, aber andersherum konnte sie keinen Druck auf die Nationalversammlung ausüben.

Das Ergebnis war **erhebliche politische Instabilität**. Von 1947 bis 1958 wurden 23 Regierungschefs ernannt. Dem von Parteienstreitigkeiten gelähmten Parlament gelang es zudem nicht, seiner Aufgabe als Gesetzgeber hinreichend nachzukommen. Mehrfach delegierte es Gesetzgebungskompetenz an die Regierung, welche per Dekret (*décret*) Gesetze verabschiedete, worin der *Conseil d'Etat* (ein Verfassungsgericht gab es nicht) zumindest im Grundsatz keine Verfassungswidrigkeit sah[2]. Dringende Reformen wurden vielfach von der Verwaltung entwickelt und umgesetzt, etwa von der einflussreichen Behörde des *Commissariat général au Plan*, worin einige die Anfänge der Technokratie sehen. Im Ergebnis hat sich das „ultra-repräsentative System" (G. Vedel) als nicht lebensfähig erwiesen.

Zeitgleich flammten die **Kolonialkriege** (*guerres coloniales*) auf. Die schwere Niederlage von Dien Bien Phu besiegelte 1954 das Ende der französischen Herrschaft in Indochina, dem heutigen Vietnam, Kambodscha und Laos. Algerien, das noch während des 2. Weltkrieges Rückzugsgebiet für Teile der französischen Armee gewesen war, versank in einem blutigen Unabhängigkeitskrieg. 1958 trat der General De Gaulle auf den Plan und bot an, die Regierung zu übernehmen, um Frankreich aus der Krise zu führen. Per Notstandsgesetz ließ er sich weitreichende Befugnisse übertragen. Noch im selben Jahr ließ er die von seinem Minister Michel Debré ausgearbeitete **Verfassung der V. Republik** mit 79 % Zustimmung per Volksentscheid (*référendum*) annehmen. Inhaltlich bildet die Verfassung von 1958 einen Gegenentwurf zur Verfassung von 1946.

---

[1] S. M. de Villiers, T. de Berranger u.w., Droit public général, 6. Auflage, Lexis Nexis, Paris 2015, Rn. 48 ff.
[2] Avis du Conseil d'Etat, 6.2.1953, RDP 1953, S. 171 ff.

2. Organe

a) Der Präsident der Republik

75 Der Präsident der Republik (*Président de la République*) ist der **oberste Vertreter des Staates**. Die Verfassung sah ursprünglich vor, dass er durch ein Wahlkollegium von 80 000 Personen bestimmt wird, das sich vor allem aus Abgeordneten und Kommunalräten zusammensetzt. Doch bereits 1962 hat De Gaulle per Volksentscheid die **Direktwahl** des Präsidenten durchgesetzt (*élection au suffrage direct*), womit seine Legitimität und damit auch seine faktische Machtfülle nochmals gestärkt wurden. **Zur Wahl antreten** darf derjenige, der für seine Kandidatur 500 „Patenschaften" (*parrainages*) von Würdenträgern (*élus*) zusammenträgt, also von Abgeordneten, Senatoren, Kommunalräten, Territorialräten etc., und diese fristgerecht beim Verfassungsrat (*Conseil constitutionnel*) hinterlegt. Dafür, dass die **Kandidaten von kleinen Parteien** die schwierige Hürde nehmen können, sorgen zumeist die großen Parteien, die ihre Würdenträger unter der Hand anweisen, diese oder jene Kandidatur zu stützen, was freilich nicht aus Großmütigkeit, sondern aus wahltaktischen Überlegungen heraus erfolgt, etwa um das gegnerische Lager zu spalten oder um sich Unterstützung für den zweiten Wahlgang einzuhandeln.

76 Zum Präsidenten gewählt ist, wer die **absolute Mehrheit** (*majorité absolue*) auf sich vereint. Sofern keiner der Kandidaten diese im ersten Wahlgang erreicht, kommt es zwischen den beiden Kandidaten, die vorne liegen, zur **Stichwahl**. Zwischen den Wahlgängen liegen 14 Tage. Die Zeit wird zumeist intensiv genutzt, um sich die Unterstützungen der ausgeschiedenen Kandidaten zu sichern, welche ihre Wählerschaft häufig dazu aufrufen, im zweiten Wahlgang für diesen oder jenen Kandidaten zu stimmen; im Erfolgsfall winkt zumeist ein Ministeramt. Der Präsident wird **für 5 Jahre gewählt** und kann sich nur **einmal zur unmittelbaren Wiederwahl** stellen (Art. 6). Bis zu einer Verfassungsänderung im Jahre 2000 betrug die Mandatsdauer noch 7 Jahre, was jedoch gerade im Falle einer zweiten Amtszeit zumeist in einem nicht enden wollenden und für alle Beteiligten qualvollen *fin de règne* mündete (Mitterand, Chirac), den sich das Land schon aufgrund der Beschleunigung des Weltgeschehens nicht mehr leisten wollte.

77 Die Verkürzung der Amtszeit des Präsidenten hat eine **Verschiebung der Gewichte** innerhalb der Exekutive bewirkt. Während der Präsident vormals weitgehend „über den Dingen stand" und traditionsgemäß vor allem in den Bereichen Verteidigung (*défense*) und Außenpolitik (*politique étrangère*) seine *domaine réservé* hatte, ist er nunmehr umfassend mit dem Tagesgeschäft befasst und handelt *de facto* nahezu wie ein Regierungschef. Dabei stützt er sich auf eine Art **Schattenkabinett**, das er im Elysée-Palast einrichtet und mit Vertrauten besetzt, die zumeist dem Beamtenapparat entstammen. So hat jeder Minister im Élysée-Palast einen – in der Öffentlichkeit weitgehend unbekannten – Gegenpart und es wird beizeiten die Frage in den Raum gestellt, ob Minister, gerade wenn sie politisch schwach sind, nicht bloß „Verkäufer" einer Politik sind, die andernorts beschlossen wird. Hinzu kommt, dass der Präsident nunmehr dem Premierminister politischen Raum nimmt; daher wird regelmäßig die Frage aufgeworfen, ob die Funktion des Premierministers nicht überflüssig geworden ist.

78 Der Präsident stützt seine **allgemeine Zuständigkeit** auf Art. 5 der Verfassung. Danach „wacht der Präsident über die Einhaltung der Verfassung. Er gewährt, durch seine Schiedsentscheidungen, das ordnungsgemäße Funktionieren der Öffentlichen Hand

A. Verfassungsrecht

und die Kontinuität des Staates. Er ist der Garant der nationalen Unabhängigkeit, der Unversehrtheit des Territoriums und der Einhaltung der Verträge". Während sich aus dem Wortlaut die Rolle eines Wächters über die Institutionen und des „obersten Richters über das nationale Interesse" (M. Debré) ergibt, wurde die Funktion in der Praxis **kontinuierlich ausgeweitet**, wobei die Präsidenten in einer ersten Phase (de Gaulle, Giscard d'Estaing, Mitterand, Chirac), im Einklang mit Art. 5, Satz 3, vor allem in der Außen- und Sicherheitspolitik Anspruch auf die zentrale und treibende Rolle erhoben, während dies nunmehr für alle Politikfelder gilt (Sarkozy, Hollande, Macron).

Der Präsident ist mit **sehr weitreichenden Rechten** ausgestattet, die den Ruf Frankreichs als „monarchistische Republik" (M. Duverger) begründen. Er **ernennt und entlässt den Premierminister**, ohne verfassungsrechtliche Vorgaben (Art. 8). Er kann jederzeit die **Nationalversammlung auflösen**, muss aber innerhalb von vierzig Tagen Neuwahlen durchführen lassen (Art. 12). Auf Antrag der Regierung oder der beiden parlamentarischen Kammern kann er einen **Volksentscheid** (*référendum*) organisieren (Art. 11), sei es zur Verabschiedung eines Gesetzes oder der Ratifizierung internationaler Verträge (so etwa Maastricht, 1992, angenommen mit 51 %; Vertrag einer Europäischen Verfassung, 2005, abgelehnt mit 54 %.). **Im Falle einer schweren Staatskrise**, die das normale Funktionieren der Institutionen bedroht, kann er gemäß Art. 16 das Parlament entmachten und Gesetze in allen Bereichen beschließen. De Gaulle hat Art. 16 im Jahre 1961, nach dem Versuch eines Militärputsches durch französische Generäle, zur Anwendung gebracht.

79

b) Premierminister und Regierung

Der Premierminister (*premier ministre*) wird vom Präsidenten ernannt. Er ist der **Regierungschef** (*chef du gouvernement*). Auf Vorschlag durch den Premierminister, ernennt der Präsident die Mitglieder der Regierung, welche aus Ministern, beigeordneten Ministern und Staatssekretären besteht (*ministres, ministres délégués, secrétaires d'Etat*). Dabei ist weder die Anzahl der Regierungsmitglieder, noch die Verteilung der Zuständigkeiten durch die Verfassung vorgegeben. Die klassischen Ressorts finden sich jedoch in jeder Regierung: Außenministerium (*affaires étrangères*), Inneres (*intérieur*), Justiz (*justice*), Verteidigung (*défense*), Wirtschaft (*économie*), Finanzen (*finances*). Eine französische Besonderheit ist, dass jedem Minister ein **protokollarischer Rang** (*rang dans l'ordre protocollaire*) zugewiesen wird; so geht es im Wettbewerb der politischen Eitelkeiten auch darum, auf der Liste der Minister möglichst weit oben zu stehen, etwa an zweiter oder dritter Stelle.

80

Anders als in Deutschland, steht jedem Minister die Bildung eines **Ministerkabinetts** (*cabinet ministériel*) zu, welches teils aus bis zu dreißig Mitgliedern besteht und die fachliche Beratung des Ministers sicherstellen soll; dabei wird in der Regel auf Vertraute und hohe Beamte zurückgegriffen. Zu Beginn der Präsidentschaft Macron wurde die Anzahl der Berater nahezu halbiert und versucht, das leitende Verwaltungspersonal für die entsprechenden Aufgaben stärker einzubinden. Dies erwies sich jedoch offenbar als nicht zielführend; die Anzahl der Berater wurde wieder hochgefahren und erreicht nunmehr die gleiche Stärke von etwa 570 Personen, wie unter früheren Regierungen[3].

81

---

3 S. Le nombre de conseillers dans les cabinets ministériels a augmenté de 76 % en deux ans, Le Monde, 13.10.2021.

82 Die Regierung „bestimmt die Politik der Nation und setzt diese um" (Art. 20). Die Regierung hält eine wöchentliche Sitzung, den **Ministerrat** (*conseil des ministres*). Dieser verabschiedet die Regierungsbeschlüsse. Dabei handelt es sich insbesondere um **Gesetzesvorhaben** (*projets de loi*), die dem Parlament zur Abstimmung vorgelegt werden sollen, aber auch um die – in Deutschland so nicht bekannten – Verordnungen (*règlements*), die vom Ministerrat ohne parlamentarische Zustimmung verabschiedet werden können (Näheres hierzu Rn. 84 ff.). Beschlossen werden auch Ernennungen (*nominations*) auf leitende Posten im Staatsapparat und in Staatsunternehmen. Den **Vorsitz des Ministerrates** hat der Präsident der Republik inne; er setzt die Tagesordnung (*ordre du jour*) fest und leitet die Sitzung. Dass diese Funktion nicht dem Premierminister zusteht, sondern dem Präsidenten, unterstreicht dessen bestimmende Rolle.

c) Das Parlament

83 Das französische Parlament besteht aus den **zwei Kammern** Nationalversammlung (*Assemblée nationale*), die das Volk repräsentiert, und Senat (*Sénat*), der für das Territorium steht. Während die Abgeordneten der Nationalversammlung über Wahlkreise (*circonscriptions électorales*) direkt gewählt werden, erfolgt die Wahl in den Senat über ein – von außen weitgehend undurchsichtiges – System von Wahlmännern, das sich vor allem aus Landräten (*conseiller territoriaux, conseiller régionaux*) und anderen lokalen Würdenträgern zusammensetzt. Da die Landbevölkerung in diesem System stark überrepräsentiert ist, halten die konservativen Parteien im Senat stets die Mehrheit[4]. Wenngleich jedes Gesetz beide Kammern passieren muss, was ein zeitaufwendiges **Hin- und Her der Texte** nach sich zieht (die sog. *Navette*), so hat doch die **Nationalversammlung das letzte Wort**. Der Senat kann die Verabschiedung von Gesetzen lediglich hinauszögern.

3. Zuständigkeiten von Gesetz und Verordnung (Art. 34, 37 Const.)

84 Eine französische Besonderheit bildet der Umstand, dass die Verfassung dem Parlament – und somit dem ordentlichen Gesetz (*loi*) – nur einen **beschränkten Zuständigkeitsbereich *ratione materiae*** einräumt. So fallen allein die Bereiche, die insbesondere in **Art. 34 der Verfassung ausdrücklich aufgelistet** sind, in die Zuständigkeit des Parlaments, wogegen alle anderen Bereiche der Kompetenz der Regierung unterliegen, welche per Verordnung (*règlement*) gesetzgeberisch tätig wird (Art. 37 der Verfassung). Die Verfassungsväter wollten auch mit dieser Regelung die Exekutive stärken und das **Gewicht des Parlamentes begrenzen.**

85 Gemäß Art. 34 der Verfassung, fallen in die **Zuständigkeit des Parlaments** „die Bürgerrechte," die „Grundrechte", die „Unabhängigkeit der Medien", die „Bemessungsgrundlage, der Satz und die Erhebung von Steuern", die „Organisation der nationalen Verteidigung", die „Zuständigkeiten der Gebietskörperschaften", die „Bildung" oder die Regelung „des Eigentums und der zivil- und handelsrechtlichen Pflichten". Aus anderen verfassungsrechtlichen Vorschriften ergeben sich weiterhin etwa die Zuständigkeit für die Gleichstellung der Geschlechter (Art. 1 der Verfassung), die Ratifizierung internationaler Abkommen (Art. 53 der Verfassung) oder auch das gesamte Straf- und Strafprozessrecht (Menschenrechtserklärung von 1789).

---

4 Seit 1958, lediglich 3 Jahre nicht konservative Mehrheit (2011–2014).

A. Verfassungsrecht

Bei der Exekutive liegt die normative Kompetenz dagegen stets in zwei Fällen. Erstens, immer dann, wenn ein Bereich nicht ausdrücklich der Legislative zugeordnet ist (Art. 37 der Verfassung). Diese sog. Autonome Zuständigkeit der Exekutive (*pouvoir autonome*) beruht somit auf einem **umfassenden Auffangtatbestand**. Wenn das Parlament gleichwohl per Gesetz in den Kompetenzbereich der Regierung übergreift, kann diese vor dem Verfassungsrat eine Herabstufung des betreffenden Gesetzes zur Verordnung einklagen (*délégalisation*), was insofern von Bedeutung ist, als dass die Exekutive die Norm anschließend ändern oder aufheben kann.

86

Zweitens ist die Regierung nach Art. 21 der Verfassung dafür zuständig, die vom Parlament verabschiedeten ordentlichen Gesetze **umzusetzen**, was mithilfe von sog. **Anwendungsverordnungen** (*décrets d'application*) geschieht. Zumeist handelt es sich dabei um Verordnungen, die Gesetze präzisieren. So bestehen **französische Gesetzbücher**, etwa das Arbeitsgesetzbuch oder das Verbrauchergesetzbuch, heute zumeist aus zwei Teilen. Im ersten Teil finden sich die gesetzlichen Vorschriften, die in der Regel mit einem L. (für *loi*) gekennzeichnet werden (etwa „article L. 221"), wogegen der zweite Teil die Verordnungen der Exekutive enthält, die mit einem R. (für *règlement*) kenntlich gemacht werden (etwa „article R. 434"). Während der legislative Teil die grundlegenden Vorschriften beinhaltet, finden sich im zweiten Teil Präzisierungen – etwa zu Fristen, Summen, Informationspflichten oder Zuständigkeiten – aber z.B. auch Musterformulare.

87

II. Die Grundfreiheiten

Was man in Deutschland als Grundrechte bezeichnet, wird in Frankreich zumeist unter dem Begriff der **staatlich garantierten Freiheiten** (*libertés publiques*) abgehandelt. Der Begriff rührt daher, dass die Grundrechte in Frankreich, ausgehend von der Menschenrechtserklärung von 1789, bereits im Laufe des 19. Jahrhunderts theorisiert wurden. Zu dieser Zeit ging es noch allein um **Freiheitsrechte**: Bewegungsfreiheit (*liberté d'aller et de venir*), Wettbewerbsfreiheit (*liberté de l'industrie et du commerce*), Meinungsfreiheit (*liberté d'opinion*), Religionsfreiheit (*liberté religieuse*), Pressefreiheit (*liberté de la presse*), Versammlungsfreiheit (*liberté de réunion*) etc.

88

Freilich hat sich die Materie auch in Frankreich im 20. Jahrhundert **erheblich weiterentwickelt**. Nicht zuletzt unter dem Einfluss der Europäischen Konvention für Menschenrechte, haben sich **Anspruchsrechte** entwickelt, etwa auf den Schutz der Privatsphäre (*droit à la vie privée*) oder ein faires Verfahren (*droit à un procès équitable*). Zudem richten sich die Rechte nicht nur gegen Verletzungen durch den Staat; vielmehr ist der Staat nunmehr auch verpflichtet, Schutz gegen Eingriffe durch Dritte zu gewährleisten (*obligations positives*). Schon aus diesen Gründen, wird auch in Frankreich immer häufiger der weiterfassende Begriff der Grundrechte (*droits fondamentaux*) verwendet[5].

89

---

5 Formalrechtlich bestritten jedoch insbesondere von P. Wachsmann, Libertés publiques, 8. Aufl., Dalloz, Paris 2017, Rn. 1 ff., da in Frankreich teilweise nicht grundrechtlich, sondern nur gesetzlich geschützt werden.

B. Verwaltungsrecht

I. Anwendungsbereich und Abgrenzung zum Privatrecht

90 Die Frage, in welchen Fällen Verwaltungsrecht zur Anwendung kommt, ist in Frankreich grundlegend[6], denn das Verwaltungsrecht stellt ein **autonomes Rechtsgebiet** (*branche autonome du droit*) dar. Es folgt eigenen Regeln und Grundsätzen und wird von einem eigenen Gerichtszweig zur Anwendung gebracht (s. hierzu Rn. 52 ff.). Gleichwohl ist die **Grenze zwischen Privatrecht und Verwaltungsrecht** nicht klar definiert und wird stets neu verhandelt, wobei im Zweifelsfall das *Tribunal des conflits* entscheidet (s. hierzu Rn. 64 ff.).

91 Grundsätzlich gilt seit der Entscheidung *Blanco* vom 8.2.1873 (s. hierzu auch Rn. 12) die **Untrennbarkeit von richterlicher Zuständigkeit und materiellem Verwaltungsrecht** (*principe de la liaison de la compétence et du fond*). Danach unterliegt ein Fall stets dann dem Verwaltungsrecht, wenn der Verwaltungsrichter zuständig ist. Mit anderen Worten: die Zuständigkeit des Richters begründet auch diejenige des materiellen Rechts. Diese Regel – bzw. dieses „Paradoxon"[7] – erklärt sich aus der Entstehungsgeschichte des französischen Verwaltungsrechts (s. hierzu Rn. 7 ff.).

92 In der Sache richtet sich die Zuständigkeit – des Richters und des Rechts – vor allem nach zwei Kriterien. So kann Verwaltungsrecht zunächst *ratione personae* einschlägig sein, weil **eine Person des öffentlichen Rechts** (*personne publique*) betroffen ist, etwa der Staat (*l'Etat*), eine Kommune (*commune*) oder auch ein öffentliches Krankenhaus (*hôpital*). Verwaltungsrecht regelt demnach etwa den Streit zwischen der Kommune und dem Fußgänger, der im Dunkeln in einen offenen Gully stürzt und sich verletzt. Es greift auch zwischen der Behörde und dem Beamten, der disziplinarisch belangt wird, weil er stets verspätet zum Dienst erscheint.

93 Verwaltungsrecht kann auch *ratione materiae* zum Zuge kommen, weil eine **Tätigkeit dem öffentlichen Dienst** (*service public*) zuzurechnen ist. Dabei wird eine grundlegende Unterscheidung getroffen zwischen solchen Tätigkeiten, die den **natürlichen Kern des öffentlichen Dienstes** ausmachen, denn sie gehören „dem Wesen nach zu den Aufgaben des Staates" (*service public administratif – SPA*) und jenen, die vielmehr **Industrie und Handel** zuzuordnen sind (*service public industriel et commercial – SPIC*), denn sie können genauso gut von einer Privatperson ausgeübt werden und der Staat übernimmt sie nur deshalb, „weil kein anderer es getan hat und hierfür ein öffentliches Interesse besteht"[8]. Während im ersten Fall Verwaltungsrecht zur Anwendung kommt, gilt im zweiten Fall Privatrecht. Ganz erheblich war diese Unterscheidung zu Hochzeiten des französischen Dirigismus; es galt zu begründen, warum die großen Staatsbetriebe (Renault, SNCF, EDF) nicht grundsätzlich dem Verwaltungsrecht unterliegen, also ein Autokauf kein verwaltungsrechtlicher Vertrag ist, ebenso wenig wie der Kauf einer Bahnfahrkarte; ferner, warum das Personal dieser Betriebe nicht unbedingt Beamtenrecht unterliegt. Mittlerweile sind viele der großen Staatsbetriebe privatisiert, der Staat ist nur noch Aktionär. Heute ist die Unterscheidung etwa für kommunale Wasserversorger oder Skiliftbetreiber (beide gelten als *SPIC*) von Bedeutung.

---

6 B. Stirn, Y. Aguila, Droit public français et européen, Dalloz, Paris, 2014, S. 528 ff.
7 Y. Gaudemet, Droit administratif, 21. Aufl., LGDJ, Paris 2015, Rn. 38.
8 Conclusions du commissaire du gouvernement, Tribunal des conflits, 22.1.1921, Bac d'Eloka, GAJA, S. 207 ff.

B. Verwaltungsrecht

II. Das Legalitätsprinzip

Während das deutsche Verwaltungsrecht auf den Schutz subjektiver Rechte ausgerichtet ist, steht in Frankreich die **objektive Prüfung der Rechtmäßigkeit** der Verwaltungsakte im Vordergrund. Es gilt das Legalitätsprinzip (*principe de légalité*). Danach ist die Verwaltung stets gehalten, sich nach den Gesetzen – im weitesten Sinne – zu richten, also nach den Verfassungsnormen (*normes constitutionnelles*), europarechtlichen Normen (*normes européennes*), internationalen Verträgen (*conventions internatiales*) oder – sofern das Parlament gemäß Art. 34 der Verfassung *ratione materiae* zuständig ist – ordentlichen Gesetzen (*lois*).

94

Einen Einschnitt stellt in diesem Zusammenhang das Urteil *Nicolo* des Conseil d'Etat von 1989 dar[9], das die **Rechtmäßigkeitsprüfung von Verwaltungsakten entscheidend ausgeweitet** hat. Nach der klassischen **Schutzwalltheorie** (*théorie de la loi écran*) kann der Verwaltungsrichter einen Verwaltungsakt nicht auf seine Verfassungskonformität hin prüfen, wenn die Verwaltung auf der Grundlage eines ordentlichen Gesetzes gehandelt hat; ansonsten würde er sich indirekt zum Verfassungsrichter über Gesetze aufschwingen (diese Aufgabe steht jedoch allein dem Verfassungsrat zu, s. hierzu Rn. 68 ff.). Anders liegt es aber seit dem Urteil *Nicolo*, wenn ein ordentliches Gesetz **gegen Europarecht oder ein internationales Abkommen** verstößt. In diesem Fall wird der Verwaltungsrichter das nationale Gesetz nicht anwenden – und z.B. einen europarechtswidrigen Verwaltungsakt sanktionieren. Das Urteil wird als Ausgangspunkt der europarechtsoffenen Haltung des *Conseil d'Etat* gesehen.

95

Wie im deutschen Recht auch, hat sich im französischen Verwaltungsrecht eine **abgestufte Prüfungsintensität** herausgebildet[10]. Die Legalitätsprüfung ist **umfassend**, wenn die Verwaltung in ihrer Entscheidungsfindung gebunden ist (*pouvoir lié*). Die Prüfung ist dagegen **eingeschränkt** (*contrôle restreint*), wenn die Verwaltung über einen Ermessenspielraum (*pouvoir discretionnaire*) verfügt. In diesem Fall wird lediglich geprüft, ob nicht ein **offensichtlicher Bewertungsirrtum** (*erreur manifeste d'appréciation*) vorliegt. So etwa dann, wenn eine Kommune Grundstücke als Landwirtschaftsflächen ausweist, obgleich dies ganz offensichtlich nicht der Fall ist. Oder wenn ein bislang vorbildlicher Gendarm für einen Ladendiebstahl mit Entlassung aus dem Dienst überhart bestraft wird[11]. Zugleich wird der Ermessenspielraum der Verwaltung geschützt. Die Rechtsprechung hebt Verwaltungsakte auf, die auf der fälschlichen Annahme beruhen, dass die Verwaltung gebunden sei. So z.B., wenn ein Präfekt meint, einen Ausländer abschieben zu müssen, weil er einen Antrag auf Verlängerung der Aufenthaltsgenehmigung verspätet eingereicht hat, obgleich er aus verschiedenen Gründen auch anders entscheiden kann[12].

96

III. Gegenstand der Klage vor dem Verwaltungsgericht

1. Annullierung eines Verwaltungsaktes

Die Entscheidung einer Verwaltung kann im französischen Recht nur dann gerichtlich überprüft werden, wenn sie einen **Verwaltungsakt** (*acte administratif*) darstellt. Eine gesetzliche oder höchstrichterliche Definition des Verwaltungsaktes liegt nicht vor. Die

97

---
9   CE 20.10.1989, Nicolo, GAJA, n° 91.
10 Hierzu R. Chapus, Droit administratif général, Vol. 1, 15. Aufl., Montchrestien, Paris 2001, Rn. 1247 ff.
11 CE 25.5.1990, Kiener, n° 94461.
12 CE 7.10.1991, Diop, DA 1991, n° 477.

Literatur verweist auf all jene Entscheidungen, die von der Verwaltung – oder Privatpersonen, denen die Ausübung eines öffentlichen Dienstes übertragen wurde –, auf der Grundlage der **öffentlichen Entscheidungshoheit** (*prérogative de puissance publique*) getroffen werden[13]. Da es sich um ein Rechtsgeschäft (*acte juridique*) handelt, muss, zumindest nach klassischer Auffassung, der Wille bestehen, mit der Entscheidung Rechtsfolgen zu bewirken.

98   Konkret sind Verwaltungsakte **Normen mit allgemeiner Tragweite** (*règles générales et abstraites*) ebenso wie **Einzelfallentscheidungen** (*décisions individuelles*). Die **Formen** sind vielfältig: Verordnung (*ordonnance*), Ministerbeschluss (*arrêté ministériel*), Beschluss eines Kommunalrates (*délibéré du conseil municipal*), aber auch: einfaches Behördenschreiben oder stillschweigende Entscheidung. Eine umfassende Rechtsprechung beschäftigt sich mit der Frage, unter welchen Voraussetzungen **verwaltungsinterne Anweisungen** (*circulaires*) einen Verwaltungsakt darstellen. Dagegen sind Entscheidungen, die lediglich die **interne Organisation der Verwaltung** (*mesures d'ordre intérieur*) betreffen, ausgenommen, z.B. die Verteilung der Büros, die Festlegung der Aufgaben eines Behördenhausmeisters, die Zuweisung eines Schülers in eine Klasse.

99   In den letzten Jahrzehnten geht die Tendenz dahin, den **Begriff des Verwaltungsaktes auszudehnen** und somit eine weitreichende Prüfung der Verwaltung zu ermöglichen. In einem Grundsatzurteil von 2016 hat der *Conseil d'Etat* entschieden, dass *Softlaw* ein Verwaltungsakt sein kann[14]. Danach sind Empfehlungen von Regulierungsbehörden (Finanzaufsicht, Versicherungsaufsicht etc.) Verwaltungsakte, sofern sie „erhebliche, insbesondere wirtschaftliche Wirkung entfalten oder zum Zweck haben, das Verhalten der Adressaten signifikant zu beeinflussen". In der Entscheidung GISTI von 2020 wurde der Begriff nochmals ausgeweitet[15]. Einen Verwaltungsakt stellt danach jedes externe oder interne Dokument einer Behörde dar, "das wesentliche Auswirkungen auf die Rechte oder die Situation von Personen haben kann, die nicht zum Verwaltungspersonal zählen, das gegebenenfalls mit dessen Umsetzung betraut ist".

2. Schadensersatz, Reformierung

100 Neben der Klage auf Nichtigkeit eines Verwaltungsaktes, kennt das französische Verwaltungsrecht die sog. Klage in **Rechtsstreitigkeiten, in denen der Richter vollumfänglich urteilen kann** (*recours en plein contentieux*). Hier kann das Gericht nicht nur einen Verwaltungsakt annullieren, sondern auch anderweitige Sanktionen aussprechen, insbesondere Schadensersatz gewähren oder eine Verwaltungsentscheidung abändern (*réformer*)[16]. Der *recours en plein contentieux* setzt das Vorliegen einer speziellen Anspruchsnorm voraus (wobei auch hier gilt, dass die wesentlichen Normen von der Rechtsprechung gesetzt wurden).

101 Im Vordergrund steht dabei das **Verwaltungshaftungsrecht** (*responsabilité administrative*), welches man in Deutschland in diesem Umfang so nicht kennt. Im 19. Jahrhundert galt in Frankreich noch der Grundsatz, dass die Verwaltung im Prinzip nicht haftbar gemacht werden kann, denn „der Staat kann nicht falsch handeln". In der Entscheidung *Blanco* von 1873 wurde dann klargestellt, dass „die Verwaltung nicht nach den Regeln des Code civil haftet", sondern eigenen Normen unterliegt. Diese

---

13 M. de Villiers, T. de Berranger, dir., Droit public général, 7. Aufl., Lexis Nexis, Paris 2015, Rn. 706.
14 CE Ass.plén. 21.03. 2016, Société Fairvesta International GmbH et Société NC Numéricable, n° 368082.
15 CE 12.06.2020, GISTI, n°418142.
16 B. Stirn, Y. Aguila, Droit public français et européen, Dalloz, Paris, 2014, S. 612 ff.

sind von der Rechtsprechung erarbeitet worden und **von der privatrechtlichen Haftung grundverschieden**. Je nach Regelungsbereich, gelten andere Grundsätze, eine gewisse Kasuistik lässt sich nicht von der Hand weisen.

Im Prinzip haftet die Verwaltung nur bei Verschulden (*responsabilité pour faute*)[17]. Während anfangs durchweg schweres Verschulden (*faute lourde*) vorausgesetzt wurde, gilt mittlerweile in vielen Bereichen eine mehr oder minder strenge **Fahrlässigkeitshaftung** (*responsabilité pour imprudence*), etwa im öffentlichen Rettungswesen, bei der Feuerwehr, der Arzthaftung im öffentlichen Krankenhauswesen[18] oder der Verwaltung der Haftanstalten. Dagegen bedarf es weiterhin **schweren Verschuldens**, um etwa Aufsichtsorgane (Bankenaufsicht, Versicherungsaufsicht) oder die Justiz haftbar zu machen. 102

Parallel dazu hat sich eine **verschuldenslose Haftung** (*responsabilité pour risque*) herausgebildet. Diese greift seit einem Grundsatzurteil von 1919[19] stets dann, wenn der Schaden auf **gefährliche Sachen** (*choses dangereuses*) zurückgeht. Zunächst wurde danach vor allem dann Schadensersatz gewährt, wenn jemand durch Sprengstoff, Querschläger beim Gebrauch von Feuerwaffen, Steinschlag, gefährliche Gebäude oder öffentlichen Bauarbeiten (*travaux publics*) zu Schaden kam. Inzwischen erkennt die Rechtsprechung auch in der Krankenhaushaftung (*responsabilité hospitalière*) immer häufiger eine verschuldenslose Haftung an, etwa bei Infektionen durch Bluttransfusionen oder bei Narkoseunfällen[20]. 103

Verschuldenslose Haftung greift schließlich im Falle einer **Ungleichbehandlung vor den öffentlichen Lasten** (*rupture d'égalité devant les charges publiques*), welche der deutschen Aufopferungshaftung nahesteht[21]. Ein Ausgleichsanspruch besteht dann, wenn die Verwaltung zwar rechtskonform handelt, daraus aber einem Einzelnen ein **besonderer, die normalen Lasten des Zusammenlebens übersteigender Nachteil** (*dommage anormal*) entsteht. So entsteht etwa dem Gebäudeeigentümer ein Schadensersatzanspruch, wenn die Verwaltung wegen befürchteter Ausschreitungen von einem Polizeieinsatz gegen illegale Hausbesetzer absieht[22]. Auch Gesetzgebung oder die Ratifizierung internationaler Abkommen kann einen Ausgleichsanspruch begründen. So etwa für eine Reihe von Landwirtschaftsbetrieben, die durch die Ausbreitung von Kormoranen schweren Schaden erlitten haben, nachdem die Tierart unter Naturschutz gestellt wurde[23]. 104

Verwaltungsrecht kommt auch im **Vertragsrecht** zur Anwendung[24]. Kontrahiert eine Person des öffentlichen Rechts mit einer Privatperson, so liegt – anders als im deutschen Recht – zumeist ein **Verwaltungsvertrag** (*contrat administratif*) vor. Dies gilt insbesondere dann, wenn der Vertrag die Erfüllung eines öffentlichen Dienstes zum Gegenstand hat (*exécution d'un service public*), etwa die Wasser- oder Stromversorgung einer Kommune oder den Betrieb einer Autobahn. Gleiches gilt, wenn ein 105

---

17 M. de Villiers, T. de Berranger, dir., aaO, Rn. 466 ff. Rechtsvergleichend B. Stirn, Y. Aguila, aaO, S. 455 ff.
18 Ausf. C. Grossholz, Hôpitaux : régimes de responsabilité et de solidarité Répertoire de la responsabilité de la puissance publique, Dalloz, Paris 2018, Rn. 1 ff.
19 CE 28.3.1919, Regnault-Desroziers, GAJA.
20 C. Grossholz, aaO.
21 Rechtsvergleichend B. Stirn, Y. Aguila, aaO, S. 455 ff.
22 CE 30.11.1923 Couitéas, GAJA.
23 CE 30.07. 2003, Association pour le développement de l'acquaculture en région Centre, n° 215957.
24 Im Einzelnen hierzu M. de Villiers, T. de Berranger, dir., aaO, Rn. 842 ff. Rechtsvergleichend B. Stirn, Y. Aguila, aaO, S. 379 ff.

Unternehmen – infolge einer Ausschreibung – mit der Lieferung von Gütern oder Dienstleistungen beauftragt wird (*marché public*) bzw. mit öffentlichen Bauarbeiten (*marché de travaux publics*), etwa dem Straßenbau. Privatrecht unterliegt dagegen der Vertrag, den der Nutzer (*usager*) eines öffentlichen Dienstes abschließt, der in die Kategorie Handel und Industrie fällt (SPIC, s. hierzu Rn. 93), z.B. der Besuch eines kommunalen Schwimmbades oder die Nutzung einer von einem Konzessionär betriebenen Autobahn.

106 Im öffentlichen Vertragsrecht steht das **öffentliche Interesse** (*intérêt général*) im Vordergrund, was vor allem weitreichende Rechte der Verwaltung begründet[25]. Diese kann bei Verzug, Nicht- oder Schlechterfüllung hohe Vertragsstrafen (*pénalités*) verhängen, die Vertragsbedingungen einseitig abändern[26] oder den Vertrag einseitig kündigen (*résiliation unilatérale*), schuldet jedoch in den letzten beiden Fällen finanziellen Ausgleich. In vielen Bereichen sind gesetzliche AGB (*conditions générales*) vorgegeben, von denen nicht abgewichen werden kann; so etwa im öffentlichen Baurecht, wo vielschichtige AGB vor allem den öffentlichen Bauherrn schützen (im Gegensatz zu den deutschen VOB, die den Interessenausgleich suchen). Anders als im Privatrecht, steht dem Vertragsnehmer keine *exceptio non adempleti contractus* zu. Dagegen kennt das Verwaltungsvertragsrecht bereits seit 1916 den Wegfall der Geschäftsgrundlage (*imprévision*)[27], der im französischen Privatrecht erst seit der Schuldrechtsreform von 2016 anerkannt ist.

Weiterführende Literatur:
R. *Chapus*, Droit administratif général, tome 1 et 2, 15. Aufl., LGDJ, Paris 2001
R. *Chapus*, Droit du contentieux administratif, 13. Aufl., LGDJ, Paris 2008
X. *Dupré de Boulois*, Droit des libertés fondamentales, 3. Aufl., PUF, Paris 2022
L. *Favoreu*, P. *Gaïa*, R. *Ghevontian et al.*, Droit constitutionnel, 24. Aufl., Dalloz, Paris 2022
Y. *Gaudemet*, Droit administratif, 24. Aufl., LGDJ, Paris 2022
M. *de Villiers*, T. *de Berranger, dir.*, Droit public général, 8. Aufl., Lexis Nexis, Paris 2020
P. *Wachsmann*, Libertés publiques, 9. Aufl., Dalloz, Paris 2021

---

25 Im Einzelnen M. de Villiers, T. de Berranger, dir., aaO, Rn. 856 ff.
26 CE 2.2.1983, Union des transports publics unrbains et régionaux, n° 34027.
27 CE 30.3.1916, Cie générale d'éclairage de Bordeaux, GAJA.

§ 5 Das Strafrecht

A. Allgemeines

Das französische Strafrecht weist bedeutende Unterschiede zum deutschen Recht auf. Dies gilt sowohl im materiellen Strafrecht also auch im Strafprozessrecht. Quellen des Strafrechts sind insbesondere das **Strafgesetzbuch** von 1992 (*Code pénal* – C. pén.) und das **Strafprozessgesetzbuch** von 1958 (*Code de procédure pénale* – CPP). Erheblich Bedeutung ist in Frankreich der **Rechtsprechung des Europäischen Menschenrechtsgerichtshofes** (*Cour européen des droits de l'homme*) zugekommen, da Frankreich bis 2008 nur über eine sehr eingeschränkte Verfassungsmäßigkeitskontrolle verfügte (s. hierzu Rn. 68 f.). Grundlegende Reformen des französischen Straf- oder Strafprozessrechts waren häufig unmittelbare Reaktionen auf die Straßburger Rechtsprechung; so etwa das Recht auf anwaltlichen Beistand bei polizeilichen Verhören[1], das in Frankreich erst seit 2014 anerkannt ist[2]. Allgemein lässt sich behaupten, dass im französischen Strafrecht der Schutz der Grundrechte weniger deutlich ausgeprägt ist, als man dies in Deutschland kennt. Zudem handelt es sich um ein Rechtsgebiet, das in Frankreich politisch stark vereinnahmt und daher einer „frenetischen Gesetzgebung"[3] ausgesetzt ist, mal in diese, dann wieder in jene Richtung.

107

B. Materielles Strafrecht

In Frankreich unterscheidet man allgemeines Strafrecht (*droit pénal général*) von besonderem Strafrecht (*droit pénal spécial*). Das allgemeine Strafrecht ist insbesondere in den Art. 111–1 bis 133–17 des *Code pénal* geregelt. Hier finden sich zunächst die Grundprinzipien, allen voran das **Gesetzlichkeitsprinzip** (*principe de légalité*), wonach es ohne Gesetz keine Straftat und keine Strafe geben kann, *nullum crimen, nulla poena sine lege* (Art. 111–3 C. pén.); ebenso den Grundsatz, wonach **Strafgesetze eng auszulegen** sind (*principe de l'interprétation stricte*, Art. 111–4 C. pén.). Dabei unterscheidet das französische Recht nicht zwei, sondern **drei Straftatsgruppen**, je nach Schwere der Tat: Verbrechen (*crime*), Delikt (*délit*) und Ordnungswidrigkeit (*contravention*).

108

Das allgemeine Strafrecht besagt ferner, dass die Straftat (*infraction pénale*) aus **drei Bestandteilen** (*éléments*) besteht, namentlich dem gesetzlichen (*élément légal*), dem materiellen (*élement matériel*) und dem psychologischen (*élément moral*) Bestandteil. Geregelt werden dort auch die Gründe für **fehlende Strafmündigkeit** (*causes d'irresponsabilité*), wie geistige Umnachtung (*trouble mental*) oder Minderjährigkeit (*minorité*) sowie die Voraussetzungen für den **strafbaren Versuch** einer Straftat (*tentative*) und die **Komplizenschaft** (*complicité*). Schließlich finden sich im allgemeinen Teil die **Strafen** (*peines*), sowie die mindernden und straferschwerenden **Umstände** (*causes d'atténuation et d'aggravation de la peine*).

109

Das besondere Strafrecht wird auch als der **Katalog der Straftaten** (*catalogue des infractions*) bezeichnet. Die „klassischen" Straftaten sind im Strafgesetzbuch selbst aufgeführt, z.B. Mord (*meurte*; Art. 221–1 C. pén.), vorsätzlicher Mord (*assassinat*; Art. 221–3 C. pén.), Vergewaltigung (*viol*; Art. 222–23 C. pén.), Diebstahl (*vol*; Art. 311–1 C. pén.) oder Betrug (*escroquerie*; Art. 313–1 C. pén.). Dort finden sich

110

---

1 EGMR 27.11.2008 Salduz c./ Türkei, Nr. 36391/02; EGMR 13.10.2009 Dayanan c./ Türkei, Nr. 36391/02.
2 Loi n° 2014–535 du 27.5.2014.
3 J. Borricand, A.-M. Simon, Droit pénal, Procédure pénale, 9. Aufl., Sirey, Paris 2016, S. 28.

auch Straftatbestände, die auf jüngere gesellschaftliche Entwicklungen zurückgehen, etwa Diskriminierung (*discrimination*; Art. 225–1 ff. C. pén.), sexuelle Nötigung (*harcellement sexuel*; Art. 222–33 C. pén.), Verbrechen gegen die Menschlichkeit (*crimes contre l'humanité*; Art. 211–1 ff. C. pén.) oder die Ausnutzung der Schwäche eines anderen (*abus de faiblesse*; Art. 223–15–2 C. pén.). Darüber hinaus findet sich eine Vielzahl von Straftaten in anderen Gesetzbüchern oder Gesetzen, was mit der in Frankreich stark ausgeprägten – und inzwischen sehr kritisierten – Pönalisierung sämtlicher Lebensbereiche zusammenhängt (etwa im Gesellschaftsrecht, s. hierzu Rn. 634).

111 I.d.R. setzt eine Straftat Vorsatz (*intention*) voraus, aber das französische Recht kennt auch einige Fahrlässigkeitsstraftaten (*délits non-intentionnels*), etwa die fahrlässige Tötung (*homicide involontaire*; Art. 221–6 C. pén.). Eine Besonderheit des französischen Strafrechts ist, dass **juristische Personen** (*personnes morales*) – Gesellschaften, Vereine, Parteien usw. – **straffähig** sind (Art. 121–1 C. pén.), wobei freilich keine Gefängnis-, sondern insbesondere Geldstrafen (*amendes*) ausgesprochen werden können.

C. Strafprozessrecht

112 Das Strafprozessrecht regelt den Aufbau der Strafgerichtsbarkeit (*organisation des juridictions répressives*) und den Ablauf des Strafverfahrens (*procédure pénale*).

I. Die Strafgerichtsbarkeit

113 In Frankreich besteht die Strafgerichtsbarkeit nicht nur aus urteilenden Gerichten, sondern auch aus Richtern, die mit strafrechtlichen Untersuchungen betraut werden.

1. Die urteilenden Gerichte

114 Die Zuständigkeit der urteilenden Gerichte richtet sich nach der jeweiligen Kategorie der Straftat. Für Ordnungswidrigkeiten (*contraventions*) ist das **Polizeigericht** (*Tribunal de police*; Art. L. 211–1 COJ) zuständig, das aus einem Einzelrichter (*juge unique*) besteht. Hier werden keine Gefängnis-, sondern insbesondere Geldstrafen (*amendes*) ausgesprochen. Zumeist geht es um Verstöße gegen die Straßenverkehrsordnung (*violations du code de la route*).

115 Delikte (*délits*) liegen in der Zuständigkeit des **Strafgerichts** (*Tribunal correctionnel*; Art. 381 CPP). Sie werden mit Geldstrafen ab 3 750 EUR und Gefängnisstrafen (*peine d'emprisonnement*) geahndet. Das Strafgericht steht für die **Alltags- und Massenstrafjustiz**. Hier werden etwa Diebstahl, Betrug, Drogenbesitz, Drogenhandel, fahrlässige Tötung, Körperverletzung oder bestimmte Sexualstraftaten verhandelt. Um der Vielzahl der Straftaten Herr zu werden, hat der Gesetzgeber ein **Schnellverfahren** eingerichtet (*comparution immédiate*; Art. 395 CPP), in dem der Beschuldigte, wenn er zustimmt[4], unmittelbar nach seiner Festnahme bzw. auf kurze Vorladung in teils nur halbstündigen Verhandlungen abgeurteilt werden kann.

116 Die höchste Aufmerksamkeit zieht in Frankreich das **Geschworenengericht** (*Cour d'assises*) auf sich. Dieses urteilt über Verbrechen (*crimes*; Art. 231 CPP), also etwa Raub, Mord, Vergewaltigung, Entführung. Das Geschworenengericht ist kein feststehendes Gericht: eine **Sitzungsperiode** (*session*) wird auf Vorschlag des Staatsanwaltes immer

---

4 Stimmt der Angeklagte nicht zu, winkt das Risiko, bis zum Verhandlungstermin in Untersuchungshaft zu sitzen.

C. Strafprozessrecht

dann organisiert, wenn es nötig ist. In erster Instanz besteht die **9-köpfige Jury** (*jury*) aus drei Berufsrichtern (*magistrats professionnels*) – dem Präsidenten des Geschworenengerichts (*président de la cour d'assises*) und seinen Beisitzern (*asseseurs*) – und sechs **Geschworenen** (*jurés*), die auf der Grundlage der Wahllisten (*listes électorales*)[5] ausgelost werden, wobei die Teilnahme an der Jury Bürgerpflicht ist. Die Jury entscheidet über die Schuldfrage (*culpabilité*) und über die Strafe (*peine*). Für den Beschuldigten nachteilige Entscheidungen bedürfen einer Mehrheit von 6 zu 3 Stimmen. Die **Verhandlungen** werden vom Präsidenten des Geschworenengerichts geleitet: Vernehmung des Beschuldigten, Anhörung von Zeugen (*témoins*), Gutachtern (*experts*) und Zivilklägern (*parties civiles*), Worterteilung an die Anwälte und Staatsanwälte. Die Verhandlungen sind im Prinzip **öffentlich**. Seit einem Gesetz von 2011, muss das Urteil begründet werden (*motivé*). Sowohl der Beschuldigte als auch die Staatsanwaltschaft können gegen das Urteil in Berufung gehen (*interjetter appel*); diese wird vor einem 12-köpfigen Geschworenengericht für die Berufungsinstanz (*cour d'assises d'appel*) verhandelt.

2. Der Untersuchungsrichter

Eine Besonderheit der französischen Strafprozessordnung stellt das Organ des Untersuchungsrichters (*juge d'instruction*) dar. Das französische Recht sieht bei **Verbrechen zwingend und bei Delikten wahlweise** vor, dass eine **gerichtliche Untersuchung** (*instruction*) erfolgt, was ca. 3 % aller Strafrechtssachen betrifft (in den anderen Fällen liegt die Zuständigkeit für die Ermittlung bei der Staatsanwaltschaft). Dafür, dass ein Richter mit den Untersuchungen betraut wird, führt man an, dass dieser – anders als der Staatsanwalt – **neutral** sei; dementsprechend soll er be- als auch entlastend ermitteln („*à charge et à décharge*"; Art. 81 CPP). Der Untersuchungsrichter legt eine Untersuchungsakte (*dossier d'instruction*) an. Er gibt der Polizei Anweisungen, entscheidet über die Ermittlungsschritte (*actes d'instruction*) und führt z.B. Verhöre (*interrogatoires*), Gegenüberstellungen (*confrontations*) und Hausdurchsuchungen (*perquisitions de domicile*) durch. Liegen im Zusammenhang mit einer Straftat gegen eine Person **schwere und in sich schlüssige Indizien** vor (*indices graves et concordonants*; Art. 80-1 CPP), so muss sie vom Untersuchungsrichter in den **Beschuldigtenstatus** erhoben werden (*mis en examen*), womit Rechte verbunden sind, etwa Akteneinsicht (*accès au dossier*). Beendet wird die Untersuchung i.d.R. entweder mit der Einstellung des Verfahrens (*ordonnance de non-lieu*) oder der Überweisung des Falles an das Strafgericht (*ordonnance de renvoi*) bzw. das Geschworenengericht (*ordonnance de mise en accusation*). Gegen die Beschlüsse des Untersuchungsrichters kann vor der Untersuchungskammer (*chambre de l'instruction*) Berufung eingelegt werden.

II. Das Strafverfahren

Der Gesetzgeber hat die **wesentlichen Grundsätze des Strafverfahrens** in einem Vorabartikel zum Strafprozessgesetzbuch festgeschrieben (*Article préliminaire CPP*). Danach soll das Strafverfahren gerecht (*équitable*), kontradiktorisch (*contradictoire*) und, hinsichtlich der Rechte der Parteien, ausgewogen (*équilibré*) sein. Es gilt das Trennungsprinzip zwischen strafverfolgenden und richtenden Organen; ebenso die Unschuldsver-

---

5 Frankreich hat kein Einwohnermeldeamt und kann daher seine Einwohner nicht grundsätzlich verorten. Anders jedoch für diejenigen, die sich zum Zwecke der Teilnahme an politischen Wahlen in der kommunalen Wahlliste haben eintragen lassen.

mutung (*présomption d'innocence*). Die Verfahrensdauer muss angemessen (*principe de célérité*) und eine Berufungsinstanz gewährt sein (*principe du double degré de juridiction*).

119 Der Zweck des Strafverfahrens ist in Frankreich – anders als in Deutschland – ein doppelter: zum einen die **Bestrafung des Täters** (*fonction punitive*), zum anderen die **Entschädigung des Opfers** (*fonction indemnitaire*). Bestrafung wird im Rahmen der sog. *action publique* gefordert. Die Forderung nach Strafe ist Aufgabe der **Staatsanwaltschaft** (*parquet*) als Vertreter der Allgemeinheit (Art. 1 CPP). Dabei ist der Staatsanwalt **weisungsgebunden**, muss sich demnach an die Vorgaben seiner Vorgesetzten halten; zugleich ist er jedoch in seinen mündlichen Ausführungen frei (Art. 33 CPP) und kann seinen schriftlichen Antrag abmildern oder verschärfen, gemäß dem Ausspruch „die Feder ist unterworfen, aber das Wort ist frei" (*la plume est serve, mais la parole est libre*). Weil der oberste Dienstherr der Justizminister ist, steht die Weisungsgebundenheit gerade i.V.m. dem Opportunitätsprinzip (s. hierzu Rn. 121) regelmäßig in der Kritik, da politische Einflussnahme bei heiklen Fällen immer wieder beklagt bzw. befürchtet wird.

120 Neben der Forderung nach Strafe, steht ggf. die **Forderung nach Entschädigung durch das Opfer** bzw. den Zivilkläger (*partie civile*), die sog. *action civile*. Der Anspruch gründet auf allgemeines Deliktsrecht (s. hierzu Rn. 432 ff.). Insofern muss der Geschädigte neben dem Fehlverhalten – das durch die Straftat impliziert ist – einen **Schaden nachweisen** (i.d.R. liegt zumindest ein immaterieller Schaden vor). Da Strafrecht und Delikthaftung verfahrens- und materiellrechtlich ineinandergreifen, kennt das französische Recht besondere Vorschriften, die dieses – teilweise recht komplexe – Zusammenspiel regeln (s. hierzu Rn. 442 ff.).

121 Das Strafverfahren kann von der Staatsanwaltschaft, aber auch vom Opfer in Gang gesetzt werden (*mise en mouvement de l'action publique*). Dabei gilt für die Staatsanwaltschaft – anders als in Deutschland – das **Opportunitätsprinzip** (*principe de l'opportunité des poursuites*), d.h. sie kann frei entscheiden, ob sie eine Straftat verfolgt, oder nicht. Hat die Staatsanwaltschaft über eine Anzeige (*plainte*) oder anderweitig Kenntnis von einer möglichen Straftat erhalten und verfolgt sie den Sachverhalt nicht weiter, so spricht man von einer **Archivierung der Akte ohne Folgen** (*classement sans suite*). Das Opfer ist in diesem Fall jedoch nicht mittellos. Es kann unter bestimmten Voraussetzungen selber eine Untersuchung durch einen Untersuchungsrichter in Gang setzen. Ebenso kann es den vermeintlichen Straftäter direkt vor den Strafrichter zitieren lassen (*citation directe*, Art. 389 ff. CPP).

Weiterführende Literatur:
J. *Borricand*, A.-M. *Simon*, Droit pénal, Procédure pénale, 9. Aufl., Sirey, Paris 2016
B. *Bouloc*, Droit pénal général, 27. Aufl., Dalloz, Paris 2021
B. *Bouloc*, Procédure pénale, 28. Aufl., Dalloz, Paris 2021
J. *Pradel*, Droit pénal comparé, 4. Aufl., Dalloz, Paris 2016
M.-L. *Rassat*, Droit pénal spécial, 8. Aufl., Dalloz, Paris 2018

§ 6 Das Privatrecht

A. Allgemeines

Der Begriff Privatrecht (*droit privé*) ist kein Synonym für Zivilrecht (*droit civil*). Das Privatrecht umfasst nämlich nicht nur das Zivilrecht, sondern auch das Handelsrecht (*droit commercial*).

Um das Privatrecht besser zu verstehen, ist es sinnvoll, sich zuvor mit einigen Rechtsbegriffen (*termes juridiques*) und Abgrenzungen vertraut zu machen. Jedes Rechtssystem, so auch das französische, kennt Rechtssubjekte (***sujets de droit***), also Subjekte, die am Rechtsverkehr teilnehmen. Das sind zum einen die natürlichen Personen (***personnes physiques***) und zum anderen die juristischen Personen (***personnes morales***). Natürliche Personen sind Rechtssubjekte von ihrer Geburt bis zur ihrem Tod.

Juristische Personen (*personnes morales*) sind häufig Handelsgesellschaften (*sociétés commerciales*). Sie werden zu Rechtssubjekten mit ihrer Eintragung in das Handelsregister (*registre du commerce et des sociétés*). Dies ergibt sich aus Art. 1842 Abs. 1 C. civ., der wie folgt lautet: « *Les sociétés ... jouissent de la personnalité morale à compter de leur immatriculation.* ». Ihre Einordnung als Rechtssubjekt kann aus unterschiedlichen Gründen enden: Zeitablauf, Insolvenz etc. Im französischen Recht sind im Unterschied zum deutschen Recht sowohl Personengesellschaften (*sociétés de personnes*) als auch Kapitalgesellschaften (*sociétés de capitaux*) juristische Personen. Juristische Personen müssen allerdings nicht immer Teil der Zivilrechtsordnung sein, sondern können den Regeln des öffentlichen Rechts (*droit public*) folgen. In diesem Fall werden sie *personnes morales de droit public* genannt. Auch Mischformen (*personnes morales mixtes*) sind denkbar.

Nicht nur juristische Personen, sondern auch **natürliche Personen** (*personnes physiques*) werden in ein Register eingetragen. Für natürliche Personen ist das Personenstandsregister (*régistre d'état civil*) zuständig. Diese Register werden von einem *offcier de l'état civil* (Standesbeamter) geführt. Hier werden persönliche Daten wie die Geburt, Eheschließung etc. eingetragen. S. hierzu im Einzelnen Art. 34 ff. C. civ.

Eine weitere Unterscheidung, die von großer Bedeutung ist, ist die zwischen den sogenannten **droits patrimoniaux** und den **droits extrapatrimoniaux**. Wie der Name bereits vermuten lässt sind *droits patrimoniaux* Rechte, die sich mit einem gewissem Wert beziffern lassen können. Sie gehören zum Vermögen (*patrimoine*) einer bestimmten Person. Beispiele für solche Vermögensrechte sind das Recht am Eigentum (*droit de propriété*) oder Forderungen (*créances*).

Droits expatrimoniaux sind hingegen Rechte, die mit keinem festen Preis beziffert werden. Sie werden auch deswegen als Rechte bezeichnet, die keinen Preis haben (*qui n'ont pas de prix*). Als Beispiele hierfür sind Persönlichkeitsrechte (*droits de la personnalité*) wie das *droit à la vie privée* (Recht auf Respektierung des Privatlebens), das *droit à l'image* (Recht am eigenen Bild) oder das *droit à l'honneur* (Recht auf Ehre) zu nennen. Auch wenn die *droits expatrimoniaux* keinen Preis haben, so zieht deren Verletzung – wie beispielsweise die Nichtbeachtung des Rechts am eigenen Bild – häufig Schadensersatzansprüche (*dommages et intérêts*) nach sich.

Zu unterscheiden sind zudem die Rechtsbegriffe *fait juridique* (Rechtshandlung) und *acte juridique* (Rechtsgeschäft). Unter einem *fait juridique* versteht man eine Handlung, an welche das Gesetz bestimmte Rechtsfolgen knüpft. Diese Handlung kann freiwillig (*gestion d'affaire*; geregelt in den Art. 1301 ff. C. civ.) oder auch unfreiwillig – wie durch Geburt – erfolgen. Denn werde ich geboren (und hierfür habe ich selbst nichts beigetragen), bin ich auch von nun an ein Rechtssubjekt mit all seinen Folgen. Das klassische Beispiel für einen *fait juridique* ist das zivilrechtliche Delikt (*délit civil*), welches in den Art. 1240 ff. C. civ. geregelt ist.

129 Beispiel: Fahre ich bei Rot über die Ampel, weil ich gerade an den nächsten Urlaub und weniger an die Verkehrsordnung denke, und beschädige ich aufgrund dieser Missachtung das Fahrzeug eines anderen, so ist dies ein *fait juridique* und kein *acte juridique*. Durch meine unachtsame Handlung (*fait juridique*) habe ich das Eigentum eines anderen beschädigt. Für diesen Schaden muss ich nach Art. 1240 C. civ.[1] aufkommen.

130 Ein *acte juridique* hingegen besteht aus einer oder mehreren Willenserklärungen (*déclarations de volonté*). Besteht das Rechtsgeschäft aus einer Willenserklärung, dann nennt man es ein einseitiges Rechtsgeschäft (*acte unilatéral*). Beispiele hierfür sind das Testament (*testament*), die Kündigung (*résiliation*) etc. Besteht das Rechtsgeschäft hingegen aus mehreren Willenserklärungen, so ist es ein mehrseitiges Rechtsgeschäft (*acte plurilatéral*). Das wichtigste Beispiel hierfür ist der Vertrag (*contrat*).

Weiterführende Literatur:
P. *Courbe, J.-S. Bergé*, Introduction générale au droit, 17. Aufl., Dalloz, Paris 2021
P. *Deumier*, Introduction générale au droit, 6. Aufl., L.G.D.J, Paris 2021
P. *Malaurie*, Droit des personnes (La protection des mineurs et des majeurs), 11. Aufl., L.G.D.J., Paris 2020
P. *Malinvaud*, Introduction à l'étude du droit, 21. Aufl., L.G.D.J., Paris 2021
C. *Schmidt-König*, Introduction à la langue juridique française, 4. Aufl., Nomos, Baden-Baden 2020
B. *Teyssié*, Droit des personnes, 23. Aufl., L.G.D.J., Paris 2021

B. Zivilrecht

131 Das Zivilrecht (*droit civil*) als Teil des Privatrechts regelt die **Beziehungen zwischen Personen** – natürliche (Menschen) und/oder juristische (wie beispielsweise Aktiengesellschaften).

Die wichtigsten Gebiete des Zivilrechts sind das allgemeine und besondere Schuldrecht (*droit des obligations et droit des contrats spéciaux*), das Personenrecht (*droit des personnes*), das Familienrecht (*droit de la famille*), das Sachenrecht (*droit des biens*) und das Erbrecht (*droit des successions*).

133 Das französische Zivilrecht ist wie das deutsche ein **kodifiziertes Recht**. Das französische Zivilgesetzbuch, der **Code civil** oder auch **Code Napoléon** genannt, stammt aus dem Jahre 1804 und ist damit fast 100 Jahre älter als das deutsche BGB. Anders als das BGB wurde der *Code civil* für den *citoyen* (Bürger) und nicht für den Juristen konzipiert.

134 Dies spiegelt sich im Kodifikationsstil des *Code civil* wieder. In der Tat, vergleicht man die unterschiedlichen Kodifikationsstile von *Code civil* und BGB, so wird folgendes deutlich: Das BGB weist einen hohen Abstraktionsgehalt auf, zeichnet sich aber auch durch sperrige Formulierungen aus; der *Code civil* hingegen ist geprägt durch eine

---

1 Art. 1240 C. civ: " *Tout fait quelconque de l'homme, qui cause à autrui un dommage, oblige celui par la faute duquel il est arrivé à le réparer.* ».

B. Zivilrecht

elegante, fast literarisch anmutende Sprache. Er ist bekannt für seinen anschaulichen, einprägsamen und knappen Stil. Um dies zu illustrieren, sei beispielsweise Art. 2276 Abs. 1 C. civ. genannt: « *En fait de meubles, la possession vaut titre* »; ähnlich im Stil auch der nach der Schuldrechtsreform neu formulierte Art. 1103 C. civ.: « *Les contrats légalement formés tiennent lieu de loi à ceux qui les ont faits.* ».

Der *Code civil* besteht aus 2534 Artikeln und fünf Büchern: Personen (*des personnes*), Sachen (*des biens et des différentes modifications de la propriété*), Eigentumserwerb (*des différentes manières dont on acquiert la propriété*), Sicherheiten (*des sûretés*) und anwendbare Vorschriften auf *Mayotte* (*dispositions applicables à Mayotte*). **135**

Das erste Buch, welches das **Personenrecht** zum Gegenstand hat, stellt die Person als Träger von Rechten und Pflichten in den Mittelpunkt. In diesem ersten Buch wird jedoch nicht, wie man als deutscher Jurist vermuten würde, definiert, ab wann und in welchen Grenzen Personen rechts- und geschäftsfähig sind. Behandelt wird vielmehr der Erwerb der französischen Staatsangehörigkeit (*nationalité française*) und das Personenstandsrecht (*actes de l'état civil*). Ebenfalls wird im ersten Buch das Eherecht (*droit du mariage*) und das damit im Zusammenhang stehende Scheidungsrecht (*droit du divorce*) geregelt. Schließlich beschäftigen sich die Vorschriften des ersten Buches mit dem elterlichen Sorgerecht (*autorité parentale*), dem Betreuungsrecht (*tutelle*) und dem Abstammungsrecht (*filiation*). **136**

Im zweiten Buch wird das **Sachenrecht** (*droit des biens*) normiert. Die Vorschriften des zweiten Buches enthalten Vorschriften zur Unterscheidung von beweglichen und unbeweglichen Sachen (*biens meubles et immeubles*), definieren in Art. 544 C. civ. den Begriff des Eigentums (*propriété*) und die damit im Zusammenhang stehenden Rechte und Pflichten. **137**

Das dritte Buch widmet sich neben dem **Schuldrecht** (*droit des obligations*), auf welches im Folgenden noch detailliert eingegangen wird, den verschiedenen Formen des **Erwerbs von Eigentum** (*acquisition de propriété*). Das Erbrecht (*droit des successions*) und das **Recht von unentgeltlichen Zuwendungen** (*libéralités*) werden ebenfalls hier geregelt. Auch die Regelungen zum **Verjährungsrecht** (*prescription*), **Bereicherungsrecht** (*paiement de l'indu; enrichissement injustifié*) und zum **Recht der unerlaubten Handlungen** (*responsablilité extracontractuelle*) finden sich in diesem Buch. **138**

Im vierten Buch werden sowohl die persönlichen (*sûretés personnelles*) als auch die dinglichen **Sicherheiten** (*sûretés réelles*) behandelt. **139**

Der *Code civil* hat durch andere Gesetzbücher – insbesondere durch den *Code de la consommation*[2] – starke Konkurrenz bekommen.

Weiterführende Literatur:
P. *Bihr, M.-H. Bihr*, Droit civil général, 21. Aufl., Dalloz, Paris 2019
P. *Voirin, G. Goubeaux*, Droit civil Band 1 (Introduction au droit, personnes-famille, personnes protégées, biens-obligations, sûretés) und Band 2 (régimes matrimoniaux-successions-libéralités), 41. Aufl. /31. Aufl., L.G.D.J., Paris 2021/2020

---

2 Die französischen Verbraucherschutzvorschriften sind in einem eigenen sehr umfangreichen Gesetzbuch, nämlich dem *Code de la consommation* festgehalten.

I. Vertragsrecht (Allgemeines)

1. Einführung

a) Kurze Historie und Struktur des neuen Vertragsrechts

141 Das Vertragsrecht des *Code civil* wurde durch die Verordnung *(ordonnance)* 2016-131 vom 10.2.2016, in Kraft getreten am 1.10.2016, grundlegend – und im „Schnellverfahren" – **reformiert**.[3] Dies ist nach französischem Recht möglich.

142 Nach Art. 38 der französischen Verfassung kann die Regierung mit parlamentarischer Genehmigung per *ordonnance*, gesetzgeberische Aufgaben wahrnehmen, die eigentlich in den Zuständigkeitsbereich des Parlamentes fallen. Allerdings muss die *ordonnance* innerhalb einer bestimmten Frist (die Frist betrug hier sechs Monate) dem Parlament vorgelegt werden, sonst tritt sie außer Kraft.

143 Nach dem Inkrafttreten der Verordnung gab es ein längeres Hin und Her zwischen Parlament und Senat bis es schließlich zur Ratifizierung durch das Gesetz (*loi de ratification*) n° 2018-287 vom 20.4.2018 kam. Es ist am 1.10.2018 in Kraft getreten.

144 Die Vorschriften des neuen Schuldrechts sind, soweit nichts anderes bestimmt wurde, dispositiv.[4]

145 Ein Punkt, der viel und vor allem sehr kontrovers diskutiert wurde, ist die Regelung des *contrat d'adhésion*. Deutsche Juristen würden in diesem Zusammenhang von Allgemeinen Geschäftsbedingungen (*conditions générales*) sprechen. Allerdings wurde dieser Begriff im Ratifikationsgesetz durch den Begriff *clauses non négociables* (nicht verhandelbare Klauseln) ersetzt (s. hierzu im Einzelnen Rn. 179 ff.).

146 Wichtig ist es, sich vor Augen zu halten, dass die Reform des französischen Schuldrechts seit Inkrafttreten des *Code civil (Code Napoléon)* im Jahre 1804 die erste große Reform auf diesem Gebiet war und es somit auch nicht wundert, wenn der berühmte Rechtsgelehrte *Mazeaud* vor der Reform ausführte:

« Le Code civil n'est plus ni le reflet ni l'écrin du droit positif. »[5] und somit klarstellt, dass der *Code civil* vor der Reform die Rechtswirklichkeit nicht mehr hat abbilden können.

Die Reform wurde maßgeblich von den zwei Arbeitsgruppen der Professoren *Pierre Catala* und *François Terré* geprägt.

149 Der *Code civil* weist nach der Reform mehr Ähnlichkeiten zum BGB auf; geht aber auch teilweise einen Schritt weiter, indem er beispielsweise Grundsätze – wie den der Vertragsfreiheit – nunmehr im *Code civil* – kodifiziert. Die komplexe und nur schwer sich dem deutschen Juristen eröffnende Wirksamkeitsvoraussetzung *cause* an einen Vertrag wurde durch die Reform – zumindest formal – abgeschafft. Die *cause* als eine der vier Wirksamkeitsvoraussetzungen im alten Art. 1108 C. civ. hatte in ihrer Form als *cause subjective* die Aufgabe die Moralität des Vertrages und die Einhaltung des *ordre public* zu gewährleisten. Diese Aufgabe übernimmt nun nach dem Wegfall des Begriffs *cause* Art. 1162 C. civ.,[6] der wie folgt lautet: « Le contrat ne peut déroger à

---

[3] Kleine Anmerkung: Verträge, die vor dem 1.10.2016 geschlossen wurden, unterliegen dem alten Recht.
[4] O. Deshayes, T. Genicon, Y.-M. Laithier, Ratification de l'ordonnance portant réforme du droit des contrats, du régime général et de la preuve des obligations, JCP G 2018, S. 885 ff. (887).
[5] D. Mazeaud, Présentation de la réforme du droit des contrats, Gazette du Palais, 2016, S. 15 ff. (15).
[6] S. hierzu im Einzelnen A. Bénabent, Droit des obligations, 19. Aufl., L.D.G.J., Paris 2021, Rn. 180.

l'ordre public ni par ses stipulations, ni par son but, que ce dernier ait été connu ou non par toutes les parties. ».

Auch der Begriff des **Rechtsgeschäfts** (*acte juridique*) wurde nunmehr im neuen Schuldrecht in den Art. 1100 ff. C. civ. aufgenommen und definiert. Im Zentrum des neuen französischen Schuldrechts steht allerdings der **Vertrag** (*contrat*).

Ziel der Reform war somit einerseits, Prinzipien, **Leitsätze**, die durch die Rechtsprechung (*jurisprudence*) längst verankert wurden, endlich zu kodifizieren: Grundsatz der Vertragsfreiheit (*principe de la liberté contractuelle;* Art. 1102 C. civ.), (Ausweitung des) Grundsatz(es) von Treu und Glauben (*principe général de bonne foi;* Art. 1104 C. civ.) und der Grundsatz *pacta sunt servanda* (*force obligatoire;* Art. 1103 C. civ.). Andererseits soll durch die Reform dem Schuldrecht auch und vor allem eine verständlichere und einfachere Struktur verliehen werden, um so dem Bürger eine höhere Rechtssicherheit zu verschaffen.[7]

Zudem wurden nunmehr viele Begriffe vom Gesetzgeber selbst definiert; also **Legaldefinitionen** eingeführt. Zuvor hatte diese Aufgabe vor allem die Rechtsprechung übernommen.[8]

Der französische Gesetzgeber hat die Reform zudem genutzt, um bisher verstreute schuldrechtliche Vorschriften in einem Titel (bis auf die beweisrechtlichen[9]) zusammenzufassen, nämlich dem Titel III mit der Überschrift: « *Des sources d'obligations (art. 1100 bis 1303-4 Code civil)* ».

Begrifflich wurde vor allem der Terminus *convention* (Vereinbarung) meist durch den Terminus *contrat* (Vertrag) ersetzt.[10]

b) Die drei schuldrechtlichen Leitsätze im Code civil

Die **Kodifizierung** der **schuldrechtlichen Leitsätze** findet sich in den Art. 1102 ff. C. civ. So kodifiziert Art. 1102 C. civ. nunmehr den **Grundsatz der Vertragsfreiheit** und macht deutlich, dass dieser Grundsatz beinhaltet, dass man a) die **Wahl** hat, ob man einen Vertrag schließt oder nicht (*liberté de contracter ou de ne pas contracter)*, b) sich seinen Vertragspartner frei aussuchen kann (*liberté de choisir son cocontractant*) und c) den Inhalt und die Form des Vertrages im Rahmen der gesetzlichen Grenzen frei wählen kann (*liberté de déterminer le contenu et la forme du contrat*).

Die Vertragsfreiheit findet ihre Grenzen dort, wo der Gesetzgeber Grenzen durch sog. *ordre public* Vorschriften setzt, also Vorschriften deren Einhaltung für den Gesetzgeber so wesentlich ist, dass von ihnen nicht abgewichen werden darf. Diese Vorschriften haben zwingenden Charakter und werden auch als *dispositions impératives* bezeichnet.

Die meisten Vorschriften des *Code civil* sind jedoch abdingbar, dispositiv und werden als *dispositions supplétives* bezeichnet. Diese grundsätzliche Freiheit, den Vertrag so

---

[7] S. Rapport au Président de la République relatif à l'ordonnance n°2016–131 du 10 février 2016 portant réforme du droit des contrats, du régime général et de la preuve des obligations (nachfolgend Rapport au Président de la République).
[8] S. U. Babusiaux, C. Witz, Das neue französische Vertragsrecht, JZ 2017, S. 496 ff. (498).
[9] Im französischen Zivilrecht enthält das Zivilgesetzbuch eine Vielzahl an Beweisvorschriften, auf die noch näher in den Rn. 311 ff. eingegangen wird.
[10] Allerdings hat der französische Gesetzgeber es unterlassen, dies konsequent zu ändern. So lautet Art. 1582 Abs. C. civ., der den Kaufvertrag definiert wie folgt: « *La vente est une convention par laquelle l'un s'oblige à livrer une chose, et l'autre à la payer.* ».

zu gestalten, wie dies die Vertragsparteien für richtig halten, formuliert Art. 1102 C. civ. wie folgt: « *Chacun est libre de contracter ou de ne pas contracter, de choisir son cocontractant et de déterminer le contenu et la forme du contrat dans les limites fixées par la loi.*

158 *La liberté contractuelle ne permet pas de déroger aux règles qui intéressent l'ordre public* ».

159 In Art. 1103 C. civ. wurde der bereits zuvor im *Code civil* niedergeschriebene Grundsatz[11], dass Vertragsparteien, an den von ihnen geschlossenen Verträgen genauso gebunden sind wie an das Gesetz, nunmehr sprachlich moderner und einfacher formuliert. Denn nicht nur die inhaltliche und strukturelle, sondern auch die sprachliche Überarbeitung war ein wesentliches Ziel der Reform. In Art. 1103 C. civ. wird nochmals die Bedeutung der durch den Vertrag ausgedrückten Intentionen und Ziele der Vertragsparteien hervorgehoben. Der neue Art. 1103 C. civ. lautet wie folgt: « *Les contrats légalement formés tiennent lieu de loi, à ceux qui les ont faits.* ».

In Art. 1103 C.civ. spiegelt sich somit der dem deutschen Jurist bekannte Grundsatz „pacta sunt servanda" wider.

160 Der **Grundsatz von Treu und Glauben** (*bonne foi*) war ebenfalls schon vor der Reform im *Code civil* niedergeschrieben, wurde aber nunmehr nicht mehr ausschließlich auf die Vertragserfüllung reduziert, sondern findet bereits auf Vertragsverhandlungen Anwendung. In Art. 1104 C. civ. wird dies festgehalten: « *Les contrats doivent être négociés, formés et exécutés de bonne foi. ...* ».

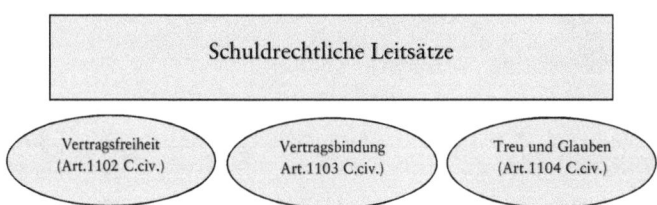

c) Definitionen

161 Der erste Artikel (Art. 1100 C. civ.) des neuen Titel III beginnt mit der Definition der Entstehung von schuldrechtlichen Verpflichtungen (*sources des obligations*). Danach können sich schuldrechtliche Verpflichtungen aus Rechtsgeschäften (*actes juridiques*), Rechtshandlungen (*faits juridiques*) oder aus dem Gesetz (*loi*) ergeben (Art. 1100 C. civ.).

162 Die Begriffe *acte juridique* und *fait juridique* werden in den Art. 1100-1[12] und 1100-2 C.[13] civ. definiert. Danach versteht man unter einem *acte juridique* Willenserklärungen, die das Ziel verfolgen, bestimmte Rechtsfolgen (*effets de droit*) herbeizuführen. Unter einem *fait juridique* versteht man Handlungen oder Ereignisse, an die das Gesetz

---

11   Zuvor in Art. 1134 Abs. 1 C. civ.
12   Art. 1100–1, al. 1 C. civ.: « *Les actes juridiques sont des manifestations de volonté destinées à produire des effets de droit. Ils peuvent être conventionnels ou unilatéraux.* ».
13   Art. 1101–2, al. 1 C. civ. : « *Les faits juridiques sont des agissements ou des événements auxquels la loi attache des effets de droit.* ».

(*loi*) selbst Rechtsfolgen knüpft. Definitionen, die dem deutschen Juristen durchaus vertraut sind!

Der **Begriff des Vertrages** wird weiterhin in Art. 1101 C. civ. definiert; allerdings etwas modifiziert. Nunmehr wurde in Art. 1101 C. civ. die Definition aufgenommen, die schon längst von der Rechtsprechung (*jurisprudence*) zugrunde gelegt wurde, um zu prüfen, ob ein Vertrag vorliegt oder nicht: Nämlich, dass ein Vertrag durch zwei oder mehr übereinstimmende Willenserklärungen zustande kommt: « *Le contrat est un accord de volontés entre deux ou plusieurs personnes destiné à créer, modifier, transmettre ou éteindre des obligations.* ». Auch diese Definition dürfte dem deutschen Juristen vertraut sein; wenn auch nicht aus dem BGB. Die in Art. 1101 C. civ. enthaltene Definition bezieht sich jedoch nicht lediglich auf den Vertragsschluss, sondern auch auf dessen Änderung, Übertragung oder Erlöschen.

163

Weiterführende Literatur:
G. *Chantepie*, M. *Latina*, La réforme du droit des obligations, 2. Aufl., Dalloz, Paris 2018
B. *Mercadal*, Réforme du droit des contrats, Editions Francis Lefebvre, Levallois-Perret 2016
P. *Stoffel-Munck*, Réforme du droit des contrats et pratique des affaires, Dalloz, Paris 2015

2. Vertragstypen

a) Im Code civil ausdrücklich geregelte Verträge und solche, für die dies nicht gilt

Auch schon vor der Reform unterschied der *Code civil* zwischen den sogenannten *contrats nommés* und den *contrats innommés*, d.h. im Gesetzbuch ausdrücklich geregelten Verträgen und Verträgen, die dort nicht ausdrücklich geregelt sind. Diese Unterscheidung hat er nunmehr in Art. 1105 C. civ. aufgenommen und klargestellt, dass unabhängig davon, ob ein Vertrag im *Code civil* ausdrücklich aufgeführt wird oder nicht, das allgemeine Schuldrecht Anwendung findet und die Rechtsfolgen des Titel III, Erster Untertitel, eintreten.

164

Allerdings, auch das führt Art. 1105 C. civ. aus, gibt es für die sogenannten *contrats nommés* spezielle Vorschriften im *Code civil*. Generell versteht man unter einem *contrat nommé* einen Vertrag, dem der *Code civil* eine eigene Bezeichnung gibt und der durch spezielle Vorschriften seine besondere Ausprägung erfährt. So wird der *contrat de vente* als wichtigstes Beispiel für einen *contrat nommé* durch die besonderen Vorschriften der Art. 1582 ff. C. civ. gestaltet.

165

Da der französische wie auch der deutsche Gesetzgeber nicht alle Verträge im Zivilgesetzbuch bzw. in anderen Gesetzesbüchern speziell regeln kann, gibt es daneben sog. *contrats innommés*. Das sind Verträge, die keine besondere Erwähnung im *Code civil* oder in einem anderen Gesetzbuch finden. Um den Besonderheiten der einzelnen Vertragstypen gerecht zu werden, bedient man sich hier der analogen Anwendung der speziellen Vorschriften zu einem bestimmten Vertragstypus, der besonders viel Ähnlichkeiten mit dem *contrat innommé* aufweist.

166

Jedoch ist der französische Gesetzgeber bemüht, moderne Vertragstypen – wie beispielsweise den *contrat de promotion immobilière* (Art. 1831–1 bis Art. 1831–5 C. civ.) oder den *contrat de crédit-bail* (Art. L. 313–7 bis L. 313–11 *Code monétaire et financier*) – durch eigene Vorschriften zu regeln.

167

b) Gegenseitige und einseitig verpflichtende Verträge

168 Der **gegenseitige Vertrag** (*contrat synallagmatique*) wird nunmehr in Art. 1106 C. civ. als ein Vertrag definiert, in dem sich die Vertragsparteien gegenseitig zu einer Leistung verpflichten. Der **einseitig verpflichtende Vertrag** (*contrat unilatéral*) wird ebenfalls in Art. 1106 C. civ. definiert. Er ist ein Vertrag, in welchem sich eine oder mehrere Vertragsparteien zu einer Leistung verpflichten, ohne hierfür eine Gegenleistung zu erhalten.

169 Gleichgültig, ob der Vertrag ein gegenseitiger oder ein einseitig verpflichtender ist, für den Vertragsschluss sind stets mindestens zwei übereinstimmende Willenserklärungen erforderlich.

170 Das klassische Beispiel für einen gegenseitigen Vertrag ist der Kaufvertrag, geregelt in Art. 1582 C. civ. Ein klassisches Beispiel für einen einseitig verpflichtenden Vertrag ist die Schenkung gem. Art. 893 C. civ.

c) Entgeltliche und unentgeltliche Verträge

171 Ein **entgeltlicher Vertrag** (*contrat à titre onéreux*) ist nach Art. 1107 Abs. 1 C. civ. ein Vertrag, in dem die Vertragspartner für ihre Leistung eine Gegenleistung erhalten. Deswegen sind die meisten entgeltlichen Verträge auch zugleich synallagmatische Verträge (Ausnahme: *prêt à intérêts* gem. Art. 1905 ff. C. civ.).

172 Ein **unentgeltlicher Vertrag** (*contrat à titre gratuit*) ist ein Vertrag, in dem die Vertragspartner für ihre Leistung keine Gegenleistung erhalten (Art. 1107 Abs. 2 C. civ.). Deswegen sind unentgeltliche Verträge in der Regel einseitig verpflichtende Verträge. Ein typisches Beispiel für einen unentgeltlichen Vertrag ist die Schenkung (*donation*) gem. Art. 893 C. civ.

173 Der französische Gesetzgeber trifft eine solche Unterscheidung deswegen, da sie Auswirkung auf die Haftung des Schuldners (*responsabilité du débiteur*) haben kann. So wird ein Schuldner, dessen Verpflichtung auf einem unentgeltlichen Vertrag beruht, weniger schnell in die Haftung genommen als wenn er die Verpflichtung aufgrund eines entgeltlichen Vertrags eingegangen ist. Auch die Frage, ob eine Verpflichtung überhaupt entstanden ist (beispielsweise aufgrund der möglicherweise fehlenden Geschäftsfähigkeit des Schuldners) wird bei einem unentgeltlichen Vertrag von einem Richter mit besonders viel Aufmerksamkeit geprüft.

d) Konsensualverträge, formbedürftige und dingliche Verträge

174 Auch im deutschen Recht gibt es diese Unterscheidung. Das BGB räumt jedoch dieser Unterscheidung keinen besonderen Paragrafen ein; der *Code civil* nunmehr schon und zwar in Art. 1109 C. civ.

175 Art. 1109 C. civ. besteht aus drei Absätzen. Im ersten Absatz wird der **Konsensualvertrag** (*contrat consensuel*), im zweiten Absatz der **formbedürftige Vertrag** (*contrat solonnel*) und im dritten Absatz der **dingliche Vertrag** (*contrat réel*) definiert.

176 Danach versteht man unter einem **Konsensualvertrag** einen Vertrag, der durch den bloßen Austausch von Willenserklärungen zustande kommt. Der Konsensualvertrag beruht auf dem im französischen Recht zugrundeliegenden Prinzip des Konsensualismusses (*principe de consensualisme*), der sich aus dem nunmehr in Art. 1102 C. civ. kodifizierten Grundsatz der Vertragsfreiheit (*liberté contractuelle*) ableiten lässt.

Ein **formbedürftiger Vertrag** ist nach Art. 1109 Abs. 2 C. civ. nur dann wirksam, wenn er die gesetzlich vorgeschriebenen Formvorschriften (wie beispielsweise die *forme sous signature privée*[14] ((Schriftform), Art. 1175 C. civ.) erfüllt.

177

Unter einem **dinglichen Vertrag** versteht man nach Art. 1109 Abs. 3 C. civ. einen Vertrag, der seine Wirksamkeit an die Übergabe einer Sache knüpft. So ist der Verbraucherkreditvertrag gem. Art. 1892 f. C. civ. ein dinglicher Vertrag, wenn der Darlehensgeber kein Unternehmer (*professionnel*) ist. Er kommt zustande, sobald der Kreditgeber dem Kreditnehmer die vereinbarte Darlehenssumme übergeben hat.

178

e) Frei ausgehandelte Verträge und Formularverträge

Ging der *Code civil* von 1804 davon aus, dass Verträge die Folge von Verhandlungen zwischen sich auf gleicher Augenhöhe befindenden Vertragsparteien sind, so trägt der neue Art. 1110 C. civ. der Tatsache Rechnung, dass die Einbeziehung von allgemeinen nicht verhandelbaren Klauseln, *clauses non négociables*[15], in Verträgen aufgrund eines weitgehend standardisierten Rechtsverkehr zwischenzeitlich gängige Praxis ist.

179

Bereits Anfang des 20. Jahrhunderts hat *Raymond Saleilles* den Begriff des ***contrat d'adhésion*** (**Formularvertrag**) geprägt. *Saleilles* verstand hierunter einen Vertrag, der lediglich durch den Willen einer Partei geprägt war.[16] Solche Verträge haben naturgemäß ein Ungleichgewicht der Vertragsparteien zur Folge. Denis *Mazeaud* bezeichnet diese Tatsache wie folgt: « *Si une révolution de notre Code civil et de notre droit des contrats est peut-être provoquée par l'ordonnance, c'est en raison de l'apparition de la figure nouvelle que constitue le contrat d'adhésion.* ».[17]

180

Aber der *contrat d'adhésion* war auch einer der umstrittenen Punkte der Schuldrechtsreform. Erst nach vielen Diskussionen im Senat (*Sénat*) und Parlament (*Assemblée Nationale*) kam es hier zu einer Einigung. In der Tat gab es im *Code civil* zuvor keinen dem § 305 BGB vergleichbaren Artikel.[18] In Art. 1110 C. civ. wird nunmehr der Unterschied zwischen den beiden Vertragstypen daran festgemacht, ob die Vertragsbedingungen zwischen den Parteien frei ausgehandelt wurden oder ob eine Partei diese zuvor festgelegt hat und der anderen Partei lediglich die Option bleibt, den Vertrag unter diesen Bedingungen zu schließen oder auf den Vertragsschluss zu verzichten.

181

Damit ein *contrat d'adhésion* angenommen werden kann, müssen die im Vertrag enthaltenen Klauseln solche sein, die nicht verhandelbar sind; des *clauses non négociables*. Denn nach der Definition von Art. 1110 Abs. 2 C. civ. besteht der *contrat d'adhésion* aus nicht verhandelbaren Klauseln (*clauses non négociables*), die zuvor von einer Partei festgelegt wurden. Der Wortlaut ist der folgende: « *Le contrat d'adhésion*

182

---

14 Früherer Ausdruck: *sous seing privé*.
15 Der Begriff der Allgemeinen Geschäftsbedingungen wurde durch das Ratifikationsgesetz vom 20.4.2018 aus Art. 1110 C. civ. entfernt und durch den Begriff der nicht verhandelbaren Klauseln ersetzt.
16 So in F. Terré, P. Simler, Y. Lequette, F. Chénedé, Droit civil – Les obligations, 12. Aufl., Dalloz, Paris 2019, Rn. 109 ff. mit den entsprechenden Nachweisen.
17 D. Mazeaud, Présentation de la réforme du droit des contrats, Gazette du Palais, 2016, S. 15 ff. (20).
18 Lediglich im *Code de la consommation*, der zwischenzeitlich dem *Code civil* in vielen Bereichen „den Rang abgelaufen hat", gibt es bereits seit 1978 Regelungen zu missbräuchlichen Klauseln (nunmehr Art. L. 212–1 C. cons. ff.). Art. 212–1 Abs. 1 C. civ.: « *Dans les contrats conclus entre professionnels et consommateurs, sont abusives les clauses qui ont pour objet ou pour effet de créer, au détriment du consommateur, un déséquilibre significatif entre les droits et obligations des parties au contrat.* ».
Auch der *Code de commerce* sah bereits vor der Schuldrechtsreform im *Code civil* eine Schadensersatzpflicht derjenigen Partei vor, die zum Nachteil der anderen Vertragspartei für ein *déséquilibre significatif* in den Verpflichtungen sorgt.

est celui qui comporte un ensemble de clauses non négociables, déterminées à l'avance par l'une des parties. »

183 Die Verwendung des Terminus *clause non négociables* soll zum Ausdruck bringen, dass es hier nicht nur um eine Standardisierung von Rechtsgeschäften geht – wie der Begriff *conditions générales*[19] vermuten lassen könnte –, sondern dass es hier einen stärkeren, überlegeneren Vertragspartner gibt, der der potenziell anderen Vertragspartei nicht zur Diskussion stehende Bedingungen vorgibt.[20]

184 Die Einordnung als *contrat d'adhésion* hat zahlreiche Rechtsfolgen. So führt eine solche Einordnung dazu, dass eine Klausel in einem *contrat d'adhésion* unwirksam ist, wenn sie zu einem offensichtlichen Ungleichgewicht zwischen den Parteien führt. Dies ergibt sich aus Art. 1171 C. civ. Auch bei der Auslegung spielt die Einordnung als *contrat d'adhésion* eine Rolle: So normiert Art. 1190 C. civ., dass wenn es Zweifel bei der Auslegung einer Klausel in einem *contrat d'adhésion* gibt, die Auslegung zulasten des Verwenders geht.[21] Ein Artikel, der an § 305 c Abs. 2 BGB erinnert und der sich an den schon zuvor existierenden und nunmehr in Art. L. 211–1 Abs. 2 C. cons. normierten Grundsatz: « *Elles s'interprètent en cas de doute dans le sens le plus favorable au consommateur.* » orientiert.

185 Anders als im deutschen Recht können Allgemeine Geschäftsbedingungen (man beachte: hier wird wiederum der Terminus Allgemeine Geschäftsbedingungen (*conditions générales*) verwendet) gemäß Art. 1119 C. civ. dem anderen Vertragspartner stets nur dann entgegengehalten werden, wenn sie ihm zuvor übermittelt wurden; und zwar gleichgültig ob der Vertragspartner Verbraucher (*consommateur*) oder Unternehmer (*professionnel*) ist! Der exakte Wortlaut des Art. 1119 Abs. 1 C. civ. ist der folgende: « *Les conditions générales invoquées par une partie n'ont effet à l'égard de l'autre que si elles ont été portées à la connaissance de celle-ci et si elle les a acceptées.* ».

186 Trotz weitgehend standardisiertem Rechtsverkehr gibt es weiterhin den **frei ausgehandelten Vertrag** (*contrat gré à gré*). Komplexe Vertragsgestaltungen lassen sich nicht standardisieren und bedürfen meist im Vorfeld langwieriger Vertragsverhandlungen, deren Ergebnis ein sorgfältig zu redigierender Vertrag ist. Auch gibt es weiterhin Rechtsbeziehungen, in denen sich beide Vertragsparteien „auf Augenhöhe befinden" und sich keine Vertragspartei damit begnügt, von der anderen Vertragspartei vorformulierte und nicht zur Verhandlung stehende Klauseln zur Unterschrift vorlegen zu lassen.

f) Rahmenvertrag

187 Ebenfalls neu in den *Code civil* aufgenommen wurde Art. 1111 C. civ., der den sog. **Rahmenvertrag** (*contrat cadre*) definiert. Er lautet wie folgt: « *Le contrat cadre est un accord par lequel les parties conviennent des caractéristiques générales de leurs relations contractuelles futures. Des contrats d'application en précisent les modalités d'exécution.* ».

---

19 In der *ordonnance* wurde noch der Begriff *conditions générales* verwendet.
20 S. hierzu im Einzelnen : D. Houtcieff, Loi de la ratification de l'ordonnance de réforme du droit des contrats, de la preuve et du régime général des obligations : le droit schizophrène, Gazette du Palais, 2018, S. 14 ff. (16).
21 Art. 1190 C. civ. : « *Dans le doute, le contrat de gré à gré s'interprète contre le créancier et en faveur du débiteur, et le contrat d'adhésion contre celui qui l'a proposé.* ».

Art. 1111 C. civ. definiert den Rahmenvertrag als einen Vertrag, der die wesentlichen Bedingungen für die zukünftigen vertraglichen Beziehungen festlegt. Die sich anschließenden „kleinen" Verträge (*contrats d'application*) legen die Bestimmungen für die Vertragserfüllung fest. In der Praxis existiert der Rahmenvertrag bereits seit den 70er Jahren, insbesondere in Form von sogenannten Bierlieferungsverträgen. Im Finanzsektor spielt der Rahmenvertrag bei Forderungsabtretungen (*convention cadre de cession de créances*) eine wichtige Rolle.

188

g) Verträge mit einmaliger Leistung und Verträge mit wiederkehrenden Leistungen

Auch die Kodifizierung der Verträge mit einmaliger Leistung und der Verträge mit wiederkehrenden Leistungen (contrats à exécution instantanée et contrats à exécution successive) ist neu.

189

Art. 1111-1 C. civ. definiert den **Vertrag mit einmaliger Leistung** (*contrat à exécution instantanée*) als einen Vertrag, in dem die Verpflichtungen durch eine einmalige Leistung erfüllt werden können. Bei dem **Vertrag mit wiederkehrenden Leistungen** (*contrat à exécution successive*) ist es nach Art. 1111-1 C. civ. hingegen erforderlich, dass zumindest eine Partei ihren vertraglichen Verpflichtungen nur durch mehrere zeitlich aufeinanderfolgende Leistungen nachkommen kann. Ein typisches Beispiel für einen Vertrag mit einmaliger Leistung ist der Kaufvertrag (*contrat de vente*) gem. Art. 1582 C. civ.; ein typisches Beispiel für einen Vertrag mit wiederkehrenden Leistungen ist der Arbeitsvertrag (*contrat de travail*) gem. Art. L. 1121 ff. C. trav.

190

h) Übersicht der unterschiedlichen Vertragstypen im Code civil

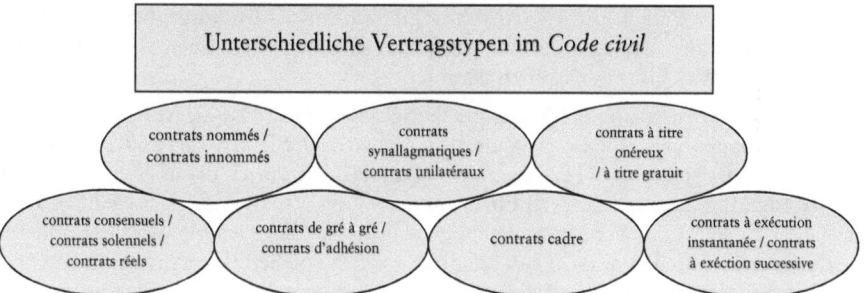

3. Voraussetzungen für das Zustandekommen eines rechtswirksamen Vertrages

a) Einführung

Der **Vertragsschluss** ist in den Art. 1112 ff. C. civ. geregelt. Nunmehr sind im *Code civil* sowohl die Informationspflichten der Vertragsparteien als auch der Vertragsschluss durch **Antrag** (*offre*) und **Annahme** (*acceptation*) geregelt. Zuvor lag der Schwerpunkt der Regelungen stärker auf der Wirksamkeit des Vertrages (*validité du contrat*.)

191

Der **Grund** (*cause*) **für den Abschluss des Vertrags**, ist nach der Reform des *Code civil* keine Wirksamkeitsvoraussetzung mehr. Die *cause* hatte – wie bereits erwähnt – vornehmlich die Aufgabe, die Moralität des Vertrages und die Einhaltung des *ordre public* zu gewährleisten. Diese Aufgabe übernimmt nun nach dem Wegfall des Begriffs *cause* insbesondere Art. 1162 C. civ., auf den im Folgenden noch eingegangen wird.

192

Durch die Reform kommt der *Code civil* den Vorschriften über den Vertragsschluss im deutschen BGB sehr nah.

b) Vertragsverhandlungen

194 Das neue französische Schuldrecht bemüht sich um eine verständliche Struktur. Dies zeigt sich besonders anschaulich beim Vertragsschluss. Die Vorschriften werden hier in der Chronologie der Vertragsgenese angeordnet und so beschäftigen sich die ersten Vorschriften (erster Unterabschnitt) mit den Pflichten der Parteien während der **Vertragsverhandlungen** (*négociations*).

Vorvertragliche Informationspflichten

195 Der erste Artikel zu den **Informationspflichten** (*obligations d'information*), nämlich Art. 1112 C. civ., ist seinem Wesen nach eine einführende Vorschrift, die besagt, dass den Parteien die Aufnahme der Vertragsverhandlungen, deren Ablauf und deren Beendigung obliegt. Diese Vorschrift spiegelt das Prinzip der Vertragsfreiheit wider.

196 Allerdings müssen die Parteien stets auch den **Grundsatz von Treu und Glauben** (*principe de bonne foi*) im Blick haben. So lautet Art. 1112 Abs. 1 C. civ. wie folgt: « *L'initiative, le déroulement et la rupture des négociations précontractuelles sont libres. Ils doivent impérativement satisfaire aux exigences de la bonne foi.* ». Art. 1112 Abs. 1 C. civ. ist somit eine Blüte von Art. 1104, der den Grundsatz von Treu und Glauben als einen der drei schuldrechtlichen Leitsätze normiert.

197 Falls einer der Parteien ein schuldhaftes Verhalten während der Vertragsverhandlungen nachgewiesen werden kann, macht sich diese schadensersatzpflichtig. Jedoch darf die Schadensersatzpflicht nicht dazu führen, dass der Schaden ausgeglichen wird, der dadurch entstanden ist, dass der Vertrag nicht zustande gekommen ist.[22] Dies stellt Art. 1112 Abs. 2 C. civ. ausdrücklich heraus.

198 Auch vor der Reform ging die Rechtsprechung davon aus, dass die Vertragspartner in der Vertragsanbahnungsphase bestimmte Informationspflichten (*devoirs d'information*) haben. Jetzt stellt Art. 1112–1 C. civ.[23] klar, dass die Partei, die über eine Information verfügt, die derart wesentlich für die andere Vertragspartei ist, dass sie über deren „ja" oder „nein" zum Vertrag maßgeblich sein kann, diese Information der anderen Vertragspartei mitteilen muss. Als wesentlich werden solche Informationen betrachtet, die sich auf den **Vertragsinhalt** oder **wesentliche Eigenschaften der Vertragsparteien** beziehen (Art. 1112–1 Abs. 3 C. civ.). Unerheblich sind dagegen Informationen, die

---

22 Auch nicht einen eventuellen entgangenen Gewinn (so die *modification interprétative* im Ratifikationsgesetz).

23 Art. 1112–1 C. civ. : « *Celle des parties qui connaît une information dont l'importance est déterminante pour le consentement de l'autre doit l'en informer dès lors que, légitimement, cette dernière ignore cette information ou fait confiance à son cocontractant.*
Néanmoins, ce devoir d'information ne porte pas sur l'estimation de la valeur de la prestation.
Ont une importance déterminante les informations qui ont un lien direct et nécessaire avec le contenu du contrat ou la qualité des parties.
Il incombe à celui qui prétend qu'une information lui était due de prouver que l'autre partie la lui devait, à charge pour cette autre partie de prouver qu'elle l'a fournie.
Les parties ne peuvent ni limiter, ni exclure ce devoir.
Outre la responsabilité de celui qui en était tenu, le manquement à ce devoir d'information peut entraîner l'annulation du contrat dans les conditions prévues aux articles 1130 et suivants. ».

sich auf den Wert der Vertragsleistung beziehen. Dies stellt Art. 1112-1 Abs. 2 C. civ. klar.

Die Beweislast dafür, dass eine Informationspflicht der anderen Partei gegenüber bestand, obliegt hingegen der Vertragspartei, die sich hierauf beruft. Der anderen Vertragspartei obliegt es zu beweisen, dass sie ihrer Informationspflicht auch tatsächlich nachgekommen ist. Dies folgt aus Art. 1112-1 Abs. 4 C. civ.

Der französische Gesetzgeber droht im Falle der Verletzung der genannten Informationspflichten mit konkreten rechtlichen Folgen: So ist eine mögliche Rechtsfolge einer unterlassenen Information Zahlung von Schadensersatz. Sollten die Voraussetzungen des Art. 1130 C. civ. (beispielsweise Arglist) vorliegen, kann Rechtsfolge auch die Nichtigkeit des anschließend geschlossenen Vertrags sein (Art. 1112-1 Abs. 6 C. civ. i.V.m. Art. 1131 C. civ.). Absatz 5 des Art. 1112-1 C. civ. hält zudem fest, dass Art. 1112-1 C. civ. eine **zwingende Vorschrift** (*disposition impérative*) ist, also hiervon nicht durch vertragliche Vereinbarung abgewichen werden kann.

Verschwiegenheitspflicht

Die dritte und letzte Vorschrift, die die vorvertraglichen Pflichten der Vertragsparteien betrifft, ist Art. 1112-2 C. civ. Sie hält fest, dass den Parteien eine **Verschwiegenheitspflicht** obliegt (*obligation de confidentialité*). Im Falle der Verletzung der Verschwiegenheitspflicht durch eine Partei kann sich diese nach den allgemeinen zivilrechtlichen Vorschriften schadensersatzpflichtig machen.

Der eigentliche Vertragsschluss: Angebot und Annahme

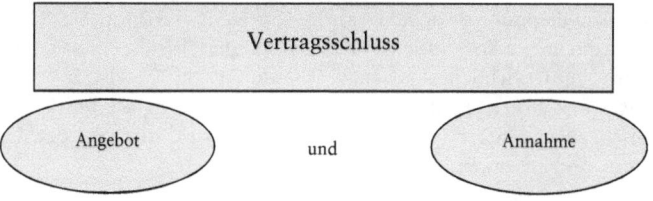

Der zweite Unterabschnitt behandelt dann den Vertragsschluss selbst. Nach der Reform werden die Begriffe **Angebot** (*offre*) **und Annahme** (*acceptation*) im *Code civil* aufgenommen. Die Vorschriften ähneln oft denen der §§ 145 ff. BGB. Allerdings stellt auch hier wieder der französische Gesetzgeber seine pädagogische Vorgehensweise unter Beweis: Er stellt mit Art. 1113 C. civ.[24] zunächst einmal fest, wie ein Vertrag zustande kommt, nämlich durch Angebot und Annahme. Eine solche klare und eingängige Vorschrift sucht man im BGB vergebens!

Weiterhin sagt Art. 1113 C. civ., dass beide Willenserklärungen – Angebot und Annahme – sich entweder aus einer (ausdrücklichen) Erklärung oder aus einem entsprechenden eindeutigen (konkludenten) Verhalten ergeben können. Die (ausdrückliche) Erklärung kann schriftlich oder mündlich erfolgen. Wird die Willenserklärung aus dem

---

24 Art. 1113 C. civ.: « *Le contrat est formé par la rencontre d'une offre et d'une acceptation par lesquelles les parties manifestent leur volonté de s'engager.*
Cette volonté peut résulter d'une déclaration ou d'un comportement non équivoque de son auteur. ».

Verhalten der Vertragspartner abgeleitet – beispielsweise das Nicken einer Vertragspartei – so muss ein solches Verhalten stets eindeutig (*non équivoque*) sein.

204 In den Art. 1114 bis 1117 C. civ. geht es dann zunächst um den Begriff des „Angebots". Die Art. 1118 bis 1120 C. civ. beschäftigen sich im Anschluss mit dem Terminus „Annahme". Diese Artikel ähneln stark denen des BGB, sind aber teilweise präziser. So sagt Art. 1114 C. civ.[25], dass das Angebot in objektiver Hinsicht bereits die wesentlichen Vertragselemente enthalten muss und dass auf der subjektiven Ebene ein Rechtsbindungswille des Anbietenden vorhanden sein muss. Anderenfalls, so Art. 1114 C. civ., liegt lediglich eine « *invitation à entrer en négociation* », also das, was deutsche Juristen als „**invitatio ad offerendum**" bezeichnen würde, vor. Allerdings kann im Unterschied zum deutschen Recht ein wirksames Angebot bereits dann vorliegen, wenn es an einen unbestimmten Personenkreis adressiert wurde.[26] Dies geht in aller Deutlichkeit aus Art. 1114 C. civ. hervor: « *L'offre faite à une personne déterminée ou indéterminée* .... ».

205 Der Anbietende (*pollicitant*) kann sein Angebot, solange es noch nicht dem Empfänger zugegangen ist, jederzeit widerrufen (s. Art. 1115 C. civ.). Hat der Empfänger das Angebot erhalten, so kann es der Anbietende erst widerrufen (*rétracter*), wenn die von ihm gesetzte (*délai fixé*) oder die gewöhnliche, zu erwartende Frist (*délai raisonnable*) abgelaufen ist. Dies ergibt sich aus Art. 1116 Abs. 1 C. civ.

206 Auf den ersten Blick ist man verwundert, wenn man in Art. 1117 Abs. 1 C. civ. liest, dass ein Angebot unwirksam (*caduque*) wird, wenn der Empfänger es nicht innerhalb der vom Anbietenden gesetzten Frist, oder, falls eine solche nicht gesetzt wurde, innerhalb der gewöhnlichen, zu erwartenden Frist, angenommen hat. Eine Redundanz? Begründet wird diese „Wiederholung" damit, dass in Art. 1116 Abs. 1 C. civ. auf das Verhalten des Anbietenden, dessen Loyalität abgestellt wird; in Art. 1117 Abs. 1 C. civ. hingegen vielmehr die Sorgfältigkeit des Empfängers für die juristische Beurteilung maßgebend ist.[27] Ein wirkliches Novum enthält Art. 1117 Abs. 2 C. civ.: Danach wird ein Antrag – sofern er noch nicht angenommen wurde – unwirksam, wenn der Anbietende stirbt oder geschäftsunfähig wird. Ebenfalls nichtig wird der Antrag, wenn der Adressat des Antrags stirbt.

207 Die Vorschriften über die Annahme stimmen weitgehend mit denen der §§ 147 ff. BGB überein. Zwei entscheidende Unterschiede gibt es allerdings: Zum einen stellt Art. 1119 C. civ. fest, dass Allgemeine Geschäftsbedingungen[28], auf die sich eine Partei beruft, nur dann Wirksamkeit erlangen, wenn sie der anderen Partei zur Kenntnis gereicht wurden und diese sich mit ihrer Geltung einverstanden erklärt hat. Dies gilt unabhängig davon, ob der Vertragspartner Verbraucher oder Unternehmer ist.

---

25   Art. 1114 C. civ.: " *L'offre, faite à personne déterminée ou indéterminée, comprend les éléments essentiels du contrat envisagé et exprime la volonté de son auteur d'être lié en cas d'acceptation.*
     A défaut, il a y seulement invitation à entrer en négociation. ».
26   S. hierzu im Einzelnen U. Babusiaux, C. Witz, Das französische Vertragsrecht, JZ 2017, S. 496 ff. (500).
27   S. im Einzelnen mit weiteren Nachweisen: F. Terré, P. Simler, Y. Lequette, F. Chénedé, Droit civil – Les obligations, 12. Aufl., Dalloz, Paris 2019, Rn. 172 ff.
28   Bezüglich der Einbeziehung der Vertragsklauseln verwendet der französische Gesetzgeber den Begriff Allgemeine Geschäftsbedingungen.

Zum anderen stellt Art. 1120 C. civ.[29] ausdrücklich klar, dass Schweigen keine Annahme darstellt: Inhaltlich stimmt dies zwar mit dem überein, was auch Standard im deutschen Zivilrecht ist; im BGB ist dies allerdings nicht in den §§ 147 ff. wiederzufinden.

Der Vertrag gilt als geschlossen, sobald dem Anbietenden die Annahme zugegangen ist (Art. 1121 C. civ.).

In Art. 1122 C. civ. wird dem Umstand Rechnung getragen, dass das französische Recht sowohl eine **Bedenk-** als auch eine **Widerrufsfrist** (*délai de réflexion; délai de rétractation*) kennt. Eine Bedenkfrist ist eine Frist, vor Ablauf derer der Empfänger das Angebot nicht wirksam annehmen kann. Eine große Rolle spielt die Bedenkfrist, wenn ein Verbraucher einen Immobilienkredit (s. Art. L. 319–19 C. cons.) aufnimmt. Insgesamt sind sowohl Bedenk- als auch Widerrufsfristen insbesondere für das Verbraucherrecht von Bedeutung. Sie sind folglich im Verbrauchergesetzbuch (*Code de la consommation*) häufig zu finden.

c) Exkurs: Vorvertragliche Bindungen

Im Unterschied zum BGB erhält nunmehr der *Code civil* gleich zwei Artikel zu vorvertraglichen Bindungen, die im Anschluss an die Artikel über den Vertragsschluss[30] im *Code civil* behandelt werden.

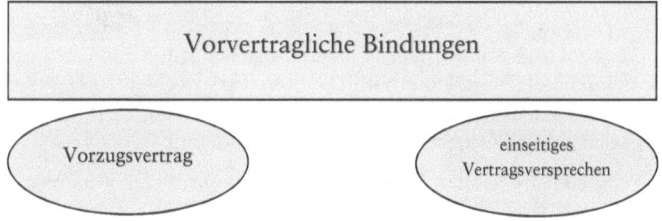

Vorzugsvertrag

Vorvertragliche Rechtsverhältnisse wurden neu in den *Code civil* aufgenommen. Art. 1123 C. civ. regelt nunmehr den Vorzugsvertrag (*pacte de préférence*); deutschen Juristen eher unter dem Terminus Vorkaufsrecht bekannt. Der Wortlaut des Art. 1123 Abs. 1 C. civ. ist der folgende: « *Le pacte de préférence est le contrat par lequel une partie s'engage à proposer prioritairement à son bénéficiaire de traiter avec lui pour le cas où elle déciderait de contracter.* ».

In einem solchen Vertrag verpflichtet sich der Versprechende (*promettant*), vorzugsweise mit dem Begünstigten (*bénéficiaire*) zu kontrahieren. Bricht der Versprechende sein Versprechen und kontrahiert mit einem Dritten, der seinerseits von dem Vorzugsvertrag Kenntnis hat, also bösgläubig (*de mauvaise foi*) ist, so kann der Begünstigte gerichtlich die Nichtigkeit des Vertrags bzw. die Entscheidung, dass er – der Begünstigte – an die Stelle des Dritten tritt, durchsetzen.

Art. 1123 C. civ. schützt somit primär den Begünstigten. Allerdings sorgt er auch für Rechtssicherheit gegenüber Dritten. Der Dritte kann nämlich den Begünstigten schrift-

---

29 Art. 1120 C. civ.: « *Le silence ne vaut pas acceptation, à moins qu'il n'en résulte autrement de la loi, des usages, des relations d'affaire ou de circonstances particulières.* ».
30 Deswegen wurde im vorliegenden Werk der Punkt auch erst an dieser Stelle aufgenommen.

Einseitiges Vertragsversprechen

214 Das **einseitige Vertragsversprechen** (*promesse unilatérale*) wird geregelt durch Art. 1124 C. civ., der wie folgt lautet:

> « La promesse unilatérale est le contrat par lequel une partie, le promettant, accorde à l'autre partie, le bénéficiaire, le droit d'opter pour la conclusion d'un contrat dont les éléments essentiels sont déterminés, et pour la formation duquel ne manque que le consentement du bénéficiaire.
>
> La révocation de la promesse pendant le temps laissé au bénéficiaire pour opter n'empêche par la formation du contrat promis.
>
> Le contrat conclu en violation de la promesse unilatérale avec un tiers qui en connaissait l'existence est nul. ».

215 Unter einem einseitigen Versprechen versteht man nach dem neuen Art. 1124 C. civ. ein Versprechen, in welchem die wesentlichen Vertragsbedingungen (*éléments essentiels du contrat*) vom Versprechenden (*promettant*) festgehalten sind und dem Begünstigten (*bénéficiaire*) das Recht eingeräumt wird, innerhalb einer bestimmten Frist diesem Angebot zuzustimmen. Das heißt, zum Vertragsschluss fehlt nur noch die Zustimmung des Begünstigten. Innerhalb der vom Versprechenden festgesetzten Frist, kann das Versprechen nicht widerrufen werden. Das Angebot des Versprechenden ist somit während der von ihm eingeräumten Frist verbindlich.

216 Schließt der Versprechende unter Nichtbeachtung der *promesse unilatérale* mit einem bösgläubigen Dritten den Vertrag, so ist dieser nichtig. Dies geht aus Art. 1124 Abs. 3 C. civ. hervor.

Vorschriften zum elektronischen Vertragsschluss

217 Die Art. 1125 bis 1127–4 C. civ. enthalten Regelungen zum elektronischen Vertragsschluss (*contrat conclu par voie électronique*). Die Vorschriften, die bereits durch das Gesetz n° 2004–575 vom 21.6.2004 (*loi pour la confiance dans l'économie numérique*) in den *Code civil* eingeführt wurden, wurden durch die Reform nur geringfügig geändert.

218 In Art. 1125 C. civ. wird ausgeführt, dass Vertragsklauseln, Informationen über Güter oder Dienstleistungen auch auf elektronischem Wege zur Verfügung gestellt werden können.[31] In den nachfolgenden Artikeln wird ausgeführt, welche Schritte einzuhalten sind, damit es zum Vertragsschluss kommt. Hervorgehoben wird, dass der Empfänger des Angebots die Möglichkeit haben muss, Änderungen vorzunehmen, bevor der Vertrag geschlossen wird.

---

31 Art. 1125 C. civ.: « *La voie électronique peut être utilisée pour mettre à disposition des stipulations contractuelles ou des informations sur des biens ou services.* ».

B. Zivilrecht

d) Wirksamkeitsvoraussetzungen

Im deutschen Recht findet man Vorschriften zur Wirksamkeit von Willenserklärungen im Allgemeinen Teil des BGB. Der *Code civil* kennt einen solchen Allgemeinen Teil nicht. Deswegen werden alle **Wirksamkeitsvoraussetzungen** im Vertragsrecht selbst behandelt.

219

Die drei Wirksamkeitsvoraussetzungen

Damit ein Vertrag rechtswirksam ist, müssen folgende drei Voraussetzungen gem. Art. 1128 C. civ. erfüllt sein:

220

- Gegenseitiges Einverständnis der Parteien (*le consentement des parties*);
- Geschäftsfähigkeit der Parteien (*capacité de contracter*) und
- ein rechtmäßiger und bestimmter Vertragsinhalt (*contenu licite et certain*).

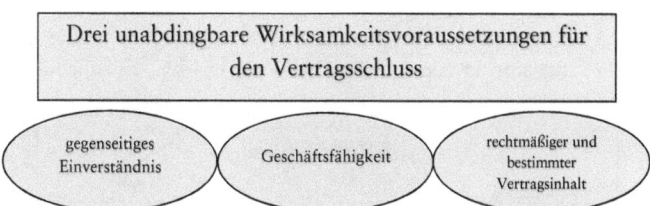

Das **gegenseitige Einverständnis** sind die für den Vertragsschluss bereits erwähnten beiden Willenserklärungen (s. im Einzelnen Rn. 202 ff.) – **Antrag und Annahme** (Art. 1113 C. civ.) –, die sich entweder aus einer (ausdrücklichen) Erklärung oder aus einem entsprechenden eindeutigen, konkludenten Verhalten ergeben können. Die (ausdrückliche) Erklärung kann schriftlich oder mündlich erfolgen. Wird die Willenserklärung aus dem Verhalten der Vertragspartner abgeleitet – beispielsweise das Nicken einer Partei – so muss ein solches Verhalten stets eindeutig (*non équivoque*) sein. *Contracter, c'est une question de vouloir et de pouvoir.* In der Tat sind die Verben *vouloir* (wollen) und *pouvoir* (können) die zwei wesentlichen für den Vertragsschluss.[32] Das bedeutet, ohne ein wahrhaftes Wollen der Vertragsparteien, kommt auch kein Vertrag zustande. Der Wille der Vertragsparteien miteinander einen Vertrag zu schließen, muss aufeinander treffen und bildlich gesprochen einen Knoten bilden.[33]

221

Zudem müssen die Vertragsparteien auch die Fähigkeit (*capacité*) haben, ihrem Willen Ausdruck zu verleihen. Deswegen wird in Art. 1129 C. civ. hervorgehoben, dass eine Person «*saint d'esprit*», also bei klarem Verstand sein muss, um ein wirksames Einverständnis abzugeben. Denn ohne „können" gibt es auch kein „wollen".

222

Hier könnte man entgegenhalten, dass dieser Punkt im Rahmen der nächsten Wirksamkeitsvoraussetzung, nämlich der Geschäftsfähigkeit der Parteien, bereits abgedeckt wird.[34] Allerdings gibt es Personen, die weder unter Betreuung stehen noch ansonsten vom Gesetzgeber als geschäftsunfähig angesehen werden, aber dennoch bei Vertrags-

223

---

32 In diesem Sinne A. Bénabent, Droit des obligations, L.G.D.J, Paris 2018, Rn. 39.
33 F. Terré, P. Simler, Y. Lequette, F. Chénedé, Droit civil – Les obligations, 12. Aufl., Dalloz, Paris 2019, Rn. 145 ff.
34 Dieser Punkt wird grundsätzlich bereits von Art. 414–1 Abs. 1 C. civ. geregelt, der wie folgt lautet: « Pour faire un acte valable, il faut être saint d'esprit. ».

schluss – beispielsweise aufgrund von Drogenkonsum – sich über das Bewusstsein ihres Handelns nicht im Klaren war. Eine Verschmelzung der Willenserklärungen der Vertragsparteien kann aber nur dann erfolgreich sein, wenn die beteiligten Parteien auch zum Zeitpunkt des Vertragsschlusses geistig in der Lage waren, diesen Willen zu äußern.

224 Aufgrund der Tatsache, dass es im französischen Zivilgesetzbuch keinen Allgemeinen Teil gibt, der solche Fragen regelt, ist das von Art. 1129 C. civ. aufgestellte Erfordernis bei Vertragsschluss bei klarem Verstand zu sein, durchaus gerechtfertigt.

225 Ähnlich verhält es sich mit den sogenannten *vices du consentement*. Auch hier wird die Wirksamkeit der Willenserklärungen untersucht. Mögliche *vices du consentement* sind die **Arglist**, der **Irrtum** und die **Nötigung**. So führt Art. 1130 Abs. 1 C. civ. aus : « *L'erreur, dol et la violence vicient le consentement lorsqu'ils sont de telle nature que, sans eux, l'une des parties n'aurait pas contracté ou aurait contracté à des conditions substantiellement différentes.* ». Im Falle des Vorliegens eines solchen Grundes, ist der Vertrag anfechtbar; d.h. er kann für nichtig erklärt werden. Dies ergibt sich aus Art. 1131 C. civ. Die genauen Voraussetzungen für die Anfechtbarkeit einer Willenserklärung sind in den Art. 1130 bis Art. 1144 C. civ. normiert.

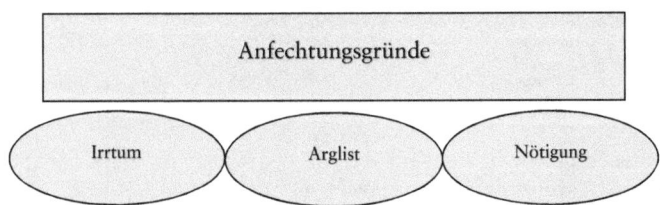

226 Kein Grund für die Anfechtbarkeit einer Willenserklärung ist der nicht entschuldbare Irrtum (*erreur*). Deutsche Juristen würden hier von einem **unerheblichen Rechtsirrtum** sprechen. Der französische Gesetzgeber fasst dies jedoch etwas weiter (Rechts- und Sachirrtum), indem er in Art. 1132 C. civ. normiert: « *L'erreur de droit ou de fait, à moins qu'elle ne soit inexcusable, est la cause de nullité du contrat lorsqu'elle porte sur les qualités essentielles de la prestation due ou sur celles du cocontractant.* ».

227 Irrtümer berechtigen folglich nur dann zur Anfechtbarkeit der Willenserklärung, wenn es sich um einen entschuldbaren Irrtum handelt. Der Gesetzgeber hat somit in Art. 1132 C. civ. die Rechtsprechung der *Cour de cassation*[35] kodifiziert. Zudem stellt der Gesetzgeber in Art. 1135 C. civ. klar, dass ein **Motivirrtum** (*erreur sur un simple motif*) grundsätzlich ebenfalls unbeachtlich ist. Auch dies ist dem deutschen Juristen bekannt; allerdings ist dieser Umstand nicht im BGB kodifiziert. Das Gleiche gilt für den Irrtum, der den Wert der Leistung betrifft. Auch dieser zieht gemäß Art. 1136 C. civ. keine rechtlichen Folgen nach sich.

228 Beachtlich hingegen und somit Anfechtungsgründe sind der Irrtum über die Person (Art. 1134 C. civ.) oder über die Vertragsleistung (Art. 1133 C. civ.). Dies gilt allerdings nur dann, wenn sich der Irrtum auf wesentliche Eigenschaften (*qualités essentielles*) bezieht. So liegt ein Irrtum über wesentliche Eigenschaften der Vertragsleistung sicherlich vor, wenn das gekaufte Bild nicht wie vereinbart ein echtes ist. Wenn also

---

35 Vgl. Cass. civ. I, 10.5.1995, n° de pourvoi : 9210.736.

das Bild, das von Picasso sein soll, das eines anderen Malers ist, ist folgerichtig von einem Irrtum über eine wesentliche Eigenschaft, nämlich der der Person des Malers, auszugehen.

Die Eigenschaft muss wesentlich für den Vertragsschluss gewesen sein. Sie darf keine solche sein, die den Abschluss des Vertrages nicht beeinflusst hat, also lediglich « *accessoire* » und nicht « *essentielle* » war. Das gleiche gilt für den Irrtum über die Person des Vertragspartners (*erreur essentiel sur les qualités essentiels du cocontractant*). Auch hier muss es sich um eine wesentliche Eigenschaft handeln, also um eine, die für den Vertragsschluss entscheidend war. In der Regel wird die Identität der Person für das „ob" des Vertragsabschlusses keine Rolle spielen. Dies ist jedoch beispielsweise dann von Bedeutung, wenn der Vertragspartner eines Behandlungsvertrages kein Arzt ist und somit die vertraglich geschuldete Tätigkeit gar nicht erbringen darf. Allgemein ausgedrückt, spielt die Person des Vertragspartners immer dann eine Rolle, wenn für die Erfüllung des Vertrags eine bestimmte Vorbildung entscheidend ist. 229

Ein weiterer wichtiger Anfechtungsgrund ist der der **arglistigen Täuschung** (*dol*); Art. 1137 bis 1139 C. civ. 230

Art. 1137 C. civ. : 231

> « *Le dol est le fait pour un contractant d'obtenir le consentement de l'autre par des manœuvres ou des mensonges.*
>
> *Constitue également un dol la dissimulation intentionnelle par l'un des contractants d'une information dont il sait le caractère déterminant pour l'autre partie.*
>
> *Néanmoins, ne constitue pas un dol le fait pour une partie ne pas révéler à son cocontractant son estimation de la valeur de la prestation.* ».

Beim *dol* ruft der täuschende Vertragspartner einen Irrtum bei seinem Gegenüber – beispielsweise durch Lügen – hervor. Aber auch das bewusste Verschweigen eines für den Vertragspartner wichtigen Umstandes kann ein arglistiges Verhalten darstellen. Bei der Arglist kommt somit ein verwerfliches moralisches Verhalten, ein subjektives Element, zum objektiven Tatbestand hinzu. Ein Anfechtungsgrund liegt auch dann vor, wenn die arglistige Täuschung sich auf den Wert des Vertragsgegenstandes oder das Motiv des Vertragsabschlusses bezieht. 232

Die Voraussetzungen des *dol* sind somit erfüllt, wenn der Vertragspartner oder sein Vertreter (Art. 1138 C. civ.) auf der subjektiven Ebene arglistig (*intentionnel*) gehandelt und objektiv die Willenserklärung des anderen durch Lügen, Betrugsmanöver (*manœuvres*) oder absichtlicher Verschleierung von für den Vertragsschluss wichtigen Informationen (*dissimulation intentionnelle*) veranlasst hat (Art. 1137 Abs. 1 C. civ.). 233

Ein weiterer *vice du consentement* ist die **Drohung** (*violence*). Die Drohung ist Gegenstand der Art. 1140 bis Art. 1143 C. civ. Art. 1140 C. civ. lautet wie folgt : « *Il y a violence lorsqu'une partie s'engage sous la contrainte qui lui inspire la crainte d'exposer sa personne, sa fortune ou celles de ses proches à un mal considérable.* ». 234

Bei der Drohung wird auf den Vertragspartner ein derartiger Druck ausgeübt, dass dieser gegen seinen Willen, aus Furcht, den Vertrag abschließt. Das heißt, eines der « *trois principes directeurs* », nämlich das der **Vertragsfreiheit**, wurde ihm genommen. Dieser Druck muss nicht zwingend vom Vertragspartner selbst, sondern kann auch von einem Dritten ausgehen (Art. 1142 C. civ.). Hierbei sieht der französische Gesetzgeber insbe- 235 sondere auch den Fall, dass auf einen Vertragspartner wirtschaftlicher Druck ausgeübt wurde, um den Vertragsschluss herbeizuführen.

236 Somit kann auch der wirtschaftliche Druck (*violence économique*) auf einen Vertragspartner den Tatbestand der Drohung erfüllen. Aus der Rechtsprechung, die diesen Tatsachen bereits in der Vergangenheit Rechnung getragen hat, hat sich daher die heutige Kodifizierung des Art. 1143 C. civ. ergeben, der wie folgt lautet : « *Il y a également violence lorsqu'une partie, abusant de l'état de dépendance dans lequel se trouve son cocontractant à son égard, obtient de lui un engagement qu'il n'aurait pas souscrit en l'absence d'une telle contrainte et en tire un avantage manifestement excessif.* ». Babusiaux und Witz sehen die Ausdehnung auf die sog. « *violence économique* » als fragwürdig an, da durch Art. 1143 C. civ. von einer Drohung bereits dann ausgegangen werden kann, wenn eine Vertragspartei wirtschaftlich besonders von dem Vertrag profitiert.[36]

237 Um nicht vorschnell von einer Drohung zu sprechen, wurde die Formulierung « *avantage manifestement excessif* » aufgenommen. Es bleibt abzuwarten, ob diese Einschränkung ausreicht, um eine übertriebene Anwendung des Tatbestandes *violence* vorzubeugen.

238 Art. 1144 C. civ. ähnelt stark §§ 121 Abs. 1, 124 Abs. 2 BGB. Allerdings ist nach deutschem Rechtsverständnis die Anfechtung ein Gestaltungsrecht, das nicht der Verjährung unterliegt. Art. 1144 C. civ. enthält keine von der allgemeinen Verjährungsfrist abweichende Frist; vielmehr geht aus Art. 1144 C. civ. hervor, dass die Verjährungsfrist (*délai de prescription*) für die Anfechtungsklage im Falle der Nötigung erst dann zu laufen beginnt, wenn diese aufgehört hat und im Falle der arglistigen Täuschung bzw. des Irrtums erst mit deren Entdeckung (zu den Verjährungsfristen im Einzelnen, s. Rn. 306 ff.).

239 Die **Geschäftsfähigkeit** (*capacité*) der Parteien ist in den Art. 1145 ff. C. civ. geregelt. In Art. 1145 Abs. 1 C. civ. heißt es : « *Toute personne physique peut contracter sauf en cas d'incapacité prévue par la loi.* ». Der französische Gesetzgeber geht somit davon aus, dass grundsätzlich jede natürliche Person geschäftsfähig ist; es sei denn aus dem Gesetz ergibt sich etwas Anderes.

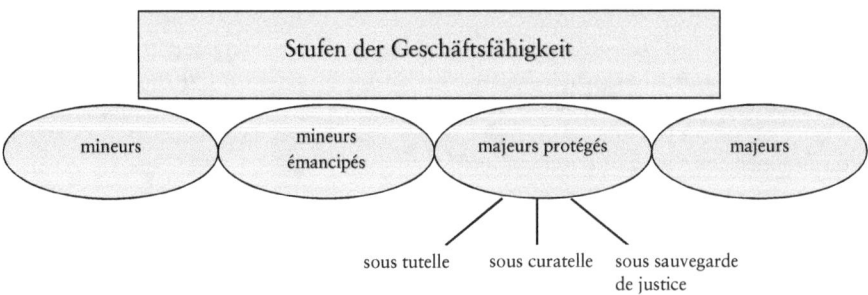

240 Dies gilt zumindest grundsätzlich für diejenigen, die volljährig (*majeur*) sind. Die zivilrechtliche Volljährigkeit in Frankreich erreicht man mit der Vollendung des achtzehnten Lebensjahrs. Dies ergibt sich aus Art. 388 C. civ.

---

36 U. Babusiaux, C. Witz, Das neue französische Vertragsrecht, JZ 2017, S. 496 ff. (501).

B. Zivilrecht

Neu ist nunmehr, dass der französische Gesetzgeber auch die Geschäftsfähigkeit von juristischen Personen in Art. 1145 C. civ. aufgenommen hat. Allerdings wird in der nunmehr vorerst endgültigen Version des zweiten Absatzes des Artikels 1145 C. civ. lapidar auf die einzelnen speziellen gesellschaftsrechtlichen Regelungen verwiesen, so dass die Regelung leider eine inhaltslose ist.

241

Eine solche Ausnahme ergibt sich insbesondere für **Minderjährige**. Nach Art. 388 C. civ. sind Minderjährige Menschen, die das achtzehnte Lebensjahr noch nicht vollendet haben. Solche Minderjährige, auch *mineurs non émancipés* (nicht für volljährig erklärte Minderjährige) genannt, sind nach Art. 1146 n° 1 C. civ. nicht geschäftsfähig. Allerdings darf der Minderjährige, solche Rechtsgeschäfte tätigen, die durch das Gesetz oder die Übung im Rechtsleben als Geschäfte des täglichen Lebens eingestuft werden können. Dies ergibt sich aus Art. 1148 C. civ. Für ein Geschäft des täglichen Lebens (*acte de la vie courante*) spricht zum einen ein geringer Geldbetrag, aber auch die Geläufigkeit des fraglichen Rechtsgeschäfts. So wird z.B. der Kauf von Bleistiften oder von Brot als ein solches Geschäft einzuordnen sein.

242

Fraglich ist, ab wann ein Minderjähriger das Recht hat, solche alltäglichen Geschäfte zu tätigen. Eine aktuelle gesetzliche Regelung sucht man vergebens. Nach dem kanonischen Recht, was oft in der französischen Literatur zitiert wird, erreichen Kinder im Alter von sieben Jahren das Alter der Vernunft (*l'âge de la raison*). Aber auch dieses Alter ist kein fester Richtwert. Einigkeit besteht allenfalls darüber, dass Kinder unter vier Jahren noch nicht in der Lage sind, Geschäfte des täglichen Lebens zu tätigen.[37] Der Richter muss jedoch von Fall zu Fall entscheiden, ob der Minderjährige im konkreten Fall reif genug war (*capable de discernement*), um das Rechtsgeschäft zu tätigen.

243

Das französische Recht kennt zudem den Begriff der *mineurs émancipés*. Das sind Minderjährige, die durch Heirat oder durch Entscheidung des Vormundschaftsgerichts (auf Antrag der Eltern; vorausgesetzt der Minderjährige ist mindestens sechzehn Jahre alt), für volljährig erklärt werden. Ein *mineur émancipé* ist grundsätzlich in Bezug auf die Geschäftsfähigkeit dem Volljährigen gleichgestellt.[38]

244

Volljährige, die ihre Interessen aufgrund geistiger oder körperlicher Einschränkungen, nicht eigenständig wahrnehmen können (*majeurs protégés*), sollen nach Art. 425 C. civ. besonders geschützt werden. Deswegen werden sie in Art. 1146 n° 2 C. civ. als geschäftsunfähig eingestuft. Je nach Schwere der Einschränkungen, werden solche Personen entweder dem Regime der Pflegschaft (*curatelle*) oder dem Regime der Betreuung (*tutelle*) unterstellt. Das Regime der *tutelle* ist das für den Betroffenen einschneidenste Regime, da der Vormund/Betreuer (*tuteur*) grundsätzlich die Aufgaben eines gesetzlichen Vertreters übernimmt. Das heißt ein Volljähriger, der einem *tuteur* untersteht, ist grundsätzlich von der Teilnahme am Rechtsverkehr ausgeschlossen. Die Erledigung von Rechtsgeschäften übernimmt vielmehr der *tuteur*. So lautet der erste Absatz von Art. 473 C. civ. : « *Sous réserve des cas où la loi ou l'usage autorise la personne en tutelle, à agir elle-même, le tuteur la représente dans tous les actes de la vie civile.* ». Der zuständige Richter kann allerdings für bestimmte Rechtsgeschäfte

245

---

37 S. hierzu im Einzelnen P. Malaurie, L. Aynès, Les personnes – les incapacités, 3. Aufl., Defrénois, Paris 2007, Rn. 604.
38 Einschränkungen gibt es beispielsweise was die Erlangung der Kaufmannseigenschaft anbelangt; s. Art. 413–8 C. civ.

vorsehen, dass der unter Betreuung stehende Volljährige bestimmte Rechtsgeschäfte alleine oder mit Beistand seines Betreuers vornehmen kann (Art. 473 Abs. 2 C. civ.).

246 Anders sieht es bei Personen aus, denen kein *tuteur*, sondern lediglich ein *curateur* zur Seite gestellt wird. Hier wird dem Volljährigen lediglich eine Person zur Seite gestellt, die ihm bei der Teilhabe am Rechtsleben hilft. Allerdings benötigen auch solche Personen bei bestimmten Rechtsgeschäften die Zustimmung des *curateur*; s. Art. 467 C. civ.

247 Zudem kennt das französische Recht noch die *sauvegarde de justice* (Schutz durch die Justiz). Dies sind Personen, die vorübergehend besonders geschützt werden sollen. Sie können weiterhin eigenständig Verträge abschließen, aber die Verträge können nachträglich für nichtig erklärt werden, wenn sie beispielsweise die geschützte Person unangemessen benachteiligt haben (s. im Einzelnen Art. 435 C. civ.).

248 Unabhängig von dem Grad der Beschränkung des Volljährigen an der Teilhabe am Rechtsverkehr, können alle Volljährige, die unter dem Schutz des Art. 425 C. civ. stehen, Rechtsgeschäfte des täglichen Lebens ohne fremde Hilfe abschließen (s. Art. 1148 C. civ.).[39]

249 Fragen der Geschäftsfähigkeit beziehungsweise der Tatsache, ob man zum Zeitpunkt des Vertragsschlusses « *saint d'esprit* » war, beziehen sich auf die eigenen Fähigkeiten, einen Vertrag schließen zu können. Häufig stellt sich aber auch die Frage, ob man die Befugnis hat, Verträge für andere schließen zu können.

Vertretung

Vertreter

Vollmacht   Rechtsgeschäft im Namen des Vertrenen

Vertretener   Dritter

250 Personen handeln nicht immer selbst, sondern lassen sich in bestimmten Situationen vertreten. Dies ist juristischer Alltag. Der französische Gesetzgeber hat nunmehr der Vertretung (*représentation*) einen eigenen Abschnitt in den Art. 1153 bis 1161 C. civ. gewidmet. Unter Vertretung versteht man, dass der Vertreter (*le représentant*) für eine andere Person, nämlich dem Vertretenen (*le représenté*), aufgrund einer von ihm verliehenen **Vertretungsmacht** (*pouvoir*) ein **Rechtsgeschäft** (*acte juridique*) mit einem Dritten (*le tiers*) abschließt.

251 Die Vertragungsmacht kann dem Vertreter durch Vertrag (*représentation contractuelle*), durch Gesetz (*représentation légale*) oder durch gerichtliche Entscheidung (*représentation judiciaire*) verliehen werden.

---

39 Bezüglich des Beginns der Verjährung ist hier Art. 1152 C. civ. zu beachten.

B. Zivilrecht

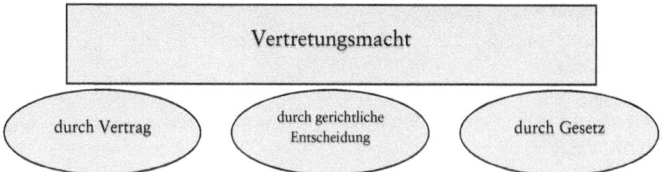

252 Der Vertreter darf selbstverständlich nur innerhalb der ihm verliehenen Vertretungsmacht (*pouvoir*) agieren. Eine große Rolle spielt die Vertretung, wenn es um die Teilnahme am Rechtsverkehr von Geschäftsunfähigen (Minderjährige, unter Betreuung stehende Volljährige etc) geht. Auch juristische Personen (*personnes morales*) bedürfen eines oder mehrerer Vertreter, um am Geschäfts- und Rechtsleben teilzunehmen. Nicht zu vergessen ist zudem die Bedeutung, welche die Vertretung im Alltag spielt. Beispiel: Herr Dupont erteilt Frau Bréant Vollmacht, um für ihn einen Vertrag abzuschließen.

253 Im französischen Recht unterscheidet man zwischen der *représentation parfaite* (vollkommene Vertretung) und der *représentation imparfaite* (unvollkommene Vertretung). Die *représentation parfaite* ist das, was man im deutschen Recht als Vertretung (geregelt in den §§ 164 ff. BGB) bezeichnen würde: Der Vertreter schließt im Rahmen seiner Vertretungsmacht für den Vertretenen ein Rechtsgeschäft ab. Die *représentation parfaite* ist in Art. 1154 Abs. 1 C. civ. geregelt.

254 In Art. 1154 Abs. 2 C. civ. geht es um die sog. *représentation imparfaite*. Sie betrifft den Fall, dass der Vertreter gegenüber dem Dritten als Vertreter auftritt, aber de facto für sich selbst kontrahiert. Häufig wird hier der Tatbestand der *simulation*, des **Scheingeschäftes**, erfüllt sein (s. hierzu im Einzelnen Art. 1201 C. civ.).

255 Im Fall der *représentation parfaite* hingegen wirkt die für den Vertretenen abgegebene Willenserklärung für und gegen den Vertretenen. Anders ausgedrückt der Vertretene wird so behandelt als hätte er selbst die Willenserklärung abgegeben. So lautet Art. 1154 Abs. 1 C. civ., der stark an § 164 BGB erinnert, wie folgt: « *Lorsque le représentant agit dans la limite de ses pouvoirs au nom et pour le compte du représenté, celui-ci est seul tenu de l'engagement ainsi contracté.* ». Bei der *représentation imparfaite* wird hingegen nur der Vertreter und nicht der Vertretene verpflichtet (Art. 1154 Abs. 2 C. civ.).

256 Grundsätzlich bedarf es für die wirksame Erteilung einer Vollmacht nicht der Einhaltung einer speziellen Form. Sollte der Dritte jedoch Zweifel an dem Bestehen oder dem Umfang der Vollmacht des Vertreters haben, ist er laut Art. 1158 C. civ. befugt, den Vertretenen schriftlich aufzufordern, ihm innerhalb einer bestimmten Frist mitzuteilen, ob der Vertreter bevollmächtigt ist, das fragliche Rechtsgeschäft für ihn zu schließen. Antwortet der Vertretene innerhalb dieser Frist nicht, so kann der Dritte davon ausgehen, dass der Vertreter Vertretungsmacht hat. Dieses Vorgehen wird als *action interrogatoire* bezeichnet.

257 Der neue Art. 1161 C. civ. Verbietet nicht nur das **Insichgeschäft**, sondern auch die Vertretung von mehreren Personen im Falle eines Interessenskonflikts.[40]

---

40 Art. 1161 Abs. 1 C. civ. : « *En matière de représentation des personnes physiques, un représentant ne peut agir pour le compte de plusieurs personnes en opposition d'intérêts ni contracter pour son propre compte avec le représenté.* ».

Weiterführende Literatur :

P. *Malaurie*, Droit des personnes (La protection des mineurs et des majeurs), 11. Aufl., L.G.D.J., Paris 2020

C. *Renault-Brahinsky*, Droit des personnes et de la famille, 18. Aufl., Gaulino, Paris 2021

P. *Voirin*, G. *Goubeaux*, Droit civil – Band 1, Introduction au droit : personnes, famille etc., 41. Aufl., L.G.D.J., Paris 2021

e) Rechtmäßiger und bestimmter Vertragsinhalt

258 Der Vertragsinhalt muss, um **rechtmäßig** zu sein, dem französischen *ordre public* entsprechen (Art. 1162 C. civ.). Der *ordre public* ist nach französischem Verständnis allerdings bereits dann verletzt, wenn gegen zwingende Vorschriften verstoßen wird. Eine Unterscheidung zwischen *ordre public* und zwingenden Vorschriften wird im französischen Zivilrecht nicht getroffen.

259 Das französische Recht ist wie das deutsche Recht vom **Grundsatz der Vertragsfreiheit** (nunmehr sogar ein *principe directeur,* welches im *Code civil* ausdrücklich erwähnt wird!) geprägt, enthält **aber eine Vielzahl von zwingenden Vorschriften;** namentlich durch das Verbraucherrecht, welches **im** *Code de la consommation* kodifiziert ist. Das französische Verbraucherrecht geht vor allem auf die zwei « *lois Scrivener* » aus den Jahren 1978 und 1979 zurück. Heute sind es vor allen Dingen die Europäischen Richtlinien (*directives européennes*), die das französische Verbraucherrecht kennzeichnen. Klauseln sind nach Art. L. 212–1 C. cons. missbräuchlich, wenn sie den Verbraucher unangemessen benachteiligen (*créer un déséquilibre significatif*). Diese Vorschrift ist eine *ordre public* Vorschrift. Nach Art. L. 212–2 C. cons. gilt Art. L. 212–1 C. cons. auch für Verträge die zwischen Unternehmer (*professionnels*) und zwischen *non-professionnels* geschlossen werden.

260 Der Inhalt des Vertrages macht den Vertrag aus. Er bestimmt was die eine Vertragspartei der anderen schuldet: « *Qu'est-ce qui est dû (quid debetur)* »? Auf der einen Seite werden regelmäßig Sachen (*biens*) – bewegliche (*meubles*) oder unbewegliche (*immeubles*) – bzw. Rechte (*droits*) und auf der anderen Seite, soweit es sich um gegenseitige Verträge handelt, häufig Geld geschuldet.

261 Wichtig ist, dass **der Vertragsgegenstand bei Vertragsschluss bereits bestimmt** (*déterminé*) **oder** zumindest **bestimmbar** (*déterminable*) ist. Das Haus, das Auto, die Schuhe etc. müssen bestimmte Schuhe und nicht irgendwelche Schuhe sein. Das gleiche gilt für Rechte: Sind Forderungen Gegenstand eines Kaufvertrages, muss genau festgehalten werden, um welche Forderungen es sich handelt (wer ist der Schuldner, auf welche Summe belaufen sich die Forderungen im Einzelnen, weshalb existieren diese Forderungen etc.). Art. 1163 Abs. 2 C. civ. umfasst aber auch den Preis.

262 Manchmal ist es bei Vertragsschluss noch nicht möglich, den Vertragsinhalt zu bestimmen. In diesen Fällen müssen bei Vertragsschluss bereits ausreichende Merkmale festgelegt sein, damit zum Zeitpunkt der Vertragserfüllung feststeht, was der Schuldner dem Gläubiger schuldet. D.h. die **Bestimmtheit des Vertragsinhaltes** muss **spätestens im Moment** der **Vertragserfüllung** gegeben sein. Dies ist beispielsweise dann gegeben, wenn im Vertrag festgehalten wird, dass Vertragsgegenstand alle Forderungen sein sollen, die der Schuldner zu einem bei Vertragsschluss im Vertrag bestimmten Zeitpunkt gegen eine bestimmte Person hat.

B. Zivilrecht

Grundsätzlich muss die im Vertrag bestimmte Sache bei Vertragsschluss noch nicht existieren, sondern kann auch erst zu einem späteren Zeitpunkt hergestellt werden – beispielsweise der noch zu produzierende Neuwagen einer bestimmten Automarke. 263

Dies alles ergibt sich aus Art. 1163 C. civ., der wie folgt lautet: « *L'obligation a pour objet une prestation présente ou futur (al.1). Celle-ci doit être possible et déterminée ou déterminable (al.2). La prestation est déterminable lorsqu'elle peut être déduite du contrat ou par référence aux usages ou aux relations antérieures des parties, sans qu'un nouvel accord des parties soit nécessaire (al.3).* ». Die Art. 1164 und 1165 C. civ. listen Ausnahmetatbestände zu Art. 1163 Abs. C. civ. für Rahmenverträge und Dienstverträge auf. 264

In Art. 1168 C. civ. wird das aufgegriffen, was man unter dem alten französischen Vertragsrecht (vor der Reform war dies der Art. 1118 C. civ.) als *lésion* verstanden hat. Hierunter versteht man das sich aus einem Vertrag ergebende Ungleichgewicht der Leistungen. Dieses Ungleichgewicht führt nicht zwingend zur Nichtigkeit des Vertrages. In Formularverträgen (*contrats d'adhésion*) wird allerdings auch das massive Ungleichgewicht zwischen den von den Parteien zu erbringenden Leistungen und Pflichten mit der Nichtigkeit der entsprechenden Klauseln sanktioniert. Dies ergibt sich aus Art. 1171 C. civ. 265

Art. 1169 C. civ. regelt die Nichtigkeit von entgeltlichen Verträgen: Danach sind alle entgeltlichen Verträge, also in der Regel synallagmatische Verträge, nichtig, wenn die Gegenleistung nicht eine tatsächliche Leistung darstellt, sondern lediglich als *illusoire* oder *dérisoire* zu betrachten ist. Zudem sind Vertragsklauseln nichtig, die die Leistung des Schuldners „aushöhlen", also das Wesen und damit die für die Vertragsparteien sich aus dem Vertrag ergebenden wesentlichen Rechte in Frage stellen. Dies ergibt sich aus Art. 1170 C. civ., der wie folgt lautet: « *Toute clause qui prive de sa substance l'obligation essentielle du débiteur est réputée non écrite.* » 266

Für die Wirksamkeit des Vertragsinhalts bedarf es manchmal der Einhaltung einer bestimmten **Form**. Auch wenn wie im deutschen Recht in Frankreich das **Prinzip der Formfreiheit** (*principe du consensualisme*) als Unterpunkt des in Art. 1102 C. civ. niedergeschriebenen Leitsatzes der Vertragsfreiheit gilt, gibt es trotzdem eine Reihe von Formvorschriften. Das Prinzip der Formfreiheit wird in aller Deutlichkeit durch den ersten Absatz von Art. 1172 C. civ. festgehalten: « *Les contrats sont par principe consensuels.* ». Das bedeutet, Verträge bedürfen um wirksam zu sein, grundsätzlich nicht der Einhaltung einer bestimmten Form, sondern können mündlich oder sogar konkludent geschlossen werden. 267

Trotz des *principe du consensualisme*[41] ist das französische Recht durch **viele Formvorschriften, die vor allem im Verbraucherrecht** wiederzufinden sind, gekennzeichnet. Von großer Bedeutung ist im französischen Recht, sich bei Formvorschriften stets zu vergewissern, ob sich diese auf die Wirksamkeit des Vertrages (*validité du contrat*) oder lediglich auf die Beweisbarkeit (*aux fins de preuve*) oder auf die Möglichkeit, Dritten den Vertrag entgegenzuhalten (*opposabilité aux tiers*) beziehen. In diesem Sinne normiert Art. 1173 C. civ.: « *Les formes exigées aux fins de preuve ou d'opposabilité sont sans effet sur la validité des contrats.* ». Auf die im *Code civil* enthaltenen Beweisvorschriften wird noch im Einzelnen eingegangen (s. Rn. 311 ff.). 268

---

41 Art. 1172 Abs. 1 C. civ.: « *Les contrats sont par principe consensuels.* ».

269 Allerdings sieht auch der französische Gesetzgeber Fälle vor, in denen eine bestimmte Form eingehalten werden muss, damit der Vertrag wirksam ist: So muss beispielsweise ein Ehevertrag (*contrat de mariage*) von einem Notar beurkundet (*acte authentique*) werden. Dies ergibt sich aus Art. 1394 C. civ. Die notarielle Form ist die höchste und die kostspieligste Formvoraussetzung. Der *acte authentique* oder *acte notarié*, der der Einschaltung eines Notars bedarf, soll die Parteien über die Tragweite ihrer Entscheidung aufklären.

270 Neben der notariellen Form sind insbesondere noch die **Schriftform** (*acte sous signature privée*) zu erwähnen. Die Schriftform kann grundsätzlich durch die elektronische Form (*écrit électronique*) ersetzt werden (Art. 1174 bis 1177 C. civ.). In Familien- oder Erbsachen kann die Schriftform jedoch nicht durch die elektronische Form ersetzt werden. Weitere Ausnahmen enthält Art. 1175 C. civ. Wichtig ist, dass die elektronische Form an Klarheit nicht hinter der klassischen Schriftform steht. So formuliert Art. 1176 C. civ.: « *Lorsque l'écrit sur papier est soumis à des conditions particulières de lisibilité ou de présentation, l'écrit électronique doit répondre à des exigences équivalentes.* ».

271 Für die Einhaltung der Schriftform ist regelmäßig lediglich erforderlich, dass beide Parteien den Vertrag unterzeichnen. So normiert Art. 1372 C. civ.: « *L'acte sous signature privée, reconnue par la partie à laquelle on l'oppose ou légalement tenu pour reconnu à son égard, fait foi entre ceux qui l'ont souscrit et à l'égard de leurs héritiers et ayants cause.* ». Auch die notarielle Form (*acte authentique*) kann durch die elektronische Form grundsätzlich ersetzt werden; s. hierzu Art. 1369 Abs. 2 C. civ. Die Vorschriften zum *acte authentique* finden sich in den Art. 1369 ff. C. civ.

272 Häufig wird die Schriftform vorgeschrieben, um die schwächere Partei zu schützen, um sie vor einer unüberlegten Handlung zu warnen. Um diese Warnfunktion zu untermauern, bedient sich der französische Gesetzgeber gerne der sogenannten **mention manuscrite** (handschriftliche Anmerkung). Ein Formerfordernis, das dem deutschen Recht unbekannt ist.

273 Das folgende Beispiel soll die Warnfunktion der *mention manuscrite* verdeutlichen: Verbürgt sich eine natürliche Person (*personne physique*), bedarf der Bürgschaftsvertrag (*contrat de cautionnement*) gem. Art. 2297 Abs. 1 C. civ. der *mention manuscrite*. So lautet Art. 2297 Abs. 1 C. civ. : « *A peine de nullité de son engagement, la caution personne physique appose elle-même la mention qu'elle s'engage en qualité de caution à payer au créancier ce que lui doit le débiteur en cas de défaillance de celui-ci, dans la limite d'un montant en principal et accessoires exprimé en toutes lettres et en chiffres. En cas de différence, le cautionnement vaut pour la somme écrite en toutes lettres.* ».

274 Neben der *mention manuscrite* kennt das französische Zivilrecht noch zahlreiche weitere Formerfordernisse, wie beispielsweise das Erfordernis, dass der Verbraucher (*consommateur*) durch **vorvertragliche Informationen** (*obligations précontractuelles d'information*) mittels leserlicher und verständlicher Klauseln über den Vertragsinhalt aufgeklärt werden muss (s. im Einzelnen Art. L. 111–1 C. cons.).

275 Für die Einhaltung der Schriftform ist es unerheblich, mit welchem Schreibgerät unterschrieben wird. Auch die Benutzung eines Bleistifts ist grundsätzlich möglich.[42] Verträge, die formbedürftig sind, werden im französischen Recht als *actes solonnels*

---

42 Cass. civ., 15.10.2014, n° de pourvoi 13–13890.

bezeichnet. Wird die vorgeschriebene Form von den Vertragsparteien nicht eingehalten, so ist der Vertrag regelmäßig nichtig (Art. 1172 Abs. 2 C. civ.).

Formvorschriften sind im französischen Recht nicht immer eine Wirksamkeitsvoraussetzung für das Zustandekommen des Vertrages, aber häufig eine Voraussetzung für die **Beweisführung** *(preuve)*; s. hierzu Art. 1173 C. civ., der wie folgt lautet: « *Les formes exigées aux fins de preuve ou d'opposabilité sont sans effet sur la validité des contrats.* ». So normiert beispielsweise Art. 1359 Abs. 1 C. civ., dass, wenn ein Rechtsgeschäft die durch Dekret bestimmte Summe (derzeit 1.500 EUR) überschreitet, der Nachweis des Rechtsgeschäftes durch Einhaltung der Schriftform erfolgen muss.

276

Art. 1178 C. civ. sieht vor, dass ein Vertrag, der nicht die vorgeschriebenen Wirksamkeitsvoraussetzungen erfüllt, nichtig ist. Art. 1179 C. civ. unterscheidet hierbei die absolute Nichtigkeit (*nullité absolue*) von der relativen Nichtigkeit (*nullité relative*). Steht die Verletzung des Gemeinwohls auf dem Spiel, so handelt es sich um eine absolute Nichtigkeit; geht es lediglich um Parteiinteressen, so ist die Nichtigkeit eine relative. Folgerichtig kann die absolute Nichtigkeit von jedem, der ein berechtigtes Interesse nachweist als auch vom *ministère public* (Staatsanwaltschaft) geltend gemacht werden (Art. 1180 C. civ.); die relative Nichtigkeit dagegen nur von der verletzten Partei (Art. 1181 C. civ.).

277

Fällt nachträglich eine Wirksamkeitsvoraussetzung des Vertrages weg, beispielsweise weil der Schiedsrichter, mit welchem eine Schiedsgerichtsvereinbarung (*convention d'arbitrage*) geschlossen wurde, verstorben ist[43], so wird der ursprünglich wirksam geschlossene Vertrag unwirksam. Durch die Reform des Vertragsrechts wurde die bereits seit langem in der Rechtsprechung vorgenommene Praxis in den Art. 1186, 1187 C. civ. kodifiziert. So lautet Art. 1186 Abs. 1 C. civ.: « *Un contrat valablement formé devient caduc si l'un de ses éléments essentiels disparaît.* ».

278

4. Vertragsauslegung

Der Vertrag bestimmt sich grundsätzlich nach dem Willen der Vertragsparteien. Dies ergibt sich aus dem Grundsatz der Vertragsfreiheit. Eine Vertragsauslegung (*interprétation du contrat*) darf nicht vorgenommen werden, wenn die **Vertragsklauseln sowohl eindeutig als auch präzise** formuliert wurden (Art. 1192 C. civ.) und folglich kein Interpretationsspielraum besteht. So lautet Art. 1192 C. civ.: « *On ne peut interpréter les clauses claires et précises à peine de dénaturation.* ».

279

Manchmal drücken sich die Parteien jedoch nicht eindeutig aus, so dass es der **Auslegung** der jeweiligen Willenserklärungen durch den Richter bedarf. Die Vorschriften hierzu sind in der neuen Fassung des *Code civil* die Art. 1188 bis 1192 C. civ. Auch der neue Art. 1188 C. civ. stellt den **übereinstimmenden Parteiwillen** in das Zentrum der Vertragsauslegung: « *Le contrat s'interprète d'après la commune intention des parties plutôt qu'en s'arrêtant au sens littéral des termes. …* ».

280

Nicht das wörtliche Verständnis ist somit entscheidend, sondern vielmehr die Intention, die Absicht der Vertragsparteien. Lässt sich diese Absicht nicht ermitteln, wird nunmehr als Maßstab eine « *personne raisonnable placée dans la même situation* » zugrunde gelegt. Es wird folglich gefragt, welchen Inhalt eine „vernünftige Person" dem konkreten Vertrag zugeschrieben hätte.

281

---

43 Cass. civ. II, 23.5.1973, n° de pourvoi 72–11981.

282 In Art. 1189 C. civ. wird wie vormals im alten Art. 1162 C. civ. festgehalten, dass einzelne Vertragsklauseln im Sinne des „Geistes des Vertrages" auszulegen sind; was eine Selbstverständlichkeit sein dürfte.[44] Schließlich wird in Art. 1190 C. civ. die Auslegung vom Typus des Vertrages abhängig gemacht: Bei frei ausgehandelten Verträgen (*contrats de gré à gré*) wird eine Auslegung zulasten des Gläubigers (*créancier*) vorgenommen; bei Formularverträgen (*contrats d'adhésion*) wird eine Auslegung zulasten des Verwenders durchgeführt.[45]

5. Rechtswirkungen des Vertrags

283 Die **Rechtswirkungen** des Vertrages (*effets du contrat*) sind nunmehr in den Art. 1193 bis Art. 1231-7 C. civ. geregelt. Klassischerweise unterscheidet man die Rechtswirkungen zwischen den Parteien (*effets du contrat entre les parties*) von den Rechtswirkungen im Hinblick auf Dritte (*effets du contrat à l'égard des tiers*). Ersteres ist in den Art. 1193 bis 1198 C. civ. geregelt; letzteres in den Art. 1199 bis 1209 C. civ.

284 Wie auch im deutschen Recht gilt der Rechtsgrundsatz: **pacta sunt servanda**, was übersetzt so viel heißt wie „Verträge sind einzuhalten". Deswegen können Verträge auch nur in Übereinstimmung mit allen Vertragsparteien oder wenn das Gesetz dies vorsieht geändert werden (s. Art. 1193 C. civ.). Art. 1193 C. civ. lautet wie folgt: « *Les contrats ne peuvent être modifiés ou révoqués que du consentement mutuel des parties ou pour les causes que la loi autorise.* ».

a) Rechtswirkungen zwischen den Vertragsparteien

285 Grundsätzlich betrifft ein Vertrag nur die Vertragsparteien und nicht Dritte. Art. 1199 Abs. 1 C. civ. formuliert dies auch in großer Klarheit: « *Le contrat ne crée d'obligations qu'entre les parties.* ». Diese Tatsache ist auch nicht verwunderlich, da lediglich die Vertragsparteien selbst sich im Vertrag verpflichtet haben. Allerdings gibt es hiervon in engen Grenzen Ausnahmen, auf die im Folgenden noch eingegangen wird.

286 Die durch den Vertrag übernommenen Verpflichtungen durch die Vertragsparteien vergleicht der französische Gesetzgeber in Art. 1103 C. civ. mit Verpflichtungen, die sich aus dem Gesetz selbst ergeben: « *Les contrats légalement formé tiennent lieu de loi.* ». Dass diese Verpflichtungen allerdings nur die Vertragsparteien selbst betreffen, bezeichnet man im französischen Recht als « *effet relatif du contrat* ».

b) Rechtswirkungen im Hinblick auf Dritte

287 Auch wenn ein Vertrag grundsätzlich für Dritte keine rechtlichen Folgen entfaltet, so kann sich auch ein Dritter mit dem Vertragsinhalt konfrontiert sehen. Im französischen Recht bezeichnet man dies als « *opposabilité du contrat aux tiers* ». Dies wird von Art. 1200 C. civ. wie folgt festgehalten: « *Les tiers doivent respecter la situation juridique créée par le contrat (al. 1). Ils peuvent s'en prévaloir notamment pour apporter la preuve d'un fait (al. 2).* ».

288 Die französische Rechtsprechung führt schon seit Jahren aus, dass « *toute personne qui, avec connaissance, aide autrui à enfreindre les obligations contractuelles pesant*

---

44 Art. 1189 Abs. 1 C. civ.: « *Toutes les clauses d'un contrat s'interprètent les unes par rapport aux autres, en donnant à chacune le sens qui respecte la cohérence de l'acte tout entier.* ».

45 Art. 1190 C. civ.: « *Dans le doute, le contrat de gré à gré s'interprète contre le créancier et en faveur du débiteur, et le contrat d'adhésion contre celui qui l'a proposé.* ».

sur lui, commet une faute délictuelle à l'égard de la victime de l'infraction. ».⁴⁶
Das heißt, wenn ein Dritter wissentlich einer Vertragspartei beim Vertragsbruch hilft, macht sich dieser gegenüber der betroffenen Vertragspartei haftbar.

c) Vertrag zugunsten Dritter

Von der *opposablité du contrat aux tiers* ist die sog. ***stipulation pour autrui***, Vertrag zugunsten Dritter, zu unterscheiden. Hierunter versteht man einen Vertrag, in welchem der Versprechende (*promettant*) zugunsten eines Dritten (*bénéficiaire*) eine Leistung verspricht (Art. 1205 C. civ.). Der Dritte, der *bénéficiaire*, profitiert vom Vertrag, obwohl er nicht Vertragspartei ist. 289

Zudem gibt es im französischen Recht die ***promesse de porte-fort*** (Art. 1204 C. civ.). Hier gibt der *porte-fort* das Versprechen ab, dass ein Dritter sein Einverständnis zu einer rechtlichen Handlung erteilen wird. **Beispiel:** Antoine Braganti gibt das Versprechen gegenüber seinem Vertragspartner ab, dass seine Ehefrau dem Verkauf des Hauses zustimmen wird. 290

d) Abtretung

Nach der Reform wurde erstmals die **Abtretung** (*cession*) im *Code civil* geregelt. Die Art. 1216 ff. C. civ. normieren jedoch nicht die Forderungsabtretung (*cession de créances*), sondern vielmehr die „Vertragsabtretung" (*la cession de contrat*). Hier tritt der Zedent (*le cédant*) alle Rechte und Pflichten aus dem Vertrag an den Zessionär (*cessionaire*) ab. Der Vertragspartner (*le cocontractant, le cédé*) muss der Abtretung zustimmen. So lautet Art. 1216 Abs. 1 C. civ.: « *Un contractant, le cédant, peut céder sa qualité de partie au contrat à un tiers, le cessionaire, avec l'accord de son cocontractant, le cédé.* ». Die *cession de contrat* muss **schriftlich** (*par écrit*) festgehalten werden (Art. 1216 Abs. 3 C. civ.). 291

6. Nichterfüllung / Schlechterfüllung

Die **Nichterfüllung des Vertrages** (*inexécution du contrat*) ist nunmehr kompakt in den Art. 1217 bis Art. 1231-7 C. civ. geregelt. Vor der Reform waren die einschlägigen Vorschriften im *Code civil* zerstreut. 292

Vorwegzunehmen und klarzustellen ist, dass Art. 1217 C. civ. nicht nur von der Nicht-, sondern auch von der **Schlechterfüllung** (*mauvaise exécution*) spricht: « *La partie envers laquelle l'engagement n'a pas été exécuté, **ou l'a été imparfaitement**, peut …* ». Die Konsequenzen, ob nicht oder schlecht erfüllt wurde, sind somit auch die gleichen und werden in Art. 1217 C. civ. aufgelistet. 293

Diese sind

- das Recht des anderen Vertragspartners seinen eigenen Vertragspflichten nicht mehr (dauerhaft oder für eine gewisse Zeit) nachzukommen (Einrede des nichterfüllten Vertrags);
- die vertragsbrüchige Partei durch Zwangsvollstreckung (*exécution forcée*) zur Erfüllung zu bewegen;
- Minderung (*réduction du prix*) zu verlangen;

---

46 Ch. com., 11.10.1971, n° de pourvoi 70-11892.

- die Vertragsaufhebung (*résolution du contrat*) zu begehren oder
- Schadensersatz (*dommages et intérêts*) zu verlangen.

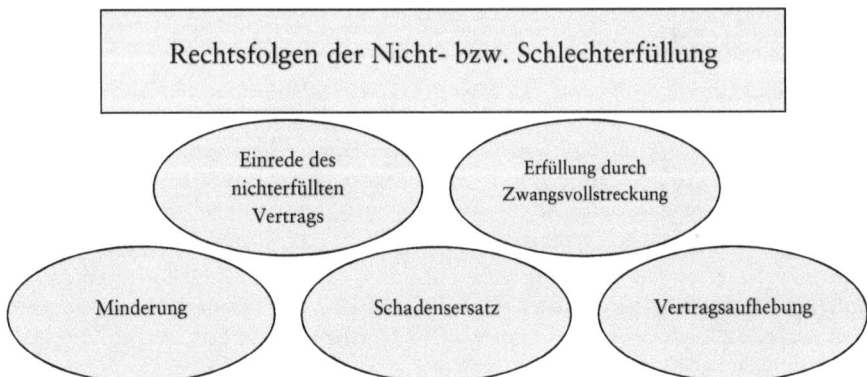

294 Diese aufgelisteten Rechte können, soweit dies ihrer Natur nach möglich ist, kumulativ geltend gemacht werden. Auch dies stellt Art. 1217 C. civ. ausdrücklich fest.

295 Beruht die Nichterfüllung auf einem Umstand der auf höhere Gewalt (*force majeure*) zurückzuführen ist, dann ist der Vertrag regelmäßig von Gesetzes wegen aufgehoben (*résolution de plein droit*). Das heißt, die Vertragsparteien sind von ihren Verpflichtungen aus dem Vertrag vollständig befreit. Etwas anderes gilt allerdings, wenn die Umstände, die die Nichterfüllung zur Folge haben, nicht von Dauer sind. Sie hierzu im Einzelnen Art. 1218 C. civ.

a) Einrede des nichterfüllten Vertrags

296 Im Falle der Nichterfüllung steht der anderen Partei, wie auch im deutschen Recht, die **Einrede des nichterfüllten Vertrags** (*exception de l'inexécution*) zu. Allerdings nur dann, wenn die Nichterfüllung als ausreichend schwerwiegend bezeichnet werden kann (s. im Einzelnen Art. 1219 C. civ.). Diese Einrede kann bereits dann geltend gemacht werden, wenn vorhersehbar ist, dass der Vertragspartner nicht erfüllen wird. Dies ergibt sich aus Art. 1220 C. civ.

b) Erfüllung durch Zwangsvollstreckung

297 Der Gläubiger hat das Recht, die Erfüllung des Schuldners durch Zwangsvollstreckung (*exécution forcée*) zu erreichen. Dieses Recht ergibt sich aus den Art. 1221 f. C. civ. Es ist allerdings ausgeschlossen, wenn Unmöglichkeit vorliegt oder wenn der Erfolg für den Gläubiger auf der einen Seite und die Kosten der **Zwangsvollstreckung** für den Schuldner auf der anderen Seite offensichtlich unverhältnismäßig (*disproportion manifeste*) sind.

c) Minderung

298 Art. 1223 C. civ. unterscheidet zwischen zwei Fällen, nämlich dem Fall, dass der Gläubiger (*créancier*) bereits bezahlt und dem Fall, dass der Gläubiger noch nicht oder unvollständig bezahlt hat. Im ersten Fall muss der Gläubiger die **Minderung**

(*réduction du prix*) einklagen, falls die Vertragsparteien sich nicht über das „ob" und „wie" der Kaufpreisherabsetzung einig werden sollten (s. Art. 1223 Abs. 2 C. civ.). Im zweiten Fall kann der Gläubiger nach vorheriger Inverzugsetzung des Schuldners (*mise en demeure du débiteur*) demselben mitteilen und zwar unverzüglich (*dans les meilleurs délais*), dass er nunmehr den Preis um den Betrag X herabsetzen möchte. Die Preisminderung muss eine proportionale sein.

Die Minderung ist somit nicht wie im deutschen Recht stets ein einseitiges Rechtsgeschäft, das keinerlei Mitwirkung des Schuldners bedarf.

d) Vertragsaufhebung

Deutsche Juristen wären geneigt, dieses Recht als Rücktritt zu bezeichnen. Nachstehend soll jedoch der Terminus Vertragsaufhebung (*résolution du contrat*) verwandt werden. Dass die Vertragsaufhebung einseitig von einer Vertragspartei erklärt werden kann, ist im französischen Zivilrecht neu. Die **Vertragsaufhebung** unterscheidet sich allerdings nicht nur namentlich vom deutschen Recht, sondern auch in der Sache selbst. So gibt es gem. Art. 1224 C. civ. drei verschiedene Arten die Vertragsaufhebung herbeizuführen:

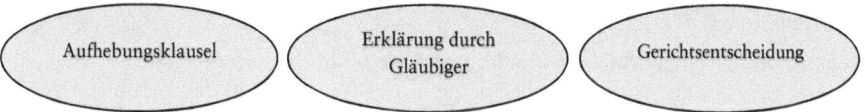

Aufhebungsklauseln (*clause résolutoire*) – im deutschen Recht würde man Rücktrittsklauseln sagen – werden häufig vertraglich vereinbart. In Art. 1225 C. civ. wird im ersten Absatz hervorgehoben, dass sich aus der Formulierung der Vertragsklausel selbst ergibt, wann der Vertrag als aufgelöst gilt. Deswegen verwundert es, dass in Absatz 2 desselben Artikels für die wirksame Auflösung des Vertrages eine vorherige fruchtlose gebliebene Inverzugssetzung (*mise en demeure infructueuse*) erforderlich ist. Will man diesen zusätzlichen Schritt vermeiden, so muss die Aufhebungsklausel derart formuliert sein, dass sich aus ihr ergibt, dass die Nicht- bzw. Schlechterfüllung für die Aufhebung des Vertrags ausreichend ist. Dies geht aus Art. 1225 Abs. 2 C. civ. hervor.

Art. 1226 C. civ regelt die **Anzeige der Vertragsaufhebung durch den Gläubiger** (*notification du créancier au débiteur*). Die Vorschrift erinnert an den deutschen gesetzlichen Rücktritt gem. § 323 BGB. Der Gläubiger (*créancier*) kann nach Setzung einer erfolglosen angemessenen Frist (*délai raisonnable*) gegenüber dem Schuldner (*débiteur*) sich vom Vertrag lösen (s. zu den Voraussetzungen im Einzelnen (Art. 1226 Abs. 2 C. civ.). In der Inverzugsetzung (*mise en demeure*) muss der Gläubiger dem Schuldner mitteilen, dass bei Nichterfüllung innerhalb der gesetzten Frist seitens des Schuldners, er das Recht hat, den Vertrag aufzuheben. In diesem Fall kann der Gläubiger die Vertragsaufhebung erklären (*notifier*), wobei er die Gründe für die Vertragsaufhebung nennen muss. Der Schuldner kann gerichtlich gegen die Vertragsaufhebung vorgehen. In diesem Fall muss der Gläubiger die Schwere der Nichterfüllung beweisen, um nicht gerichtlich zu unterliegen (s. Art. 1226 Abs. 4 C. civ.).

Dem Gläubiger steht es ferner offen, direkt durch **gerichtliche Entscheidung** (*décision de justice*) die Aufhebung des Vertrages zu erreichen. Dies ergibt sich aus den Art. 1127, 1228 C. civ.

304 Die Rechtsfolge der Vertragsaufhebung ist die Beendigung des Vertrages (Art. 1229 C. civ.). So lautet Art. 1229 Abs. 1 C. civ.: « *La résolution met fin au contrat.* ». Die eigentliche Rückabwicklung (*les restitutions*) erfolgt gem. Art. 1229 Abs. 4 C. civ. nach den Art. 1352 – 1352-9 C. civ.

e) Schadensersatz

305 Gem. den Art. 1231 ff. C. civ. kann der Gläubiger zudem vom Schuldner **Schadensersatz** (*dommages et intérêts*) verlangen. Auch hier muss dem Schuldner zuvor regelmäßig eine fruchtlose Frist zur Erfüllung bzw. Nacherfüllung gesetzt worden sein.[47]

7. Verjährung

306 Im französischen Zivilgesetzbuch, das keinen Allgemeinen Teil kennt, ist die Verjährung (*prescription*) in den Art. 2219 ff. C. civ. geregelt und führt anders als im deutschen Recht zum Erlöschen der Schuld. Deswegen spricht man auch von der ***prescription extinctive***.[48] Art. 2219 C. civ. lautet wie folgt: « *La prescription extinctive est un mode d'extinction d'un droit résultant de l'inaction de son titulaire pendant un certain laps de temps.* ». Kurz zusammengefasst heißt dies, dass, wenn der Gläubiger nicht innerhalb einer gewissen Zeit, also während der Verjährungsfrist, sein Recht geltend macht, dieses erlischt.

307 Die regelmäßige **Verjährungsfrist** (*délai de prescription*) beträgt fünf Jahre.[49] Dies geht aus Art. 2224 C. civ. hervor. Sie beginnt mit dem Tag, an dem der Gläubiger (*créancier*) von den Umständen, die ihm die Geltendmachung seines Rechts ermöglichen, Kenntnis erlangt bzw. erlangt haben müsste.

308 In den Art. 2228 bis 2232 C. civ. regelt der Gesetzgeber die Details zur Berechnung der Verjährungsfrist. So führt Art. 2229 C. civ. aus: « *Elle est acquise lorsque le dernier jour du terme est accompli.* ». Somit statuiert Art. 2229 C. civ., dass mit Ablauf des letzten Tages der Verjährungsfrist die Verjährung eintritt. Der Tag des für den Verjährungsbeginn entscheidenden Ereignisses – beispielsweise Rechnungsdatum – wird nach der französischen Rechtsprechung nicht mitgezählt.[50]

309 In den Art. 2233 bis 2246 C. civ. werden die unterschiedlichen Gründe dafür genannt, warum die Verjährungsfrist erst später zu laufen beginnt (***report du point de départ***) bzw. unterbrochen (***suspension de la prescription***) ist. Die Gründe hierfür sind zahlreich: Beispielsweise wird die Verjährungsfrist für die Dauer des Versuchs einer gütlichen Einigung zwischen den Parteien gehemmt. Art. 2238 C. civ. bringt dies wie folgt zum Ausdruck: « *La prescription est suspendue à compter du jour où, ..., les parties conviennent de recourir à la médiation ou à la conciliation ou, ...* ». Eine Vorschrift, die starke Ähnlichkeiten zu § 203 BGB aufweist.

310 Auch im französischen Recht muss die Verjährung vom Schuldner geltend gemacht werden und hat somit den Charakter einer Einrede. So lautet Art. 2247 C. civ.: « *Les*

---

[47] Art. 1231 C. civ.: « A moins que l'inexécution soit définitive, les dommages et intérêts ne sont dus que si le débiteur a préalablement été mis en demeure de s'exécuter dans un délai raisonnable. ».

[48] Das französische Recht kennt zudem die sog. *prescription acquisitive*, geregelt in den Art. 2258 ff. C. civ., auf die hier nicht näher eingegangen werden soll.

[49] In den Art. 2225 ff. C. civ. werden davon abweichende Verjährungsfristen bzw. Abweichungen bezüglich des Beginns der Verjährung geregelt. So gilt beispielsweise bei zivilrechtlichen Ansprüchen, die sich aus einer Körperverletzung ergeben, eine Verjährungsfrist von zehn Jahren (s. Art. 2226 C. civ.).

[50] Cass. com., 8.5.1972, n° de pourvoi 70–13712.

B. Zivilrecht

juges ne peuvent pas suppléer d'office le moyen résultant de la prescription. ». Auch können die Parteien grundsätzlich von den durch den *Code civil* vorgesehenen Verjährungsfristen durch Parteivereinbarung (*par accord des parties*) abweichen. Die vereinbarte Verjährungsfrist darf allerdings nicht geringer als ein Jahr und nicht länger als zehn Jahre sein. S. hierzu im Einzelnen Art. 2254 C. civ.

8. Vorschriften zum Beweisrecht

Eine Besonderheit des französischen Rechts ist, dass **Vorschriften zum Beweisrecht** (*droit de la preuve*) bereits zu einem großen Teil im *Code civil* enthalten sind. Grundsätzlich ist jedes Beweismittel zulässig. So heißt es in Art. 1358 C. civ.: « *..., la preuve peut être apportée par tout moyen.* ». 311

Jedoch regelt Art. 1359 C. civ. in Verbindung mit Dekret n° 80–533 vom 15.7.1980 (geändert durch das Dekret n° 2016–1278 vom 29.9.2016), dass Rechtsgeschäfte, die die Summe von 1.500 EUR übersteigen, die **Schriftform** (*preuve écrite*) benötigen, damit sie im Prozess als Beweismittel tauglich sind. Allerdings kann gem. Art. 1366 C. civ. die Schriftform durch die elektronische Form (*écrit électronique*) ersetzt werden.[51] Die Form des *écrit électronique* ist beispielsweise die Versendung einer E-Mail, durch die der Aussteller als Person identifiziert werden und die Aufbewahrung des Inhalts in seiner Gänze garantiert werden kann. 312

Sollte es der in der Beweispflicht stehenden Person unmöglich sein, das Schriftstück (*l'écrit*) vorzulegen, – beispielsweise, weil der schriftliche Vertrag aufgrund eines Falles von höherer Gewalt (*force majeure*) verloren gegangen ist – kann das angerufene Gericht auf die Vorlage des Schriftstücks verzichten (s. hierzu im Einzelnen Art. 1360 C. civ.). In der Praxis kommt dies allerdings äußerst selten vor. 313

Erleichterungen zu der Vorschrift in Art. 1359 C. civ. enthält Art. 1361 iVm Art. 1362 C. civ. Hier geht um die sog. *commencement de preuve par écrit* (schriftlicher Anfangsbeweis). Um in den Genuss der *commencement de preuve par écrit* zu kommen, müssen drei Voraussetzungen erfüllt sein: Zunächst muss ein Schriftstück vorgelegt werden. Dieses erfüllt jedoch nicht alle Voraussetzungen des *écrit* – beispielsweise, weil eine Unterschrift fehlt. Eine weitere Voraussetzung ist, dass dieses Schriftstück von demjenigen herrühren muss, der die Existenz des Rechtsgeschäfts bestreitet und zuletzt ist erforderlich, dass dieses Schriftstück ausreichend Beweiskraft enthält. 314

Eine Besonderheit des französischen Rechts ist die *mention manuscrite* (handschriftliche Anmerkung). Nach Art. 1376 C. civ. ist die *mention manuscrite* bei einseitig verpflichtenden Rechtsgeschäften (*actes unilatéraux*) erforderlich. Enthalten muss die *mention manuscrite* nach Art. 1376 C. civ. neben der Unterschrift des sich Verpflichtenden die Summe bzw. die Quantität der Verpflichtung ausgeschrieben in Buchstaben und Zahlen (*en toutes lettres et en chiffres*). 315

Für gegenseitige Verträge (*contrats synallagmatiques*) gibt es im französischen Recht zudem das Erfordernis der **Zweitausfertigung** (*exigence du double*). Das bedeutet, dass allen Vertragsparteien eine Originalausfertigung des geschlossenen Vertrags zusteht. Deswegen normiert Art. 1375 C. civ.: « *L'acte sous signature privée qui constate un contrat synallagmatique ne fait preuve que s'il fait en autant d'originaux qu'il y a* 316

---

51 Art. 1366 C. civ.: « *L'écrit électronique a la même force probante que l'écrit sur support papier, sous réserve que puisse être dûment identifiée la personne dont il émane et qu'il soit établi et conservé dans des conditions de nature à en garantir l'intégrité.* ».

des parties ayant un intérêt distinct. ». Auch diese Vorschrift ist eine Beweisvorschrift. Das heißt, bei Fehlen der Zweitausfertigung ist der Vertrag rechtswirksam, ihm fehlt allerdings die **Beweiskraft** (*force probante*).

317 Wie auch im BGB gibt es im *Code civil* sog. **Vermutungen** (*présomptions*). Hier sind zunächst die sogenannten **gesetzlichen Vermutungen** (*présomptions légales*) zu nennen. Als Beispiel wird hier gerne Art. 312 C. civ. zitiert. Nämlich die Vermutung des *Code civil*, dass ein Kind, welches während der Ehe gezeugt wurde, den Ehemann der Mutter zum Vater hat (Art. 312 C. civ.).

318 Art. 1354 C. civ. unterscheidet die einfachen bzw. widerlegbaren Vermutungen (*présomptions simples ou réfragables*) von den unwiderlegbaren Vermutungen (*présomptions irréfragables*). Die ersteren können widerlegt werden; die unwiderlegbaren – wie der Name schon vermuten lässt – nicht.

319 Zu erwähnen sind weiterhin noch die sogenannten *présomptions de fait* (Tatsachenvermutung). Hierzu normiert Art. 1382 C. civ.: « *Les présomptions qui ne sont pas établies par la loi, sont laissées à l'appréciation du juge qui ne doit pas admettre que si elles sont graves, précises et concordantes, et dans les cas seulement où la loi admet la preuve par tout moyen.* ». Folgendes **Beispiel** mag die *présomption de fait* verdeutlichen: Herr Michel ist mit Frau Michel-Dupont verheiratet. Aus einem amtlichen Protokoll (*constat d'huissier*) geht hervor, dass Herr Michel sich regelmäßig mit Frau Braganti trifft. Aus dieser Tatsache zieht das angerufene Gericht den Schluss, dass Herr Michel Ehebruch (*adultère*) begeht.

320 Auch ganz allgemeine Beweisvorschriften findet man im *Code civil* und nicht im *Code de procédure civile* (Zivilprozessordnung). So stellt Art. 1353 C. civ. den Grundsatz auf, dass derjenige der einen Anspruch, ein Begehren geltend macht hierfür den erforderlichen Beweis zu erbringen hat.

Weiterführende Literatur:
A. *Bénabent*, Droit des obligations, 19. Aufl., L.G.D.J., Paris 2021
P. *Delebecque*, F. J. *Ponsier*, Droit des obligations, (Contrat et quasi-contrat), 10. Aufl., Lexis Nexis, Paris 2021
P. *Maulaurie*, L. *Aynès*, P. *Stoffel-Munck*, Droit des obligations, 11. Aufl., L.G.D.J., Paris 2020
F. *Terré*, P. *Simler*, Y. *Lequette*, F. *Chénedé*, Droit civil – Les obligations, 12. Aufl., Dalloz, Paris 2019
L. *Tranchant*, V. *Egea*, Droit civil – Les obligations, 25. Aufl., Dalloz, Paris 2022

II. Vertragsrecht (Besonderes)

1. Einführung

321 Besondere schuldrechtliche Verträge gibt es zahlreich. Hierbei unterscheidet sich das französische Recht nicht vom deutschen. Anders sieht es bei der Systematik aus: Für den deutschen Juristen ist es schwierig, die einzelnen schuldrechtlichen Verträge im *Code civil* zu finden. Denn diese sind nicht wie im deutschen Recht in einem speziellen Abschnitt zu finden, sondern je nach Typus des Vertrags im *Code civil* „verstreut".

322 So findet sich der **Schenkungsvertrag** im dritten Buch unter dem Titel: *Des libéralités* (unentgeltliche Zuwendungen); also eingeordnet in einem Abschnitt, in welchem Zuwendungen, die ohne das Versprechen einer Gegenleistung gesetzlich geregelt sind. In diesem Titel finden sich konsequenterweise auch die Vorschriften zum Testament (*testament*). Der **Bürgschaftsvertrag** (*contrat de cautionnement*) ist im vierten Buch als

erste Sicherheit (*sûreté*) geregelt. Auf den Bürgschaftsvertrag soll nachstehend noch detailliert eingegangen werden.

Häufig sind die auf einen besonderen schuldrechtlichen Vertrag betreffenden Vorschriften auf verschiedene Gesetzbücher verteilt. Dies trifft beispielsweise auf das Mietrecht, aber auch auf das nachstehend ausführlich behandelte Kaufrecht, zu. Der **Kaufvertrag** (*contrat de vente*) ist auch im französischen Recht der wichtigste schuldrechtliche Vertrag. Der Arbeitsvertrag (*contrat du travail*)[52] ist sogar Gegenstand eines eigenen Gesetzbuches, nämlich des *Code du travail*.

Im französischen Recht unterscheidet man diejenigen Verträge, die der Gesetzgeber ausdrücklich regelt (*contrats nommés*) von den Verträgen, die eine solche besondere Regelung nicht erfahren, die Verträge *sui generis* (*contrats innommés*, s. hierzu im Einzelnen Rn. 164 ff.). Ein solcher *contrat innommé* ist beispielsweise der Umzugsvertrag (*contrat de déménagement*). Wichtige gegenseitige Verträge (*contrats synallagmatiques*), die der *Code civil* durch spezielle Vorschriften prägt, sind neben dem Kaufvertrag insbesondere der *contrat de bail* (**Mietvertrag**), der *contrat de prêt* (**Darlehensvertrag**) und der *contrat d'entreprise* (**Werkvertrag**). Aber auch eine Reihe von einseitig verpflichtenden Verträgen (*contrats unilatéraux*), wie neben dem *contrat de cautionnement* die *donation* (Schenkungsvertrag), werden durch Vorschriften des *Code civil* gestaltet.

Da im Rahmen dieses einführenden Buches zum französischen Recht nicht auf alle besonderen Verträge detailliert eingegangen werden kann, wird stellvertretend für andere synallagmatische Verträge der Kaufvertrag als der im Rechtsverkehr am häufigsten geschlossene Vertrag und auf den Bürgschaftsvertrag als einseitig verpflichtenden Vertrag, der für das Wirtschaftsleben als persönliche Sicherheit eine wichtige Rolle einnimmt, eingegangen.

2. Kaufvertrag (contrat de vente)

Neben dem „klassischen" Kaufvertrag, also der Kaufvertrag des *Code civil*, gibt es den im *Code de la consommation* geregelte Verbrauchsgüterkauf mit seinen verschiedenen Unterformen, den Internationalen Kaufvertrag nach UN-Kaufrecht und andere besondere Kaufverträge, wie etwa der Handels- oder der Immobilienkauf.

a) Der „klassische" Kaufvertrag

Einführung

Der „klassische" **Kaufvertrag** (*contrat de vente*) ist der des *Code civil*; also der des sogenannten gemeinen Rechts (**droit commun**). Die den Kaufvertrag betreffenden Regelungen finden sich in den Art. 1582 ff. C. civ. Art. 1582 Abs. 1 C. civ. definiert den Kaufvertrag wie folgt:

> « La vente est une convention par laquelle l'un s'oblige à livrer une chose, et l'autre à la payer. ».

---

[52] Weiterführende Literatur zum Arbeitsrecht): A. Cœuret, J.-P. Lieutier, Droit du travail, 1. Aufl., Dalloz, Paris 2018; E. Dockès, Droit du travail, 32. Aufl., Dalloz, Paris 2019; D. Grandguillot, Droit du travail, 19. Aufl., Gualino, Paris 2019.

328 Wie auch im deutschen Recht übernimmt der Verkäufer die Pflicht zur Übergabe der Sache; den Käufer trifft die Zahlungspflicht. Der Kaufvertrag ist damit ein **gegenseitiger Vertrag** (*contrat synallagmatique*), in welchem sowohl Käufer als auch Verkäufer jeweils Gläubiger (*créancier*) als auch Schuldner (*débiteur*) sind. Folgerichtig ist der Kaufvertrag zudem ein entgeltlicher Vertrag, ein *contrat à titre onéreux*.

Vertragsschluss

329 Kaufverträge können grundsätzlich formlos geschlossen werden und sind somit als *contrats consensuels* einzuordnen. Der Kaufvertrag ist darüber hinaus ein Vertrag, der eine einmalige Leistung zum Gegenstand hat, also ein sogenannter *contrat à exécution instantanée*.

330 Allerdings muss der Kaufvertrag als schuldrechtlicher Vertrag wie jeder andere Vertrag für seine Wirksamkeit den Anforderungen des Art. 1128 C. civ.[53] entsprechen. Das bedeutet, dass neben dem **gegenseitigen Einverständnis** der Parteien über den Vertragsschluss, die **Parteien geschäftsfähig** sein müssen, der **Vertragsinhalt bestimmt** sein muss und zudem **nicht** gegen ein **gesetzliches Verbot** verstoßen werden darf (s. hierzu im Einzelnen Rn. 260 ff.).

331 Wie auch im deutschen Recht müssen sowohl **Kaufpreis** (*détermination du prix*) als auch **Kaufsache** (*détermination de la chose*) bestimmt sein. Dies ist auch eine Folge der an den Vertrag gestellten Wirksamkeitsvoraussetzungen des Art. 1128 C. civ.; nämlich das Erfordernis, dass der Vertragsinhalt bestimmt sein muss. Was die Bestimmung der Kaufsache anbelangt, kommt es darauf an, ob es sich um eine **Stückschuld** (*corps certain*) oder eine **Gattungsschuld** (*corps de genre*) handelt. Bei einer Stückschuld muss die Sache so genau wie möglich im Kaufvertrag beschrieben sein. Handelt es sich hingegen um eine Gattungsschuld, ist dies von Natur aus nicht möglich. Hier reicht es aus, wenn die Art der Sache und deren Menge im Kaufvertrag präzisiert wird. Beispiel: Kauf von 100 Kilogramm Granny Smith Äpfel.

332 Gem. Art. 1163 Abs. 1 C. civ. muss nicht zwingend eine Sache, die bereits existiert Gegenstand eines Kaufvertrags sein, sondern auch noch herzustellende oder zu erzeugende Sachen sind als Vertragsgegenstand denkbar.[54] So kann Vertragsgegenstand eines Kaufvertrags beispielsweise das Resultat einer in einigen Wochen stattfindenden Ernte sein.

333 Die Bestimmung des Kaufpreises ist Gegenstand von Art. 1591 C. civ., der wie folgt lautet: « *Le prix de la vente doit être déterminé et désigné par les parties.* ». Auch wenn Art. 1591 C. civ. von der Bestimmtheit des Preises spricht, ist es ständige Rechtsprechung der *Cour de cassation,* dass es auch beim Kaufpreis nicht erforderlich ist, dass der genaue Preis bereits im Kaufvertrag steht. Hingegen zwingend ist, dass der Kaufpreis zumindest bestimmbar (*déterminable*) sein muss.[55]

334 Hierbei ist zu beachten, dass die Parteien sich auf solche Elemente zur Bestimmung des Preises festlegen müssen, die nicht lediglich vom Willen einer Vertragspartei abhängen.

---

[53] Art. 1128 C. civ. : « *Sont nécessaire à la validité d'un contrat: 1° Le consentement des parties; 2° Leur capacité de contracter; 3° Un contenu licite et certain.* ».

[54] Art. 1163 C. civ. : " *L'obligation a pour objet une prestation présente ou future. Celle-ci doit être possible et déterminée ou déterminable. La prestation est déterminable lorsqu'elle peut être déduite du contrat ou par référence aux usages ou aux relations antérieures des parties, sans qu'un nouvel accord des parties est nécessaire.* ».

[55] Cass. civ. III 26.9.2007, n° de pourvoi 06–14357.

B. Zivilrecht

Es muss sich zudem um einen Preis handeln, der als realistisch und seriös (*prix réel et sérieux*) angesehen werden kann. Falls der Preis viel zu niedrig angesetzt ist, kann das angerufene Gericht möglicherweise den Vertrag als Schenkungsvertrag – und nicht als Kaufvertrag – qualifizieren. Das Gericht kann auch entscheiden, dass aufgrund des Spottpreises (*prix dérisoire*) der Kaufvertrag nichtig ist (*nullité du contrat*); denn der Vertragsgegenstand „Preis" fehlt (*défaut d'objet du contrat*). Solche Kaufverträge werden auch als **vente à vil prix** (Verkauf zum Schleuderpreis) bezeichnet.

In manchen Fällen kann ein Kaufvertrag (berechtigterweise) als Gegenleistung zur Sachleistung nur einen symbolischen Preis haben, beispielsweise dann wenn ein hochverschuldetes Unternehmen verkauft wird. Dieser Kaufvertrag zum « *euro symbolique* » ist in engen Grenzen erlaubt. 335

Eigentumsübertragung

Für den deutschen Juristen ist die Tatsache ungewöhnlich, dass gem. Art. 1583 C. civ. das Eigentum an der verkauften Sache bereits bei Abschluss des Kaufvertrages auf den Käufer übergeht. Art. 1583 C. civ.: « *Elle est parfaite entre les parties, et la propriété est acquise de droit à l'acheteur à l'égard du vendeur, dès qu'on est convenu de la chose et du prix, quoique la chose n'ait pas encore été livrée ni le prix payé.* ». Dies hat zur Folge, dass der Käufer regelmäßig den vollständigen Kaufpreis auch dann zahlen muss, wenn die Sache bei der Lieferung verloren geht oder beschädigt wird. Dieses für den deutschen Juristen erstaunliche Ergebnis ergibt sich aus der Tatsache, dass das französische Recht die Trennung von schuldrechtlichen und dinglichen Rechtsgeschäften und das damit verbundene Abstraktionsprinzip nicht kennt. 336

Die **Eigentumsübertragung** *solo consensu* gilt allerdings nicht, wenn zwischen Käufer und Verkäufer ein **Eigentumsvorbehalt** (*réserve de propriété*) zur Sicherung der Zahlung des Kaufpreises (*à titre de garantie*) vereinbart wurde. Der Eigentumsvorbehalt ist in den Art. 2367 bis Art. 2372 C. civ. geregelt. Unter dem Eigentumsvorbehalt versteht man den Fall, dass der Käufer den Kaufpreis nicht vollständig, sondern beispielsweise in vereinbarten Raten zahlt und der Verkäufer bis zur Zahlung des Kaufpreises Eigentümer der Sache bleibt. Diese verlängerte Eigentümerstellung des Verkäufers ergibt sich aus Art. 2367 C. civ. 337

Der Eigentumsvorbehalt hat somit wie auch im deutschen Recht eine **aufschiebende Wirkung** (*effet translatif*). Art. 2367 Abs. 1 C. civ. lautet wie folgt: « *La propriété d'un bien peut être retenu en garantie par l'effet d'une clause de réserve de propriété qui suspend l'effet translatif d'un contrat jusqu'au complet paiement de l'obligation qui en constitue la contrepartie.* ». Art. 2368 C. civ. schreibt die **Schriftform** für die Vereinbarung eines Eigentumsvorbehalts vor: «*La réserve de propriété est convenue par écrit.*». 338

Rechte und Pflichten der Vertragsparteien

Die **Pflichten des Verkäufers** sind in den Art. 1602 ff. C. civ. festgehalten. Die Hauptpflichten des Verkäufers werden in Art. 1603 normiert, der wie folgt lautet « *Il a deux obligations principales, celle de délivrer et celle de garantir la chose qu'il vend.* ». Der Verkäufer muss somit dem Käufer die Sache übergeben und zudem die **Vertragsmäßigkeit** der verkauften Sache gewährleisten. Dies sind seine zwei Hauptpflichten. 339

340 Das französische Recht obliegt den Vertragsparteien gerne **Informationspflichten** (*obligations d'information*) auf. Freilich findet man diese zum Schutz des Verbrauchers verstärkt im *Code de la consommation*, aber auch der *Code civil* bürdet in Art. 1602 C. civ. dem Verkäufer Informationspflichten auf: So muss der Verkäufer den Käufer über den Charakter der Kaufsache und dessen Nutzungsmodalitäten informieren. Jede Unklarheit geht zulasten des Verkäufers.

341 Die **Pflichten des Käufers** sind in den Art. 1650 ff. C. civ. geregelt. Der Wortlaut des Art. 1650 C. civ. ist der folgende: « *La principale obligation de l'acheteur est de payer le prix au jour et au lieu réglés par la vente.* ». Auch diese Hauptpflicht erstaunt nicht. Wie im deutschen Recht muss der Käufer den vereinbarten **Kaufpreis** bei Fälligkeit zahlen und zwar an dem im Vertrag vereinbarten Leistungsort; also beispielsweise die Summe auf das vom Verkäufer im Vertrag genannten Bankkonto (*compte bancaire*) überweisen. Zudem trifft den Käufer – ebenfalls wie im deutschen Recht – eine **Annahmepflicht**. Dies geht aus Art. 1657 C. civ. hervor.

342 Von Interesse ist auch Art. 1593 C. civ.: Danach muss der Käufer für die Kosten und Gebühren im Zusammenhang mit dem Kaufvertrag aufkommen. Diese Vorschrift spielt insbesondere beim Immobilienkauf (s. hierzu im Einzelnen Rn. 379 ff.) eine Rolle.

Gewährleistungsrechte

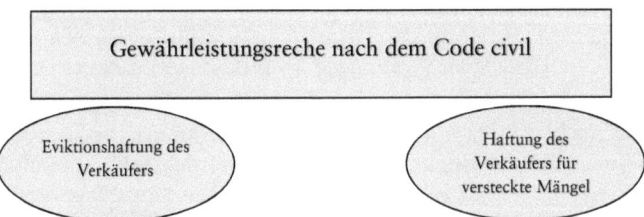

343 Die **gesetzlichen Gewährleistungsrechte** (*garanties légales*) des Käufers finden Eingang in den Art. 1625 bis 1649 C. civ. Sie lassen sich in zwei Gruppen aufteilen: Die Eviktionshaftung des Verkäufers (**garantie d'éviction**) und seine Haftung für Sachmängel (**garantie des vices cachés**).

344 Die *garantie d'éviction* ist eine **ordre public** Vorschrift. D.h. sie kann durch Parteivereinbarung nicht ausgeschlossen werden. Dies ergibt sich aus Art. 1628 C. civ. Die Vorschriften zur *garantie d'éviction* finden sich in den Art. 1626 bis 1640 C. civ. Die *garantie d'éviction* ist sowohl eine **garantie de droit** als auch eine **garantie de fait**. Der Verkäufer muss vom Käufer alles Übel vertreiben (*évincer*), sei dieses Übel rechtlicher oder tatsächlicher Natur: Denn der Käufer soll in den vollen und ungetrübten Genuss seiner Kaufsache kommen!

345 Beispiele für die Geltendmachung einer *garantie d'éviction*: Eine Sache wird zweimal verkauft. Dieser Mangel wäre ein rechtlicher, also ein *trouble de droit*. Ein Beispiel für ein *trouble de fait*, also einer Störung tatsächlicher Natur, lässt sich am besten im Zusammenhang mit dem Verkauf eines *fonds de commerce*, eines „Handelsunternehmens" (die Übersetzung als Handelsunternehmen ist keine ganz treffende; s. im Einzelnen Rn. 584 ff.) illustrieren: Das wichtigste Element eines *fonds de commerce* ist seine *clientèle* (Kundschaft). Ein *fonds de commerce* kann nicht ohne Kundschaft

verkauft werden. Versucht jedoch der Verkäufer, die Kunden, die er zuvor dem Käufer „verkauft" hat, abzuwerben, wäre dies ein *trouble de fait* und würde den Käufer berechtigen, sich auf die *garantie d'éviction* zu berufen.

Geht die Störung nicht vom Verkäufer, sondern von einem Dritten (*tiers*) aus, so beschränkt sich die Haftbarkeit des Verkäufers auf die sogenannten *troubles de droit*. Voraussetzung ist allerdings, dass die Rechte des Dritten schon bei Abschluss des Kaufvertrags bestanden haben. Ein **Beispiel** hierfür wäre, dass auf dem Grundstück eine für den Käufer nicht offensichtliche Grunddienstbarkeit (*servitude « occulte »*) zugunsten eines Dritten, beispielsweise in Form eines Wegerechtes (*droit de passage*), bestanden hat. 346

In Art. 1630 C. civ. sind die sich aus der *garantie d'éviction* ergebenden Rechte des Käufers aufgelistet. Danach kann der Käufer insbesondere die Rückerstattung des Kaufpreises (*restitution du prix*) und Schadensersatz (*dommages et intérêts*) verlangen. Für die *garantie d'éviction* gelten die allgemeinen Verjährungsfristen (s. hierzu Rn. 306 ff.). 347

Der zweite Pfeiler der gesetzlichen Gewährleistung nach dem *Code civil* ist die **garantie des vices cachés**. Sie ist in den Art. 1641 bis 1649 C. civ. geregelt. Wie der Name bereits sagt, kann der Käufer die *garantie des vices cachés* nur dann geltend machen, wenn es sich um einen versteckten Mangel handelt. Das bedeutet, für Mängel, die beim Kauf der Sache ersichtlich waren, muss der Verkäufer nicht einstehen. Dies stellt Art. 1642, der wie folgt lautet: « *Le vendeur n'est pas tenu des vices apparents et dont l'acheteur a pu se convaincre lui-même.* » in aller Deutlichkeit heraus. 348

Der *Code civil* verlangt vom Käufer, dass dieser beim Kauf die notwendige Sorgfalt (**diligence**) walten lässt. Dies gilt gleichgültig, ob der Käufer ein Laie (**profane**) oder vom Fach ist. Allerdings fordert die Rechtsprechung (*jurisprudence*) vom fachkundigen Käufer (*professionnel*) höhere **Sorgfaltspflichten** als vom Laien.[56] 349

Ist der Käufer ein fachkundiger Unternehmer, so wird vermutet, dass der Käufer den Mangel kannte. Diese Vermutung kann der Käufer allerdings widerlegen, denn es handelt sich um eine *presomption simple*. Anderenfalls käme ein Verkäufer als (fachkundiger!) Unternehmer nie in den Genuss der *garantie des vices cachés*. 350

Dem **Käufer obliegt die Beweislast** (*charge de la preuve*), dass der versteckte Mangel (*vice caché*) bereits beim Kauf der Sache existiert hat. Einstehen muss der Verkäufer nach Art. 1641 C. civ., wenn die versteckten Mängel den vereinbarten Gebrauch der Sache ausschließen oder einschränken. Das wäre beispielsweise der Fall, wenn der Verkäufer dem Käufer eine Tür verkauft, die sich nicht oder nur „mit Gewalt" schließen lässt. 351

In Art. 1644 C. civ. werden die **Rechtsfolgen** genannt, die sich aus der Geltendmachung der *garantie des vices cachés* ergeben. Der Käufer hat zum einen die Möglichkeit, sich den gezahlten Kaufpreis gegen Rückgabe der Sache erstatten zu lassen. Dieses Verfahren nennt das französische Recht *action rédhibitoire*. Zum anderen besteht für ihn die Möglichkeit, die Sache zu behalten und den Kaufpreis entsprechend zu mindern. Dieses Verfahren wird dann als *action estimatoire* bezeichnet. Ist der Verkäufer bösgläubig, macht er sich zudem schadensersatzpflichtig (s. Art. 1645 C. civ.) 352

---

56 Cass. com. 13.11.2001, n° de pourvoi: 99–11816.

353 Der Verkäufer kann die *garantie des vices cachés* einschränken oder sogar ausschließen. Dies geht aus Art. 1643 C. civ. hervor. Eine solche Einschränkung oder ein solcher Ausschluss gilt jedoch nicht, wenn der Verkäufer bösgläubig (*de mauvaise foi*) ist. Die **Verjährungsfrist** (*délai de prescription*) beträgt gem. Art. 1648 C. civ. zwei Jahre. Sie beginnt mit der Entdeckung des Mangels.

354 Neben den gesetzlichen Vorgaben steht es dem Verkäufer frei, dem Käufer darüber hinausgehende Gewährleistungen vertraglich einzuräumen. Garantiegeber wird in diesen Fällen häufig der Lieferant (*le fournisseur*) sein.

Beweislast

355 Wie die Existenz des Kaufvertrags zu beweisen ist, steht im *Code civil* (s. hierzu Rn. 311 ff.). So regelt Art. 1359 C. civ. in Verbindung mit Dekret n° 80–533 vom 15.7.1980 (geändert durch das Dekret n° 2016–1278 vom 29.9.2016), dass Rechtsgeschäfte, und damit auch Kaufverträge, die die Summe von 1.500 EUR übersteigen, die Schriftform benötigen, damit sie im Zivilprozess als Beweismittel tauglich sind. Allerdings kann gem. Art. 1366 C. civ. die Schriftform durch die elektronische Form (*écrit électronique*) ersetzt werden. Die Form des *écrit électronique* ist beispielsweise durch die Versendung einer E-Mail, durch die der Aussteller als Person identifiziert werden und die Aufbewahrung des Inhalts in seiner Gänze garantiert werden kann, gewahrt.

356 Für gegenseitige Verträge gilt im französischen Recht zudem das Erfordernis der Zweitausfertigung (***exigence du double***). Das bedeutet, dass allen Vertragsparteien eine Originalausfertigung des geschlossenen Vertrags zusteht. Erleichterungen zu den genannten Beweisvorschriften gibt es allerdings für den Handelskauf (s. hierzu Rn. 384 ff.).

Weiterführende Literatur:

L. Aynès, P.-Y. Gautie, P. Maulaurie, Droits des contrats spéciaux, 11. Aufl., L.G.D.J., Paris 2020
A. Bénabent, Droits des contrats spéciaux civils et commerciaux, 14. Aufl., L.G.D.J., Paris 2021
F. Collart Dutilleul, P. Delbecque, Contrats civils et commerciaux, 11. Aufl., Dalloz, Paris 2019

b) Besonderheiten beim Verbrauchsgüterkauf

Einführung

357 Für den **Verbrauchsgüterkauf** gibt es im französischen Recht Besonderheiten, die nachstehend behandelt werden. Seit 1993 gibt es in Frankreich einen **Code de la consommation** (Verbrauchergesetzbuch). Folglich ist der Verbrauchsgüterkauf auch nicht wie in Deutschland im Zivilgesetzbuch (im BGB), sondern im *Code de la consommation* geregelt.

358 Bereits vor Inkrafttreten des *Code de la consommation* gab es die ersten Gesetze zum Verbraucherschutz – wie beispielsweise 1972 das Haustürgeschäftegesetz (*loi sur le démarchage et la vente à domicile*) – und auf dem Gebiet des Verbraucherkreditrechts die berühmten «*lois Scrivener*» aus den Jahren 1978/1979; benannt nach der damals zuständigen Staatssekretärin.

359 Die französische Gesetzgebung zeigt sich traditionell durch einen hohen Verbraucherschutz aus, der insbesondere Informationspflichten des professionellen Vertragspart-

ners in den Vordergrund stellt und damit häufig viele formale Hürden bis zum Vertragsschluss und danach aufstellt.

Zwischenzeitlich hat die Europäische Union auf dem Gebiet des Verbraucherschutzes[57] den Mitgliedsstaaten weitgehend das Zepter aus der Hand genommen und die Unterschiede zwischen deutschem und französischem Recht sind folglich weit geringer geworden. Zwei neue Richtlinien der EU haben zu einer Änderung der Verbrauchsgüterkaufvorschriften im Code de la Consommation seit dem 1. Januar 2022 geführt; nämlich die Richtlinie (EU) 2019/770 vom 20. Mai 2019 über bestimmte vertragsrechtliche Aspekte der Bereitstellung digitaler Inhalte und digitaler Dienstleistungen und die Richtlinie (EU) 2019/771 vom 20. Mai 2019 über bestimmte vertragsrechtliche Aspekte des Warenkaufs.

Definitionen

Erstaunlicherweise wurde lange Zeit der **Begriff des Verbrauchers** (*consommateur*) im *Code de la consommation* nicht definiert. Eine Definition erfolgte erst im Jahre 2014[58] in dem *article liminaire* (einführender Artikel), der wie folgt lautet: « *Pour l'application du présent code, on entend par: – consommateur : toute personne physique qui agit, à des fins qui n'entrent pas dans le cadre de son activité commerciale, industrielle, artisanale, libérale ou agricole; …* ».

Eine Definition, die resümierend das Gleiche aussagt wie die in § 13 BGB, nämlich, dass jede natürliche Person, die weder für einen gewerblichen noch selbstständigen beruflichen Zweck handelt, als Verbraucher anzusehen ist.

Im gleichen Artikel werden zudem noch die Begriffe *non-professionnel* und *professionnel* definiert. Zunächst zu dem Begriff, den auch das BGB kennt, nämlich den des *professionnel*, den des Unternehmers: Auch hier ist die Definition eine ähnliche wie die des BGB in § 14 BGB. Unternehmer sind sowohl nach dem BGB als auch nach dem *Code de la consommation* natürliche (*personnes physiques*) oder juristische Personen (*personnes morales*), die im Rahmen ihres Gewerbes oder ihrer selbstständigen beruflichen Tätigkeit handeln.

Den Begriff des *non-professionnel*, des Nicht-Unternehmers, kennt das BGB allerdings nicht. Das Rechtssubjekt *non-professionnel* ist nach dem *Code de la consommation* eine juristische Person, die nicht zu einem selbstständigen beruflichen Zweck handelt. Der Anwendungsbereich dürfte freilich gering sein. Als Beispiel kann man den *syndicat de copropriétaires* nennen, also die Eigentümergemeinschaft einer Immobilie, die nach französischem Recht eine juristische Person ist. Handelt die Eigentümergemeinschaft für nicht selbstständige berufliche Zwecke, so ist sie als *non-professionnel* anzusehen.[59]

---

57 Art. 169 AEUV (Vertrag über die Arbeitsweise der Europäischen Union/*Traité sur le fonctionnement de l'Union européenne*).
58 Durch die *Loi Hamon* vom 17.3.2014.
59 Cass. civ. I, 29.3.2017, n° du pouvoir 14–29349.

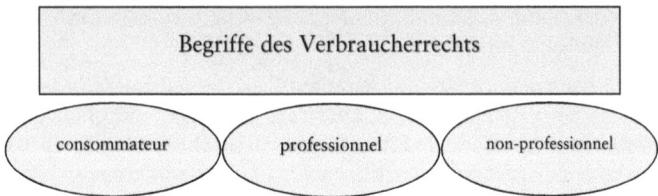

365 Soweit zu den grundsätzlichen Begriffen. Nun zum **Verbrauchsgüterkauf:** Ein Verbrauchsgüterkauf ist ein **Kaufvertrag** zwischen einem **Verkäufer**, der die Eigenschaft des **Unternehmers** mit sich bringt und einem **Käufer**, der als **Verbraucher** anzusehen ist. Dies ergibt sich, wenn auch etwas versteckt, aus Art. L. 217–1 C. cons., der wie folgt lautet:

« *Les dispositions du présent chapitre sont applicables aux contrats de vente de biens meubles corporels entre un vendeur professionnel, ou toute personne se présentant ou se comportant comme tel, et un acheteur agissant en qualité de consommateur. Sont assimilés à des contrats de vente aux fins du présent chapitre, les contrats en vertu desquels le profesionnel délivre un bien et en transfère la propiété à un consommateur et ce dernier procure tout autre avantage, au lieu ou en complément du paiement d'un prix.* »

366 Unter Sachen versteht man nicht nur solche, die bereits existieren, sondern auch solche, die noch hergestellt werden müssen (s. hierzu im Einzelnen Rn. 331 ff.). Die Vorschriften zum Verbrauchsgüterkauf finden keine Anwendung auf Sachen, die in einer öffentlich zugänglichen Versteigerung oder aufgrund einer Gerichtsentscheidung verkauft worden sind (s. im Einzelnen Art. L. 217–2 C. cons.).

Aufgrund der Verordnung n° 2021-1217 vom September 2021 zur Umsetzung der Richtlinie EU 2019/771 vom 20. Mai 2019 wurde der Anwendungsbereich des Verbrauchsgüterkaufs weiter gefasst. So finden nunmehr auch solche Verträge Eingang in das Verbrauchsgüterkaufrecht, die Waren mit digitalen Elementen zum Gegenstand haben. So Art. L. 217-1 C. cons. im Folgenden: « *Les dispositions du présent chapitre s'appliquent également aux biens comportant des éléments numériques au sens de l'article liminaire lorsque ces éléments sont fournis avec ces biens dans le cadre du contrat de vente, que ces contenus numériques ou services numériques soient fournis par le vendeur ou par un tiers. Lorsqu'il n'apparaît pas clairement que la fourniture d'un contenu numérique ou d'un service numérique fait l'objet d'un contrat distinct, cette fourniture est présumée relever du contrat de vente du bien.* ».

Solche Waren sind beispielsweise Smartphones oder Notebooks.

Gewährleistungsrechte (garantie)

367 Ist der deutsche Jurist, wenn es um die Gewährleistungsrechte im *Code civil* geht, erstaunt, wenn er Begriffe wie *garantie d'éviction* oder *garantie légale des vices cachés* hört, so stellt er beruhigt fest, dass das Gewährleistungsrecht im *Code de la consommation* weitgehend identisch mit dem des BGB ist. Dies ist wenig verwunderlich, da der deutsche Gesetzgeber die Umsetzung der Richtlinie 1999/44/EG vom 25.5.1999 für alle Kaufverträge – mit Ausnahme der für den Verbrauchsgüterkauf speziellen Vorschriften (§§ 474 bis 479 BGB) – in das BGB übernommen hat. Auch die beiden

B. Zivilrecht

neuen Richtlinien (EU 2019/770 und EU 2019/771) wurden erneut in die Vorschriften des BGB integriert.

Der neue zentrale Begriff im französischen Verbrauchsgüterkaufrecht ist nicht mehr « *défault de conformité* », sondern « *garantie légale de conformité.* ».

368

In Art. L. 217–4 C. cons. wird nunmehr definiert, wann Mangelfreiheit vorliegt. Die Sache ist dann mangelhaft, wenn sie nicht vertragsgemäß ist. Im Einzelnen lautet Art. L. 217–4 C. cons. wie folgt:

« *Le bien est conforme au contrat s'il répond notamment, le cas échéant, aux critères suivants :*

1° Il correspond à la description, au type, à la quantité et à la qualité, notamment en ce qui concerne la fonctionnalité, la compatibilité, l'interopérabilité, ou toute autre caractéristique prévues au contrat ;

2° Il est propre à tout usage spécial recherché par le consommateur, porté à la connaissance du vendeur au plus tard au moment de la conclusion du contrat et que ce dernier a accepté ;

3° Il est délivré avec tous les accessoires et les instructions d'installation, devant être fournis conformément au contrat ;

4° Il est mis à jour conformément au contrat. ».

In Art. L. 217–5 C. cons. werden dann die objektiven Kriterien für die Vertragskonformität aufgelistet:

369

« *I.-En plus des critères de conformité au contrat, le bien est conforme s'il répond aux critères suivants :*

1° Il est propre à l'usage habituellement attendu d'un bien de même type, compte tenu, s'il y a lieu, de toute disposition du droit de l'Union européenne et du droit national ainsi que de toutes les normes techniques ou, en l'absence de telles normes techniques, des codes de conduite spécifiques applicables au secteur concerné ;

2° Le cas échéant, il possède les qualités que le vendeur a présentées au consommateur sous forme d'échantillon ou de modèle, avant la conclusion du contrat ;

3° Le cas échéant, les éléments numériques qu'il comporte sont fournis selon la version la plus récente qui est disponible au moment de la conclusion du contrat, sauf si les parties en conviennent autrement ;

4° Le cas échéant, il est délivré avec tous les accessoires, y compris l'emballage, et les instructions d'installation que le consommateur peut légitimement attendre ;

5° Le cas échéant, il est fourni avec les mises à jour que le consommateur peut légitimement attendre, conformément aux dispositions de l'article L. 217-19 ;

6° Il correspond à la quantité, à la qualité et aux autres caractéristiques, y compris en termes de durabilité, de fonctionnalité, de compatibilité et de sécurité, que le consommateur peut légitimement attendre pour des biens de même type, eu égard à la nature du bien ainsi qu'aux déclarations publiques faites par le vendeur, par toute personne en amont dans la chaîne de transactions, ou par une personne agissant pour leur compte, y compris dans la publicité ou sur l'étiquetage.

II.-Toutefois, le vendeur n'est pas tenu par toutes déclarations publiques mentionnées à l'alinéa qui précède s'il démontre :

1° Qu'il ne les connaissait pas et n'était légitimement pas en mesure de les connaître ;

2° Qu'au moment de la conclusion du contrat, les déclarations publiques avaient été rectifiées dans des conditions comparables aux déclarations initiales ; ou

3° Que les déclarations publiques n'ont pas pu avoir d'influence sur la décision d'achat.

III.-Le consommateur ne peut contester la conformité en invoquant un défaut concernant une ou plusieurs caractéristiques particulières du bien, dont il a été spécifiquement informé qu'elles s'écartaient des critères de conformité énoncés au présent article, écart auquel il a expressément et séparément consenti lors de la conclusion du contrat. ».

370 Eine Regelung zur **Beweislastumkehr** (*renversement de la charge de la preuve*) gibt es in Art. L. 217-7 C. cons. Im Unterschied zu der Regelung in § 477 BGB gilt die Beweislastumkehr während 24 Monaten (Ausnahme: gebrauchte Sachen). Eine Umsetzung, die folglich weit verbraucherfreundlicher ist als die des § 477 BGB. Die rechtliche Folge der Beweislastumkehr ist, dass zugunsten des Verbrauchers vermutet wird, dass der Mangel bereits bei Übergabe der Sache vorlag.

371 Wie auch im deutschen Recht sind die Mängelrechte **Nachbesserung** (*réparation du bien*) und **Ersatzlieferung** (*remplacement du bien*) die Rechte erster Wahl (Art. L. 217-8 C. cons.) für den Käufer. Wann der Käufer Minderung (*réduction du prix*) oder Vertragsaufhebung verlangen kann, wird ausführlich in (*résolution du contrat*) Art. L. 217-14 C. cons. geregelt.

372 Die Gewährleistungsrechte verjähren gem. Art. L. 217-3 C. cons. nunmehr nach den Vorschriften des Code civil. Dies ist eine deutliche Besserstellung des Verbrauchers. Nach Art. 2224 C. civ. beträgt die Verjährungsfrist fünf Jahre. Diese beginnt ab dem Tag zu laufen, an welchem der Verbraucher Kenntnis von dem Mangel erlangt hat (Art. L. 217-3 C. cons.).

373 Neben den gesetzlichen Gewährleistungsrechten gibt es auch noch die **vertraglich vereinbarte Gewährleistung**, die Garantie. Dem Unternehmer steht es frei, dem Käufer über die gesetzlichen Gewährleistungsrechte hinaus eine Garantie (*garantie commerciale*) einzuräumen. Die Anforderungen an die Garantie - wie beispielsweise die Verständlichkeit der Garantie - sind in Art. L. 217-21 C. cons. detailliert ausgeführt. Die Garantieerklärung muss dem Verbraucher spätestens zum Zeitpunkt der Lieferung der Ware auf einem dauerhaften Datenträger (support durable) zur Verfügung gestellt werden. Die Vorschriften zum Verbrauchsgüterkauf sind ordre public Vorschriften (Art. L. 219-1 C. cons.) und folglich nicht abdingbar.

374 Durch die EU-Richtlinie 2019/770 v. 20. Mai 2019 wurde der Digitalisierung Rechnung getragen.

Steht der digitale Inhalt im Vordergrund und handelt es sich somit um ein digitales Produkt, finden die in Umsetzung der oben genannten Richtlinie Art. L. 224-25-1 ff. C. cons. Anwendung.

« I.-Les dispositions de la présente section s'appliquent à tout contrat par lequel un professionnel, ou toute personne se présentant ou se comportant comme tel, fournit un contenu numérique et un service numérique au consommateur, et ce dernier s'acquitte d'un prix ou procure tout autre avantage au lieu ou en complément du paiement d'un prix.

B. Zivilrecht

Ces dispositions s'appliquent aux contrats de fourniture de contenus numériques et de services numériques à élaborer conformément aux spécifications du consommateur. A l'exception des articles L. 224-25-10 et L. 224-25-11, elles s'appliquent également à la fourniture d'un contenu numérique sur un support matériel servant exclusivement à son transport.
II.-Sans préjudice du I de l'article L. 224-25-3, lorsqu'un contrat réunit la fourniture d'un contenu numérique ou d'un service numérique relevant de la présente section et la fourniture d'autres biens ou services non couverts par la présente section, la présente section ne s'applique qu'aux contenus et services numériques qu'elle couvre. En outre, dans le cas d'une offre groupée au sens de l'article L. 224-42-2, les dispositions de la présente section ne s'appliquent qu'aux contenus numériques et aux services numériques.
Les conditions de résolution du contrat sont toutefois régies par le deuxième alinéa du I de l'article L. 224-25-22. ».

Zum besseren Verständnis können als Beispiele für solche Verträge ist die Bereitstellung von Cloud-Speicherplatz, Videostreaming, soziale Netzwerke etc. genannt werden.

Im Einzelnen mag die Abgrenzung zwischen dem Verbrauchsgüterkauf und den Verträgen über die Bereitsstellung von digitalen Inhalten bzw. digitalen Dienstleistungen schwierig sein. Da die Vorschriften jedoch sehr ähnlich sind und bei den Vertragstypen der zentrale Begriff « *défaut de conformité* » im Vordergrund steht, dürfte dies häufig unproblematisch sein.

In Art. L. 224-25-12 ff- C. cons. wird ausgeführt, wann das digitale Produkt bzw. die Dienstleistung vertragskonform ist.

Besondere Verbrauchsgüterkaufverträge

Besondere Verbrauchsgüterkaufverträge sind **Fernabsatzverträge** (*ventes à distance*) und **außerhalb von Geschäftsräumen geschlossene Verträge** (*ventes hors établissement*).

375

Die Regelungen zum Fernabsatzvertrag beruhen auf der Richtlinie (*directive*) 2011/83/EU vom 25.10.2011, die 2014 ins französische Verbraucherrecht umgesetzt (*transposée*) wurde. Die Regelungen hierzu finden sich in den Art. L. 221–1 ff. C. cons. Die meist äußerst umfangreichen Artikel zeichnen sich durch hohe Informationspflichten für den Unternehmer als Verkäufer aus. Auch hier sind die Unterschiede zum deutschen Recht eher gering, da beide Rechtsordnungen die oben genannte Richtlinie umgesetzt haben.

376

In Art. L. 221–1 C. cons. wird im ersten Absatz definiert, was unter einem Fernabsatzvertrag zu verstehen ist: Nämlich ein Vertrag zwischen einem Unternehmer und einem Verbraucher, der ausschließlich durch die Verwendung von **Fernkommunikationsmittel** (*recours exlusif à une ou plusieurs techniques de communication à distance*) im Rahmen eines für den Fernabsatz organisierten Vertriebs- oder Dienstleistungssystems (*dans le cadre d'un système organisé de vente ou de prestation de service à distance*) geschlossen wird. Im zweiten Absatz wird dann der außerhalb von Geschäftsräumen geschlossene Vertrag definiert. Die umfangreichen vorvertraglichen Informationspflichten (*informations précontractuelles*) des Unternehmers sind in Art. L. 221–5 ff. C. cons. aufgeführt.

377

378 Dem Verbraucher steht sowohl bei Fernabsatzverträgen als auch bei Verträgen, die außerhalb von Geschäftsräumen geschlossen werden, ein **Widerrufsrecht** (*droit de rétractation*) zu. Die Widerrufsfrist (*délai de droit de rétractation*) beträgt 14 Tage (s. hierzu im Einzelnen Art. L. 221–18 C. cons.). Die Ausübung des Widerrufsrechts ist in den Art. L. 221–21 C. cons. ff. geregelt. Die vorstehenden Vorschriften sind gem. Art. L. 221–29 *ordre public* Vorschriften und somit nicht abdingbar.

Weiterführende Literatur:
J.-D. *Pellier*, Droit de la consommation, 3. Aufl., Dalloz, Paris 2021
N, *Picod*, Y. *Picod*, Droit de la consommation, 5. Aufl., Sirey, Paris 2020
G. *Raymond*, Droit de la consommation, 5. Aufl., LexisNexis, Paris 2019

c) Besonderheiten beim Immobilienkauf

379 Grundsätzlich gelten für den **Immobilienkauf** (*vente immobilière*) die gleichen Vorschriften wie für den Kauf einer beweglichen Sache. Im Unterschied zum deutschen Recht bedarf der Kauf einer Immobilie grundsätzlich keiner bestimmten Form. Die notarielle Beurkundung (*acte authentique*) ist keine Wirksamkeitsvoraussetzung.

380 Soll das Recht an der Immobilie jedoch auch Dritten entgegengehalten werden können (*opposabilité aux tiers*), bedarf es der Veröffentlichung des Kaufvertrags im *fichier immobilier*.[60] Dieses Erfordernis der *publicité foncière* ergibt sich aus Art. 30 des Dekretes n° 55–22 vom 4.1.1955. Eine solche Veröffentlichung ist jedoch nur möglich, wenn der Kaufvertrag zuvor vor dem Notar abgeschlossen wurde, also die notarielle Beurkundung erfahren hat.

381 Wird eine noch zu errichtende Immobilie verkauft (*vente d'immeuble à construire*), so muss der Kaufvertrag, um wirksam zu sein, vor dem Notar abgeschlossen werden. Hier ist die notarielle Beurkundung (*acte authentique*) ein Formerfordernis. Dies geht aus Art. L. 261–11 CCH (*Code de la construction et de l'habitation*) hervor.

382 Eine wichtige Besonderheit des Immobilienkaufs ist allerdings das hier geltende Rechtsinstitut *lésion*. Eine *lésion* ist das Ungleichgewicht zwischen Leistung und Gegenleistung. Natürlich sanktioniert das französische Recht nicht jede Ungleichgewichtung. Für den Fall des Immobilienkaufs liegt eine *lésion* vor, wenn der Verkäufer weniger als 5/12 des eigentlichen Wertes der Immobilie erhält. In diesem Fall kann er eine sog. *recision* verlangen. *Recision* ist ein anderes Wort für *annulation* und bedeutet folglich die Erwirkung der Nichtigkeit des Vertrages. Das heißt, der Verkäufer bekommt seine Immobilie zurück; muss allerdings dem Käufer den bereits bezahlten Kaufpreis ebenfalls zurückerstatten.

383 Der Käufer hat allerdings die Möglichkeit den Kaufvertrag zu „retten", indem er den zu wenig bezahlten Preis unter Abzug von 10 % an den Verkäufer zahlt. Die Möglichkeit, die Angelegenheit in Ordnung zu bringen, räumt Art. 1681 C. civ. dem Käufer und nur dem Käufer ein. Er kann sich sozusagen die *lésion* kaufen (*racheter la lésion*).

Weiterführende Literatur:
F. *Collard Dutilleul*, C. *Blond-Laurent*, P. *Laurent*, M. *Ghemame-Pinoche*, M. *Hérail*, Droit de la vente immobilière (2019/2020), 7. Aufl., Dalloz, Paris 2019

---

[60] Im Gebiet Elsass/Mosel (Alsace/Moselle) gibt es wie in Deutschland ein Grundbuch (*livre foncier*).

d) Besonderheiten beim Handelskauf

Der **Handelskauf** (*vente commerciale*) ist ein **Handelsgeschäft** (*acte de commerce*)[61]. Man versteht hierunter einen Kaufvertrag, der zwischen zwei Kaufleuten (*commerçants*) geschlossen wird.

Im *Code de commerce* gibt es nicht wie im deutschen Handelsgesetzbuch einen Kanon an Vorschriften, welche den Handelskauf im Speziellen regeln. Für den Handelskauf gelten vielmehr die Vorschriften zum Kaufvertrag im *Code civil*. Allerdings finden für Handelsgeschäfte besondere Vorschriften Anwendung, wie die des Art. 110–3 C. com[62]. Dies gilt auch für den Handelskauf, der ein Handelsgeschäft ist.

e) Französisches internationales Kaufrecht

Einführung

Neben dem „nationalen" französischen Kaufrecht spielt das **Internationale Kaufrecht**, also vor allem das **UN-Kaufrecht** (*Convention de Vienne*), eine große Rolle. Das UN-Kaufrecht regelt vereinfacht ausgedrückt den Internationalen Handelskauf. Es wird häufig auch unter der englischen Abkürzung CISG (*Convention on Contracts for the International Sale of Goods*) zitiert. Die französische Bezeichnung lautet: *Convention de Vienne sur les contrats de vente internationale de marchandises* (Abkürzung CVIM). Das UN-Kaufrecht ist ein **völkerrechtlicher Vertrag** (*convention de droit international public*).

Das Ziel des UN-Kaufrechts ist es, das internationale Kaufrecht zu vereinheitlichen. Deswegen enthält das UN-Kaufrecht Sachnormen (*règles matérielles*) und nicht lediglich Kollisionsnormen (*règles de conflit*). Es gilt inzwischen in annähernd 90 Staaten. Fast alle wirtschaftlich wichtigen Staaten (so auch Frankreich) der Erde sind dem Abkommen beigetreten – Großbritannien allerdings nicht. In seinem Anwendungsbereich verdrängt das UN-Kaufrecht die entsprechenden nationalstaatlichen Bestimmungen, in Frankreich also die kaufrechtlichen Regelungen des *Code civil*, des *Code de la consommation* und des *Code de commerce*.

Das CISG ist in vier Teile gegliedert. Teil I enthält im Wesentlichen Vorschriften zum Anwendungsbereich des CISG. In Teil II sind die Vorschriften zum Abschluss von Kaufverträgen enthalten. Teil III regelt die Rechte und Pflichten der Parteien sowie die Rechtsbehelfe im Falle von Leistungsstörungen; es regelt somit das materielle Kaufrecht. Teil IV enthält völkerrechtliche Schlussklauseln.

Anwendungsbereich des CISG

Der sachliche Anwendungsbereich des UN-Kaufrechts ist eröffnet, wenn gem. Art. 1 CISG ein **Kaufvertrag über Waren** vorliegt und der Ausnahmetatbestand des Art. 2 CISG nicht erfüllt ist. Gem. Art. 2 a) findet das UN-Kaufrecht keine Anwendung, wenn es sich um einen Kauf handelt „*von Waren für den persönlichen Gebrauch oder den Gebrauch in der Familie oder im Haushalt, es sei denn, dass der Verkäufer vor oder bei Vertragsschluss weder wusste noch wissen musste, dass die Ware für einen solchen Gebrauch gekauft wurde."* Vereinfacht ausgedrückt bedeutet dies, dass

---

61 S. hierzu im Einzelnen Rn. 513 ff.
62 S. hierzu im Einzelnen Rn. 513 ff.

Verbrauchergeschäfte von dem Anwendungsbereich des UN-Kaufrechts ausgeschlossen sind.

390 Gem. Art. 1 Abs. 1 a) CISG liegt ein internationaler Kauf im Sinne des UN-Kaufrechts vor, wenn die Parteien ihre Niederlassungen in verschiedenen Vertragsstaaten haben. Das UN-Kaufrecht hat nämlich das Ziel, Warenlieferungen mit internationalem Charakter zu regeln; es beansprucht dagegen keine Regelungskompetenz für rein nationale Sachverhalte.

391 Zudem ist erforderlich, dass die **Parteien** ihre Niederlassungen (*établissements*) in Staaten haben, die **Vertragsstaaten** (*Etats contractants*) sind. Das heißt, das UN-Kaufrecht muss in dem betroffenen Staat zum Zeitpunkt des Vertragsschlusses bereits in Kraft gewesen sein. Aufgrund der zunehmenden Mitgliedsstaaten findet das CISG bei internationalen Kaufverträgen regelmäßig Anwendung.

392 Eine **zusätzliche Ausdehnung** findet der Anwendungsbereich des UN-Kaufrechts durch Art. 1 Abs. 1 b) CISG. Danach findet das UN-Kaufrecht auch Anwendung, wenn die **Regeln des internationalen Privatrechts** (*règles du droit international privé*) zur Anwendung des Rechts eines Vertragsstaates führen. Grundsätzlich ist das Recht des Staates anwendbar, das von den Vertragsparteien als anwendbares Recht (*droit applicable*) gewählt wurde oder mangels Rechtswahl (*choix de droit applicable*) das Recht des Staates, in welchem der Verkäufer seinen gewöhnlichen Aufenthaltsort oder bei Gesellschaften seine Niederlassung hat[63]. Findet das UN-Kaufrecht „automatisch" Anwendung (was meist der Fall sein wird!), haben die Parteien jedoch die Möglichkeit, das UN-Kaufrecht auszuschließen.

Allgemeine Vorschriften

393 Art. 4 CISG regelt den **rechtlichen Geltungsumfang** (*champ d'application*) des UN-Kaufrechts, das heißt er gibt Auskunft darüber, welche rechtlichen Fragen das UN-Kaufrecht regelt. Die Fragen, die das UN-Kaufrecht nicht regelt, werden durch das jeweilige anwendbare nationale Recht beantwortet. Es muss folglich nach den Regeln des Internationalen Privatrechts ermittelt werden, welches Recht das auf den Kaufvertrag anwendbare Recht ist.

394 Das UN-Kaufrecht regelt im Wesentlichen: den Abschluss von Verträgen (Art. 14–24); die Form von Kaufverträgen (Art. 11) und die Rechte und Pflichten des Verkäufers und Käufers (Art. 45 ff.). **Ausgenommen sind hingegen**: Rechtsfragen der Gültigkeit des Vertrages (z.B. fehlende Geschäftsfähigkeit) einschließlich der Inhaltskontrolle von Allgemeinen Geschäftsbedingungen; die Gültigkeit von Gebräuchen, dingliche Rechtsfragen und die Haftung des Verkäufers für die durch die Ware verursachten Personenschäden.

395 Wichtig zu erwähnen ist der Einbezug von Allgemeinen Geschäftsbedingungen in einen Vertrag nach dem CISG. Damit Allgemeine Geschäftsbedingungen wirksam in den Vertrag einbezogen werden, ist erforderlich, dass zum Zeitpunkt des Vertragsschlusses die andere Partei sowohl einen Hinweis auf den Einbezug der Allgemeinen Geschäftsbedingungen in den Vertrag als auch den Text der Allgemeinen Geschäftsbedingungen selbst erhalten hat. Bekommt der Vertragspartner die Allgemeinen Geschäftsbedingungen erst mit der Rechnung zugesandt, so ist dies zu spät. D.h. in diesem Fall

---

63 S. Art. 4 Abs. 1 a) Rom I-VO.

sind die Allgemeinen Geschäftsbedingungen nicht Bestandteil des Vertrages. Diese Auslegung ergibt sich aus den Vorschriften Art. 8 und 9 CISG. Insofern gibt es hier eine Übereinstimmung zwischen dem französischem Recht des *Code civil* und dem UN-Kaufrecht.

Vertragsschluss

Der Vertragsschluss ist in den Art. 14–24 CISG (Teil II des CISG) geregelt. Gemäß Art. 11 CISG ist der Kaufvertrag formfrei.   396

Das **Vertragsangebot** muss an eine oder mehrere bestimmte Personen gerichtet sein, der Kaufgegenstand und der Kaufpreis müssen hinreichend bestimmt bzw. bestimmbar sein, die Parteien müssen sich erkennbar binden wollen, d.h. es muss ein erkennbarer Bindungswille vorhanden sein und das Angebot muss dem Empfänger zugehen (Art. 24 CISG). Was das **Wirksamwerden des Angebots** anbelangt, ist Art. 15 CISG anzuwenden: Danach wird zum einen ein Angebot wirksam, sobald es dem Empfänger zugeht, und zum anderen kann ein Angebot solange zurückgenommen werden, bis es dem Empfänger zugegangen ist. In Art. 15 Abs. 2 und Art. 16 CISG werden die Möglichkeit der Rücknahme beziehungsweise des Widerrufs des Angebots geregelt.   397

Die **Vertragsannahme** erfolgt durch die ausdrückliche oder konkludente Erklärung des Empfängers, das Angebot anzunehmen, s. Art. 18 CISG. Schweigen allein führt nicht zum Vertragsabschluss. Wirksam wird die Annahmeerklärung grundsätzlich mit Zugang. Enthält die abweichende Annahme wesentliche Änderungen, so ist darin die Ablehnung des Angebots und die Abgabe eines neuen Angebots zu sehen (Art. 19 Abs. 1 CISG). Die Folgen der verspäteten Annahme sind in Art. 21 CISG geregelt.   398

Pflichten der Vertragsparteien

Die **Pflichten des Verkäufers** sind in Art. 30 ff. CISG geregelt. Danach trifft den Verkäufer insbesondere die Pflicht, die Ware nebst Dokumenten zu liefern und das Eigentum an der Ware zu übertragen. Der **Käufer** muss nach Art. 53 CISG den Kaufpreis zahlen und die Ware abnehmen.   399

Mängelrechte des Käufers

Als Rechtsbehelf steht dem Käufer bei Lieferung vertragswidriger Ware grundsätzlich immer ein Anspruch auf Nachbesserung (*réparation de la chose*) zu. Die Minderung (*réduction du prix d'achat*) ist nur unter den in Art. 50 CISG genannten Voraussetzungen möglich.   400

Grundsätzlich ist nur bei einer wesentlichen Vertragsverletzung (*contravention essentielle*) die Vertragsaufhebung (*résolution du contrat*) möglich (s. Art. 49 Abs. 1 a CISG). Im Falle der Nichtlieferung durch die Setzung einer Nachfrist kann ebenfalls die Aufhebung des Vertrages erreicht werden (Art. 49 Abs. 1 b CISG). Auch eine Ersatzlieferung (*remplacement du bien*) nach Art. 46 Abs. 2 CISG kann der Käufer nur verlangen, wenn es sich bei dem Mangel wiederum um eine wesentliche Vertragsverletzung handelt. Es gibt somit keine einheitlichen Rechtsbehelfe für den „Vertragsbruch". Diese hängen vielmehr von der „Qualität" des Vertragsbruchs bzw. von weiteren Voraussetzungen wie die Setzung einer Nachfrist ab.   401

402 Zudem hat der Käufer auch nach dem CISG die Möglichkeit, Schadensersatz geltend zu machen (ergibt sich aus Art. 45 Abs. 1 lit. b CISG). Auf ein Verschulden des Verkäufers – wie im deutschen Recht – kommt es im UN-Kaufrecht nicht an! Die Geltendmachung von Schadensersatz kann mit anderen Rechtsbehelfen kumuliert werden. Zu der Höhe des Schadensersatzes, s. Art. 74 ff. CISG.

403 Primäres Recht des Käufers ist somit die Nacherfüllung im Sinne einer Nachbesserung. Anmerkung: Die Verjährung ist im UN-Kaufrecht nicht geregelt. Deswegen ist hier stets das anwendbare Recht nach den Vorschriften des Internationalen Privatrechts zu ermitteln (siehe oben).

404 Damit der Käufer seine Mängelrechte wahrt, hat er nach Art. 38 CISG die Ware innerhalb einer so kurzen Frist auf erkennbare Sachmängel zu untersuchen, wie es die Umstände erlauben. Gem. Art. 39 CISG muss der Käufer nach Feststellung eines Sachmangels diesen innerhalb einer angemessenen Frist dem Verkäufer unter Angabe der Art der Vertragswidrigkeit anzeigen. Bei Rechtsmängeln (Art. 41, Art. 42 CISG) trifft den Käufer gem. Art. 43 CISG lediglich eine Rügepflicht.

Weiterführende Literatur:
P. *Schlechtriem*, C. *Witz*, Convention de Vienne sur les contrats de vente internationale de marchandises, Dalloz, Paris 2008

3. Bürgschaftsvertrag
a) Einführung

405 Der Bürgschaftsvertrag (*cautionnement*) ist ein einseitig verpflichtender Vertrag (*contrat unilatéral*). Er ist eine persönliche Sicherheit (*sûreté personnelle*) und somit im vierten Buch (*des sûretés*) des *Code civil* geregelt. Als akzessorische Sicherheit (*sûreté accessoire*) setzt die Bürgschaft stets eine Hauptverbindlichkeit (*obligation principale*) voraus. Dies normiert Art. 2293 Abs. 1 C. civ. in aller Deutlichkeit: „*Le cautionnement ne peut exister que sur une obligation valable.* ».

406 Der Bürgschaftsvertrag ist ein Konsensualvertrag (*contrat consensuel*) und unterliegt folglich keinerlei Formvorschriften. Zudem ist er ein *contrat nommé*, da er den speziellen Regelungen des *Code civil*, nämlich den Art. 2288 ff., unterliegt.

407 Abzugrenzen ist die Bürgschaft von den anderen zwei im *Code civil* geregelten persönlichen Sicherheiten, der **selbstständigen Garantie** (*garantie autonome*) und der **Patronatserklärung** (*lettre d'intention*). Der große Unterschied zwischen der selbstständigen Garantie und der Bürgschaft ist, dass die selbstständige Garantie nicht akzessorisch, also nicht vom Bestehen der Hauptverbindlichkeit abhängig ist.

408 Von der Patronatserklärung unterscheidet sich der Bürgschaftsvertrag weitgehend dadurch, dass es für ihn ein festes gesetzliches Korsett gibt. Die Patronatserklärung lässt hingegen dem Erklärenden weitgehende Freiheit, was die inhaltliche Gestaltung anbelangt. Dies geht soweit, dass die Patronatserklärung lediglich eine moralische und keinerlei juristische verpflichtende Erklärung sein kann. Sowohl die Patronatserklärung als auch die selbstständige Garantie sind zudem keine Verträge, sondern einseitige Rechtsgeschäfte.

b) Wesen des Bürgschaftsvertrags

In einem Bürgschaftsvertrag verpflichtet sich der Bürge (*la caution*) gegenüber seinem Vertragspartner, dem Gläubiger der Bürgschaft, für die Schuld eines Dritten einzustehen. Art. 2288 C. civ. fasst dies wie folgt zusammen: « *Le cautionnement est le contrat par lequel une caution s'oblige envers le créancier à payer la dette du débiteur en cas de défaillance de celui-ci. Il peut être souscrit à la demande du débiteur principal ou sans demande de sa part et même à son insu.* ». Der Hauptschuldner ist nicht am Bürgschaftsvertrag beteiligt. Nachfolgendes Schaubild soll dies verdeutlichen:

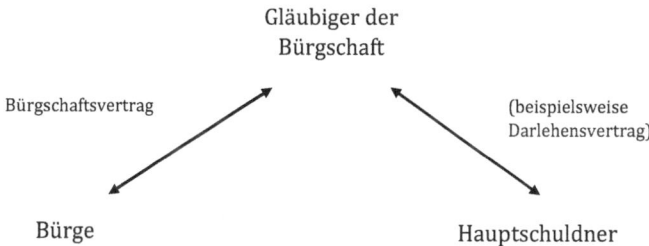

Der Bürge ist sozusagen ein Altruist, denn er geht durch den Bürgschaftsvertrag ein großes Risiko ein, nämlich für die Schuld eines Dritten, dem Hauptschuldner, zu zahlen, ohne hierfür irgendeine Gegenleistung zu erhalten.

c) Zivilrechtliche und handelsrechtliche Bürgschaft

Im französischen Recht unterschied man bis zur Reform durch die ordonnance 2021-1192 vom 15. September 2021 (in Kraft getreten am 1. Januar 2022) die zivilrechtliche Bürgschaft (*cautionnement civil*) von der handelsrechtlichen Bürgschaft (*cautionnement commercial*).

Der französische Gesetzgeber hat nunmehr ein weitgehend einheitliches Bürgschaftsrecht verabschiedet. Die Regelungen hierzu finden sich im Code civil.

Allerdings gibt es in Art. L. 110-1 n° 11 C. com. noch eine spezielle Regelung für Bürgschaften über handelsrechtliche Verbindlichkeiten (*dettes commerciales*). Diese Bürgschaften werden nach neuem Recht stets als *acte de commerce par accessoire* angesehen und zwar unabhängig davon, ob der Bürge ein Kaufmann ist oder nicht. In diesen Fällen sind dann konsequenterweise die Handelsgerichte als zuständige Gerichtsbarkeit anzusehen.

„Einfache" und gesamtschuldnerische Bürgschaft

Der Unterschied zwischen dem *cautionnement simple* (einfache Bürgschaft) und der *cautionnement solidaire* (gesamtschuldnerische Bürgschaft) ist, dass der *cautionnement solidaire* die zwei Einreden *bénéfice de discussion* und *bénéfice de division* nicht zustehen. Auf die zwei Einreden wird nachstehend noch eingegangen.

d) Vertragsschluss

414 Der Bürgschaftsvertrag als **Konsensualvertrag** kommt durch den formlosen Vertrag zwischen dem Bürgen und dem Gläubiger der Bürgschaft, also durch deren übereinstimmende Willenserklärungen, zustande. Allerdings können Bürgschaftserklärungen nicht konkludent abgegeben werden, denn, so Art. 2294 C. civ.: « *Le cautionnement doit être exprès. Il ne peut être étendu au-delà des limites dans lesquelles il a été contracté.* ». Jeder, der sich verbürgt, muss dies folglich ausdrücklich tun.

415 Ist der Bürge jedoch eine **natürliche Person**, so verlangt Art. L. 2297 Abs. 1 C. civ. zudem für die Wirksamkeit der Bürgschaft folgende *mention manuscrite*: « *A peine de nullité de son engagement, la caution personne physique appose elle-même la mention qu'elle s'engage en qualité de caution à payer au créancier ce que lui doit le débiteur en cas de défaillance de celui-ci, dans la limite d'un montant en principal et accessoires exprimé en toutes lettres et en chiffres. En cas de différence, le cautionnement vaut pour la somme écrite en toutes lettres.* ».

Die diesbezüglichen Vorschriften aus dem Code de la consommation wurden außer Kraft gesetzt. Der Bürge muss nunmehr nicht mehr einen vom Gesetzgeber vorgegebenen Gesetzeswortlaut im Bürgschaftsvertrag wiedergeben, sondern durch die *mention manuscrite* zum Ausdruck bringen, dass er sich über die Art und den Umfang der Verpflichtung bewusst ist. Bei Fehlen der *mention manuscrite* wird die Bürgschaft als nichtig angesehen.

Die Nichtigkeit ist allerdings eine relative (*nullité relative*).[64]

416 Neben den reinen Formvorschriften kennt das französische Recht zudem umfassende **Beweisvorschriften**[65]. Diese Beweisvorschriften gelten nicht, wenn die Bürgschaft eine Sicherheit für handelsrechtliche Verbindlichkeiten darstellt und damit als Handelsgeschäft (acte de commerce) im Sinne von Art. L. 110-1 C. com. anzusehen ist. Denn im Handelsrecht gilt der Grundsatz der *preuve libre*[66]. Ansonsten ist die Beweisvorschrift des Art. 1359 C. civ. zu beachten, nach der für Rechtsgeschäfte über 1.500 EUR die Schriftform einzuhalten ist[67].

e) Umfang der Bürgschaft

417 Die Bürgschaftsverpflichtung umfasst neben der Hauptschuld (*obligation principale*) alle mit der Hauptschuld zusammenhängenden Nebenverbindlichkeiten – wie Zinsen, Kosten usw. Dies hält Art. 2295 Abs. 1 C. civ. fest: « *Sauf clause contraire, le cautionnement s'étend aux intérêts et autres accessoires de l'obligation garantie, ainsi qu'aux frais de la première demande, et à tous ceux postérieurs à la dénonciation qui en est faite à la caution.* ».

f) Informationspflichten

418 Das französische Recht räumt Informationspflichten (*obligations d'information*) einen hohen Stellenwert ein. So treffen auch den Gläubiger der Bürgschaft gegenüber dem Bürgen Informationspflichten. So muss nach Art. 2302 C. civ. jeder Bürge, der eine

---

[64] S. hierzu im Einzelnen P. Malaurie, L. Ayriès, Droit des sûretés, 15. Aufl., L.G.D.J., Paris 2021, Rn. 115
[65] S. hierzu im Einzelnen Rn. 311 ff.
[66] S. hierzu im Einzelnen Rn. 533.
[67] S. hierzu im Einzelnen Rn. 312 ff.

natürliche Person ist, vom Gläubiger der Bürgschaft *(créancier professionnel)* bis zum 31. März über den Stand der Schuld zum 31. Dezember des Vorjahres informiert werden. Kommt der Gläubiger der Bürgschaft dieser Informationspflicht nicht nach, so verliert er gegenüber dem Bürgen seinen Anspruch auf die für die Zeit der vorangegangen bis zur Übermittlung der neuen Unterrichtung an den Bürgen angefallenen Zinsen und Vertragsstrafen *(déchéance de la garantie des intérêts et pénalités)*.

Zudem muss der Gläubiger der Bürgschaft (créancier professionnel) den Bürgen (personne physique) über Zahlungsschwierigkeiten des Hauptschuldners informieren. Das Unterlassen der Informationspflicht hat ebenfalls negative Konsequenzen für den Gläubiger der Bürgschaft. So lautet Art. 2303 Abs. 1 C. civ.: « *Le créancier professionnel est tenu d'informer toute caution personne physique de la défaillance du débiteur principal dès le premier incident de paiement non régularisé dans le mois de l'exigibilité de ce paiement, à peine de déchéance de la garantie des intérêts et pénalités échus entre la date de cet incident et celle à laquelle elle en a été informée.* ». 419

g) Einreden

Gem. Art. 2305 C. civ. muss der Gläubiger erst gegen den Hauptschuldner vorgehen, d.h. in dessen Vermögen vollstrecken, bevor er den Bürgen in Anspruch nehmen kann. Der Bürge kann sich anderenfalls auf die **Einrede der Vorausklage** (*bénéfice de discussion*) berufen. Allerdings trifft den Bürgen hierbei eine gewisse Mitwirkungspflicht, was die Vermögenswerte des Hauptschuldners betrifft (s. hierzu im Einzelnen Art. 2305-1 C. civ.). 421

Hat der Bürge auf die Einrede der Vorausklage verzichtet, was von den Kreditinstituten regelmäßig verlangt wird, kann er sich auf die Einrede der Vorausklage ebenfalls nicht berufen. Auch wenn die Bürgschaft eine gesamtschuldnerische ist, also in dem Bürgschaftsvertrag eine *stipulation de solidarité* aufgenommen wurde, kommt der Bürge nicht in den Genuss der Einrede der Vorausklage (s. o.). Dies gilt gleichfalls für die sogenannte « *caution judiciare* », d.h. die gerichtlich angeordnete Bürgschaft. So lautet Art. 2305 Abs. 2 C. civ.: « *Ne peut se prévaloir de ce bénéfice ni la caution tenue solidairement avec le débiteur, ni celle qui a renoncé à ce bénéfice, non plus que la caution judiciaire* ». 422

Daneben gibt es die **Einrede des** *bénéfice de division*. Dies ist die Einrede des Bürgen, nicht über seinen Anteil hinaus in Anspruch genommen zu werden (s. Art. 2306 Abs. 2 C. civ.). Der gesamtschuldnerische Bürge (*la caution solidaire*) kommt allerdings nicht in den Genuss dieser Einrede (s. o.). Auch Bürgen, die auf diese Einrede verzichtet haben, können sich nicht auf sie berufen. Für sie gilt der in Art. 2306 Abs. 1 C. civ. aufgestellte Grundsatz, dass jeder Mitbürge für die ganze Schuld haftet. 424

Schliesslich kann der Bürge sich gegenüber dem Gläubiger auf **sämtliche Einreden, die dem Hauptschuldner zustehen**, berufen (*exceptions opposables au créancier*). Dies ergibt sich aus Art. 2298 C. civ. 425

h) Mitbürgschaft

Manchmal genügt es dem Gläubiger nicht, sich mit einer Bürgschaft zufrieden zu geben. Verbürgen sich mehrere Personen für die gleiche Hauptschuld, so werden diese als *cofidéjusseurs* bezeichnet. In dem Fall der Mitbürgschaft kommen zwei verschiedene Varianten in Betracht: Entweder haben sich die Bürgen unabhängig voneinander 426 für die gleiche Hauptschuld verbürgt oder mehrere Bürgen haben sich gesamtschuldnerisch verpflichtet.

427 Im Fall der ersten Variante kann der Bürge dem Gläubiger die *bénéfice de discussion* (s. o.) entgegensetzen. Bei der gesamtschuldnerischen Bürgschaft (*cautionnement solidaire*) kann es sein, dass einer der Mitbürgen für die gesamte Summe in Anspruch genommen wird, in diesem Fall kann der in Anspruch genommene Bürge Rückgriff bei den anderen Bürgen nehmen. Dies geht aus Art. 2312 C. civ. hervor: « *En cas de pluralité de cautions, celle qui a payé a un recours personnel et un recours subrogatoire contre les autres, chacune pour sa part.* ».

i) Rückgriffsmöglichkeiten des Bürgen

428 Aus Art. 2309 C. civ.[68] ergibt sich, dass wenn der Bürge den Gläubiger befriedigt, die Rechte des Gläubigers gegenüber dem Hauptschuldner auf den Bürgen übergehen. Art. 2309 normiert somit eine Legalzession.

j) Erlöschen der Bürgschaft

429 Für das Erlöschen der Bürgschaft gibt es zwei verschiedene Wege: Das Erlöschen der Bürgschaft, weil die Hauptschuld weggefallen ist. Diesen Weg bezeichnet man als *extinction par voie accessoire*. Das Erlöschen der Bürgschaft, weil die Verpflichtungen aus der Bürgschaft nicht mehr bestehen. Dieser zweite Weg wird als *extinction par voie principale* bezeichnet.

430 Im ersten Fall erlischt die Bürgschaft, weil der Schuldner seine Hauptschuld vollständig getilgt hat, eine Schuldumwandlung (*novation*) stattgefunden hat oder weil dem Schuldner seine Schulden erlassen wurden (*remise de dette*).

431 Für die *extinction par voie principale* gilt: Handelt es sich um eine befristete Bürgschaft (*cautionnement à durée déterminée*), so erlischt die Bürgschaft mit Ablauf der vereinbarten Frist. Handelt es sich um eine unbefristete Bürgschaft (*cautionnement à durée indéterminée*), so muss der Bürge die Möglichkeit haben, diese zu kündigen. Auch hierdurch wird die Bürgschaft beendet. Allerdings ist zu beachten, dass in diesem Fall der Bürge für alle Verbindlichkeiten aufkommen muss, die vor der Kündigung entstanden sind.[69]

Weiterführende Literatur:
P. Malaurie, L. Aynés, Droit des sûretés, 15. Aufl., L.G.D.J., Paris 2021
M. Cabrillac, S. Cabrillac, C. Mouly, P. Pétel, Droit des sûretés, 10. Aufl., LexisNexis, Paris 2015
C. Séjean-Chazal, La réalisation de la sûreté, Dalloz, Paris 2019

III. Deliktsrecht

1. Allgemeines

a) Grundzüge der Deliktshaftung

432 Das französische Deliktsrecht ist vom deutschen grundverschieden. Der Code civil statuiert eine deliktische Generalklausel (*clause générale de responsabilité*), die Art. 1240

---

[68] Art. 2309 C. civ.: « *La caution qui a payé tout ou partie de la dette est subrogée dans les droits qu'avait le créancier contre le débiteur.* ».
[69] M. Cabrillac, S. Cabrillac, C. Mouly, P. Pétel, Droit des sûretés, 10 Aufl., LexisNexis, Paris 2015, Rn. 373.

und 1241, ehemals1382 und 1383, die eine **allgemeine Fahrlässigkeitshaftung** begründet. Der Begriff des **geschützten Rechtsgutes** ist unbekannt. Allenfalls spricht man von geschützten Interessen *(intérêts protégés)*, jedoch ohne dass dem Begriff praktische Bedeutung zukommen würde, da grundsätzlich jedes Interesse deliktsrechtlich geschützt ist: Schaden, ob Vermögensschaden *(dommage patrimonial)* oder immaterieller Schaden *(dommage moral)*, ist stets ersetzbar *(réparable)*.

Ein entscheidender Unterschied zum deutschen Recht liegt ferner darin, dass im französischen Recht bereits zum Ende des 19. Jahrhunderts das **Verschuldensprinzip** *(principe de la responsabilité pour faute)* aufgegeben wurde. Die Rechtsprechung hat in jener Zeit eine Sachhalterhaftung *(responsabilité du fait des choses)* ins Leben gerufen, die verschuldensunabhängig ist[70]. **Haftung ohne Verschulden** *(responsabilité sans faute, responsabilité objective* oder *responsabilite pour risque)* ist damit in Frankreich, anders als in Deutschland, nicht auf Spezialgesetze beschränkt, sondern **Teil des allgemeinen Rechts.**

Schließlich ist hervorzuheben, dass die französische Deliktshaftung weitgehend **Richterrecht** *(droit prétorien)* ist. Die Rechtsprechung hat nicht nur selbstständig Haftungsgrundlagen entwickelt – wie die Sachhalterhaftung oder das Prinzip der Haftung für Dritte –, sondern ist auch *contra legem* tätig geworden, z.B. indem es bei der Haftung der Eltern für ihre Kinder auf das Verschuldenserfordernis verzichtet[71]. Für den französischen Juristen sind die Texte des Code civil im Deliktsrecht daher weitgehend unerheblich; es zählt allein die Kenntnis der Rechtsprechung. Die seit vielen Jahren angestrebte Reform der Deliktshaftung[72] soll dem Abhilfe schaffen, indem die richterlichen Grundsätze weitgehend kodifiziert werden.

b) Auftrag der Deliktshaftung

Der Auftrag des Deliktsrechts wird in Frankreich anders verstanden als in Deutschland. Während im deutschen Deliktsrecht die **Wahrung der Handlungsfreiheit** stets mitgedacht wird, ist dieser Aspekt in Frankreich in den Hintergrund gedrängt worden. Das Deliktsrecht wird immer mehr aus der **Perspektive des Geschädigten** betrachtet und gestaltet. Ursprünglich hatte es die Aufgabe, in *bestimmten* Fällen Ersatz zu gewähren. Heute wird seine Funktion vielfach darin gesehen, in jedem Fall und für jeden erdenklichen Schaden einen Ausgleichszahler ausfindig zu machen. Die Literatur spricht von der **Vorherrschaft einer Entschädigungsideologie** *("idéologie de la réparation"[73])*. In der Rechtsprechung findet diese Haltung ihren Ausdruck insbesondere in der sprunghaften Zunahme der ersetzbaren Schäden *("inflation des dommages réparables")* und einer fortschreitenden Aufweichung der Haftungsvoraussetzungen[74]. Der Gesetzgeber hat diese Tendenz mit der Einrichtung von Sonderentschädigungsfonds[75] gestützt, die bei Ausfall der Verantwortlichen einspringen: Entschädigungsfonds für Verkehrsunfallopfer, für Opfer medizinischer Eingriffe, für Opfer von Straftaten usw.

---

70 S. hierzu Rn. 466 ff.
71 S. hierzu Rn. 478 ff.
72 S. insb. Projet de réforme de la responsabilité civile – mars 2017, http://www.justice.gouv.fr/publication/projet_de_reforme_de_la_responsabilite_civile_13032017.pdf; Proposition de loi n° 678 portant réforme e de la responsabilité civile du 29.7.2020, https://www.senat.fr/leg/ppl19-678.html ; hierzu, V. Monteillet, G. Cerquera (Hrsg.), Le projet de réforme du droit de la responsabilité civile, Dalloz 2021.
73 L. Cadiet, Sur les faits et les méfaits de l'idéologie de la réparation, in Festschrift Drai, Dalloz 2000, S. 495 ff.
74 P. Brun, Responsabilité civil extracontractuelle, 5. Aufl., LexisNexis, Paris 2018, Rn. 11.
75 Ausf. J. Knetsch, Le droit de la responsabilité et les fonds d'indemnisation, LGDJ, Paris 2013.

Im **internationalen Vergleich** nimmt das französische Deliktsrecht mittlerweile eine Sonderstellung ein: kein anderes modernes Rechtssystem gesteht dem Geschädigten ähnlich weitreichende Ansprüche zu.

436 Für Diskussionen sorgt auch die Frage, ob das Deliktsrecht neben der Entschädigungsfunktion noch **weitere Funktionen** übernehmen soll. Konsens besteht darin, dass die Deliktshaftung auch präventiv (*préventif*) bzw. abschreckend (*dissuasif*) wirkt, indem sie bestimmte Verhaltensweisen sanktioniert. Eine **Straffunktion** (*fonction punitive*) **wohnt dem Deliktsrecht dagegen nicht inne**. Insbesondere kennt das französische Recht keine *punitive damages* (*dommages et intérêts punitifs*)[76]. Zwar hat der bedeutende Reformvorschlag zum Deliktsrecht der Gelehrtengruppe um Pierre Catala (sog. *Projet Catala*) die Einführung von *punitive damages* vorgesehen (Art. 1371), ebenso wie ein Gesetzesvorhaben, das 2010 im Senat eingebracht wurde (Art. 1386–25)[77], jedoch ist dies in der Literatur überwiegend kritisch gesehen worden[78]. Stein des Anstoßes ist weniger die übermäßige Belastung des Schädigers, als der Umstand, dass der Geschädigte einen Gewinn verbuchen würde. Das Reformvorhaben der Regierung zum Deliktsrecht von 2017 sieht daher in Art. 1266–1 ein anderes Mittel vor[79]. Danach kann der Richter in bestimmten Fällen ein Zivilbußgeld (*amende civile*) verhängen, das zum Zwecke der Behebung von Gemeinschaftsschäden (*dommages collectifs*) an staatliche Entschädigungsfonds geht[80]. Im Reformvorschlag des Senats von 2021 ist von diesem Mittel allerdings wieder Abstand genommen worden[81].

c) Verhältnis der Deliktshaftung zu anderen Rechtsgebieten

Verhältnis zum Vertragsrecht

437 In Frankreich gilt – anders als in Deutschland – keine freie Anspruchskonkurrenz zwischen Deliktsrecht und Vertragsrecht. Vielmehr ist ein vertragsrechtlicher Anspruch stets vorrangig und schließt deliktische Ansprüche aus. Der Geschädigte hat also in Frankreich **keine Wahl zwischen vertraglicher und deliktischer Haftung** (*principe du non-cumul des responsabilités*): besteht zwischen den Parteien ein Vertragsverhältnis, können **allein vertragliche Ansprüche** geltend gemacht werden. Der Grundsatz geht auf die Rechtsprechung zurück[82]. Sein Zweck ist es, die Wirksamkeit vertraglicher und gesetzlicher **Haftungsbegrenzungen** (*limitations de responsabilité*) sicherzustellen, etwa vereinbarte Haftungsobergrenzen oder die gesetzliche Beschränkung der Vertragshaftung auf den bei Vertragsschluss „vorhersehbaren" Schaden (*dommage prévisible*; Art. 1231-3 C. civ.). Notwendig ist der Grundsatz auch und gerade deshalb, weil die französische Deliktshaftung – anders als die deutsche – von einer umfassenden Fahrlässigkeitshaftung beherrscht wird, die auch bei bloßen Vermögensschäden greift. Für wirksame Vertragsgestaltung wäre daher bei freier Anspruchskonkurrenz wenig Raum.

---

76 Ausländische Urteile, in denen *punitive damages* zugesprochen werden, sind gleichwohl vollstreckbar solange bei der Höhe der Strafe die Verhältnismäßigkeit (*proportionalité*) gewahrt ist (vgl. Cass. civ. I. 1.12.2010, n° de pourvoi 09–13.303).
77 Propostion de loi n° 657 portant réforme de la responsabilité civile du 7 juillet 2010.
78 P. Brun, aaO, Rn. 15.
79 Projet de réforme de la responsabilité civile – mars 2017, aaO.
80 Ausf. O. Berg, Amende civile ou dommages et intérêts collectifs, Responsabilité civile et assurance, avril 2019, n°4, S. 6 ff.
81 Proposition de loi n° 678 portant réforme de la responsabilité civile du 29.7.2020, aaO.
82 Cass. Req. 21.1.1890, S. 1890, I, S. 408 ff.; DP 1891, I, S. 380 ff.

Eine besondere Lösung findet sich in Frankreich auch hinsichtlich der Frage, wie eine **Vertragspflichtverletzung gegenüber Dritten** zu bewerten ist (*effet de la faute contractuelle à l'égard de tiers*). Häufig findet es sich, dass eine Vertragspartei bei der Erfüllung ihrer Leistungen einem Dritten Schaden zufügt; etwa, wenn bei Bauarbeiten ein Nachbargebäude beschädigt wird. Nach deutschem Recht ist klar, dass eine Vertragspflichtverletzung nicht *per se* eine deliktische Haftung gegenüber Dritten begründet; der Dritte muss vielmehr nachweisen, dass die Voraussetzungen der deliktischen Haftung erfüllt sind, also etwa eine Rechtsgutsverletzung nach § 823 Abs. 1 BGB vorliegt. In Frankreich sind die Meinungen hingegen geteilt. Nach der **Autonomielehre** gilt, dass – wie in Deutschland – deliktische und vertragliche Ansprüche voneinander unabhängig sind (*théorie de l'autonomie des fautes contractuelles et délictuelles*). Dagegen besagt die **Einheitslehre**, dass eine Vertragspflichtverletzung *automatisch* zugleich auch eine deliktische Haftung gegenüber Dritten begründet (*théorie de l'unité des fautes contractuelles et délictuelles*).

438

Die Rechtsprechung war zunächst über viele Jahrzehnte schwankend[83]. Tendenziell hat sie bei **bloßen Vermögensschäden** (*préjudices purement économiques*) eher die Autonomielehre angewandt. So etwa gegenüber dem Käufer eines neuen Fischerbootes, der nach einem Maschinenschaden feststellen musste, dass der Mangel von keiner Versicherung gedeckt ist, weil der Verkäufer von seinem Versicherungsmakler schlecht beraten wurde[84]. Der Käufer klagte auf Schadensersatz gegen den Versicherungsmakler, wurde jedoch abgewiesen. Der Kassationsgerichtshof entschied, dass „ein deliktischer Anspruch eine Verletzung der allgemeinen Sorgfaltspflicht voraussetzt; vorliegend kann jedoch nur eine Vertragspflichtverletzung wegen schlechter Beratung festgestellt werden, womit ein deliktischer Anspruch des Dritten nicht gegeben ist". Bei **Sach- oder Personenschäden** (*atteintes physiques aux biens et aux personnes*) hat sich die Rechtsprechung dagegen regelmäßig damit zufriedengegeben, dass der Dritte auf die Vertragspflichtverletzung verweist. So konnte sich etwa das Opfer eines schadhaften Fahrstuhls auf die mangelhafte Erfüllung des Wartungsvertrages berufen, um einen deliktischen Anspruch gegen das Wartungsunternehmen zu begründen[85].

439

In einer Grundsatzentscheidung von 2006 hat sich die Vollversammlung des Kassationsgerichtshofes **zugunsten der Einheitslehre** ausgesprochen[86]. Danach „steht einem Dritten, wenn dieser durch eine Vertragspflichtverletzung geschädigt wurde, ein deliktischer Anspruch gegen die schuldhafte Vertragspartei zu". Im vorliegenden Fall hat es der deliktischen Schadensersatzklage eines Ladenbetreibers, der seine Geschäftsräume als Untermieter belegte, gegen den Vermieter stattgegeben, weil dieser unter Verletzung des Hauptmietvertrages nicht für eine ordentliche Instandhaltung des Gebäudes gesorgt hatte. In der Lehre wird diese Entwicklung überwiegend **kritisch betrachtet**. Auch die jüngste Rechtsprechung lässt erkennen, dass das letzte Wort noch nicht gesprochen ist. So hat der 3. Zivilsenat unlängst wieder andersherum geurteilt[87]. Der Senat hat eine Berufungsentscheidung kassiert, weil das Gericht „nicht allein von der Verletzung der Pflicht, ein vertragsgerechtes und mangelfreies Werk zu liefern, auf ein deliktisches Fehlverhalten schließen konnte".

440

---

83 Ausf. O. Berg, La protection des intérêts incorporels en droit de la réparation des dommages, Bruylant-LGDJ, Paris-Bruxelles 2006, Rn. 39 ff.
84 Cass. com. 17.6.1997, *Bull. civ.* IV, n° 187; RTD civ. 1998, S. 113 ff., Anm. P. Jourdain.
85 Cass. civ. 8.5.1948, JCP 1948, II, 4773, Anm. R Savatier.
86 Ass. Plén. 6.10.2006, n° de pourvoi 05–13.255.
87 Cass. civ. III. 18.5.2017, n° de pourvoi 16–11.203.

Verhältnis zum öffentlichen Recht

441 Der Anwendungsbereich der zivilrechtlichen Deliktshaftung ist in Frankreich enger, als in Deutschland, denn viele Schadensfälle fallen unter öffentlich-rechtliche Haftungsnormen[88]. Die französische Deliktshaftung regelt allein **Ansprüche gegen eine Privatperson**. Nicht geregelt werden dagegen Ansprüche, die ein Geschädigter gegenüber einer öffentlich-rechtlichen Person geltend macht, etwa, wenn bei öffentlichen Bauarbeiten Schaden entsteht (*dommage de travaux publics*), z.B. im Straßenbau oder bei der Errichtung öffentlicher Gebäude; gleiches gilt für Schäden durch medizinische Eingriffe, die in einem öffentlichen Krankenhaus (und nicht in einer privaten Klinik) durchgeführt werden. In diesen Fällen greifen stets die Normen der öffentlich-rechtlichen Haftung (*responsabilité administrative*), welche von den zivilrechtlichen teilweise grundverschieden sind[89]. Dass sich hieraus bei **gleichliegendem Sachverhalt unterschiedliche Lösungen ergeben können**, wird vielfach kritisiert; in der Rechtsprechung wird daher auch verstärkt auf eine Angleichung der Normen hingearbeitet.

Verhältnis zum Strafrecht

442 Das Strafrecht und das Deliktsrecht stehen in Frankreich in einem besonderen Verhältnis zueinander. Dies gilt zunächst aus **verfahrensrechtlicher Perspektive**. So ist der französische Strafrichter – anders als sein deutscher Kollege – befugt, einem **Zivilkläger** (*partie civile*; entspricht dem deutschen Nebenkläger) im Rahmen des Strafprozesses Schadensersatz zuzusprechen. Diese Möglichkeit wird von den Geschädigten häufig in Anspruch genommen, denn es kommt ihnen zugute, dass die **Ermittlungsbehörden den Sachverhalt aufklären**. Anders als im Zivilverfahren, wird ihnen damit das Beibringen der Beweise abgenommen, was etwa in komplexen Finanzmarktfällen (wie etwa Insiderhandel) oftmals entscheidend ist, denn dort ist die Beweisbeschaffung besonders schwierig. Der Weg über das Strafgericht kann somit vorteilhaft sein. Verpflichtend ist er nicht: die Schadensersatzklage kann immer auch vor einem Zivilgericht eingereicht werden.

443 Erkennt der Strafrichter auf eine strafrechtliche Schuld, so kann er zugleich zivilrechtlichen Schadensersatz zusprechen. Grundlage hierfür ist, dass eine **Straftat zugleich ein zivilrechtliches Delikt nach Art. 1240 des Code civil darstellt**, ähnlich wie nach § 823 Abs. 2 BGB. Aber auch bei Freispruch (*relaxe*) kann der Strafrichter i.d.R. aufgrund des ermittelten Sachverhaltes zivilrechtlichen Ausgleich gewähren. Stellt er eine Fahrlässigkeit fest, greift wiederum die allgemeine Deliktshaftung nach Art. 1240 des Code civil; auch besonderes Haftungsrecht kann zum Tragen kommen, z.B. Verkehrsunfallrecht[90]. So kann ein Strafgericht einen Angeklagten vom Vorwurf einer Straftat – etwa eines Verkehrsdeliktes – freisprechen und ihn zugleich zur Entschädigung des Unfallopfers verurteilen.

2. Schaden und Kausalität

444 Ein deliktischer Anspruch setzt nach französischem Recht voraus, dass der Kläger einen Schaden (*dommage*) und einen Kausalzusammenhang (*lien de causalité*) zwischen dem Haftungsgrund (*fait générateur de responsabilité*) und dem Schaden nach-

---

88 S. hierzu Rn. 90 ff.
89 S. hierzu Rn. 100 ff.
90 Ausf. P. Brun, Responsabilité civile extracontactuelle, 5. Aufl., LexisNexis, Paris 2018, Rn. 55 ff.

weist. Es wird somit auf dieselben Grundbegriffe abgestellt, wie im deutschen Recht. Darüber hinaus finden sich jedoch viele Unterschiede.

a) Ersetzbarer Schaden

In Frankreich gilt der **Grundsatz, dass jeder Schaden zu Ersatz berechtigt**. Einzige Voraussetzung ist, dass der Schaden mit Sicherheit vorliegt (*certain*), und nicht etwa hypothetisch (*hypothétique*) ist oder in der Zukunft liegt (*dommage futur*). Begründet wird der Grundsatz damit, dass Art. 1240 des Code civil nicht nach Schadenstypen unterscheidet; und wo das Gesetz nicht unterscheide, sei dies auch den Gerichten untersagt. Dem Argument, dass dem Gesetzgeber im Jahre 1804 viele Schadenstypen noch gar nicht bekannt waren (insbesondere der gesamte Bereich der immateriellen Schäden, *dommage moral*[91]), wird keine Bedeutung beigemessen. Auch der Gedanke des **allgemeinen Lebensrisikos** (*risques normaux de la vie*) findet sich in Frankreich nur in Ansätzen[92]. Damit unterscheidet sich das französische Deliktsrecht wesentlich von der überwiegenden Mehrheit der modernen Rechtssysteme. 445

In der Vergangenheit hatte die französische Rechtsprechung den **Kreis ersetzbarer Schäden** noch eingegrenzt. In einer Grundsatzentscheidung von 1937 hat der Kassationsgerichtshof entschieden, dass Schadensersatz nur dann gewährt wird, wenn die Verletzung eines **legitimen und rechtlich geschützten Interesses** (*intérêt légitime, juridiquement protégé*) vorliegt[93]. Damit ließ sich die Haftung gegenüber **mittelbar Geschädigten** (*victimes par ricochet*) begrenzen, insbesondere gegenüber sog. Konkubinen (*concubines*), also Geliebten, die gegen den Verantwortlichen auf Verlust von gesetzlich nicht geschuldetem Unterhalt klagten. Die Begrenzung war jedoch nicht von Dauer. In der berühmten Entscheidung *Dangereux* aus dem Jahre 1970 gab der Kassationsgerichtshof das Kriterium auf und urteilte, dass auch mittelbar geschädigte Dritte, sofern sie die Zahlung von Unterhalt nachweisen können, einen Ausgleichsanspruch haben[94]. 446

Die Unterscheidung zwischen unmittelbar Geschädigten (*victime directe*) und mittelbar Geschädigten (*victime par ricochet*) ist somit im französischen Deliktsrecht nicht unbekannt. Zugleich ist sie jedoch belanglos. Dem mittelbar Geschädigten steht ein **eigener Ersatzanspruch** zu; er ist einem unmittelbar Geschädigten ohne Einschränkung gleichgestellt. 447

Das französische Deliktsrecht ordnet Schäden in **drei Hauptgruppen**. Es kennt zunächst die Gruppe der **Vermögensschäden** (*dommage patrimonial, dommage économique*). Ohne dass hier ein großer Unterschied zum deutschen Recht bestehen würde – mit Ausnahme davon, dass die Differenzhypothese in Frankreich nicht geläufig ist –, umfasst dies insbesondere den Gewinnausfall (*perte de bénéfices*), den Gehaltsverlust (*perte de salaires*), den Verlust von Geld (*perte d'argent*), aber auch den Sachschaden (*dommage matériel*). Eine systemimmanente Begrenzung der **Haftung für bloße Vermögensschäden** (*préjudice purement économique*) kennt das französische Deliktsrecht nicht[95]. Dies erklärt, warum schon der Begriff des bloßen Vermögensschadens in Frankreich lange Zeit unbekannt war. In den sog. **Kabelbruchfällen** – in Deutschland 448

---

91 Mit Ausnahme der Rufschädigung, *atteinte à l'honneur*, die schon im römischen Recht bekannt war.
92 Ausf. O.Berg, aaO, Rn. 35 ff.
93 Cass. civ. 27.7.1937, DP 1938, 1, S. 5 ff., Anm. R. Savatier; S. 1938, 1, S. 321 ff., Anm. G. Marty.
94 Ch. mixte 27.2.1970, n° de pourvoi 68–10276.
95 J. Traullé, La répartition du préjudice économique « pur » en question, RTD civ. 2018, S. 285 ff.

berühmt, in Frankreich unbeachtet – besteht nach französischem Deliktsrecht ganz selbstverständlich Anspruch auf Ausgleich des reinen Vermögensschadens, den der Unternehmer aufgrund einer fahrlässigen Unterbrechung einer Versorgungsleitung auf fremdem Grund erleidet. Der Kassationsgerichtshof hat in diesem Sinne geurteilt: „wenn eine Gasleitung, die einem Dritten gehört und eine Fabrik versorgt, durch einen Bauunternehmer unterbrochen wird und es daher zum Stillstand der Anlage kommt, so kann der Fabrikant gegenüber dem Bauunternehmer einen unmittelbaren und ersatzfähigen Schaden geltend machen"[96]. Eine Begrenzung der Haftung für bloße Vermögensschäden gegen **allzu weit ausufernde Ansprüche** erfolgt in Frankreich – ohne dogmatische Ordnung und von Fall zu Fall – über den Schadens- bzw. den Kausalnachweis[97].

449 Eine weitere Gruppe bilden die **nicht-Vermögensschäden** (*dommage moral, dommage extra-patrimonial*). Während das deutsche Recht von einem einheitlichen Ansatz ausgeht und Schadensersatz unter dem Sammelbegriff des Schmerzensgelds zusammenfasst, wird in Frankreich nach speziellen immateriellen Schäden aufgefächert und jeweils gesondert entschädigt. Zudem lässt die Rechtsprechung beizeiten neue Schadenstypen zu, womit die Anspruchspalette ständig ausgeweitet wird, denn auch bei immateriellen Schäden gilt uneingeschränkte Entschädigung; kritische Stimmen sprechen von einem „Wildwuchs ersetzbarer Schäden" (*prolifération des dommages réparables*)[98]. Konkret zu Ausgleich berechtigen z.B. **physische Schmerzen** (*pretium doloris*), **Unannehmlichkeiten** (*préjudice d'agrément*), die etwa dadurch entstehen, dass der Geschädigte keinen Sport mehr treiben kann oder einen Nutzungsausfall (z.B. an einem Fahrzeug) erleidet[99], aber auch **sexuelle Einschränkungen** (*préjudice sexuel*) oder **Angst** (*préjudice d'angoisse*), etwa vor dem Ausbruch einer Krankheit, z.B. bei HIV. Die **Verletzung eines Persönlichkeitsrechts** (*droit de la personnalité*) – Recht auf Wahrung der Privatsphäre (*droit à la vie privée*), Recht am eigenen Bild (*droit à l'image*) usw. – verursacht ebenfalls einen immateriellen Schaden, der zu Ausgleich berechtigt.

450 Besonders praxisrelevant ist ferner das **seelische Leid von Nahestehenden** (*préjudice d'affection*). Anders als im deutschen Recht, können Nahestehende im Todesfall oder bei einer schweren Verletzung des Hauptgeschädigten Anspruch auf Ausgleich ihres seelischen Leids geltend machen. Der **Personenkreis wird dabei nicht von vorneherein eingegrenzt**, womit Frankreich im internationalen Vergleich eine Sonderstellung einnimmt. I.d.R. erkennen die Gerichte den Ausgleichsanspruch bei Familienangehörigen an. Besteht kein Familienband, hängt alles davon ab, ob der Dritte ein besonderes Näheverhältnis nachweisen kann (z.B. anhand von Korrespondenz). Aber auch Fans von Michael Jackson, denen der Tod des damaligen Popstars besonders nahe ging und die den Leibarzt Dr. Murray auf Schadensersatz verklagten, wurde Schmerzensgeld für ihr seelisches Leid zugesprochen[100]. Die Frage, ob seelisches Leid eine Gesundheitsverletzung darstellt, ist in Frankreich – anders als in Deutschland – bedeutungslos.

---

96 Cass. civ. II. 8.5.1970, Bull. civ. II, n° 160.
97 O. Berg, aaO, Rn. 152 ff.
98 ZB J.-S. Borghetti, Les intérêts protégés et l'étendue des préjudices réparables en droit de la responsabilité civile extra-contractuelle, in : Festschrift Viney, LGDJ, Paris 2008, S. 146 ff.
99 Die Kommerzialisierungstheorie kennt man in Frankreich nicht.
100 Juge de proximité d'Orléans 11.2.2014, n° 91–13–000432, Responsabilité civile et assurances n° 5, Mai 2014, comm. 140, Anm. S. Hocquet-Berg (jeweils 1 EUR Schadensersatz).

Seelisches Wohlbefinden genießt *an sich*, wie jedes andere Interesse auch, deliktischen Schutz.

Schließlich wird der **Verlust einer Chance** (*perte d'une chance*) als eigenständiger Schaden anerkannt. Tatsächlich geht das französische Recht – im Gegensatz zum deutschen – nicht vom Alles-oder-Nichts-Prinzip aus. Der Begriff des Verlusts einer Chance wurde von der Rechtsprechung entwickelt[101]. Danach liegt dort der Verlust einer Chance vor, wo „ein vorteilhaftes Ereignis verloren geht" (*disparition de la possibilité d'un évennement favorable*)[102]. Klassische Fälle sind der **Verlust einer Chance, einen Prozess zu gewinnen**[103], etwa wenn der Anwalt eine Verjährungsfrist verstreichen lässt, oder der **Verlust einer Chance, eine Beamtenstelle zu besetzen**, wenn der Geschädigte z.B. auf dem Weg zum Einstellungswettbewerb einen Verkehrsunfall erleidet. Aber auch der durch einen Arztfehler bedingte **Verlust einer Überlebenschance** (*perte d'une chance de survie*) ist anerkannt. Entschädigungsvoraussetzung ist, dass die Chance echt und nicht unerheblich war (*réelle et sérieuse*). Bei der Schadensbemessung wird entsprechend der jeweiligen Wahrscheinlichkeit ein Prozentsatz des nicht erlangten Vorteils angesetzt, wobei die Tatrichter i.d.R. mangels greifbarer Berechnungsgrundlagen – ähnlich wie bei Schmerzensgeld – überschlägig bzw. pauschalisierend vorgehen. Im Rahmen der angestrebten Deliktsrechtsreform dürfte der Ausgleich für den Verlust einer Chance gesetzlich festgeschrieben werden[104].

b) Direkte Kausalität

Einen deliktischen Anspruch hat auch in Frankreich nur derjenige, der einen „direkten" **Kausalzusammenhang** zwischen dem Haftungsgrund und dem Schaden nachweisen kann (*dommage direct*). In der Literatur ist ausführlich diskutiert worden, welcher Kausalzusammenhang dabei konkret erforderlich ist. Zumeist wird die Auffassung vertreten, dass es eines **adäquaten Kausalzusammenhanges** (*causalité adéquate*) bedarf, d.h. der Kausalverlauf muss unter normalen Umständen vorhersehbar (*normalement prévisible*) gewesen sein, entsprechend der in Deutschland bekannten Adequanzlehre. Dagegen wird die **Äquivalenztheorie** (*équivalence des conditions*), die jedes Glied der Kausalkette als gleichwertig und damit anspruchsbegründend ansieht, i.d.R. als zu weitgehend empfunden. Die der Kausalfrage mehr oder weniger nahestehende **Lehre vom Schutzzweck der Norm** (*théorie de la relativité acquilienne*) wird dagegen in Frankreich – obgleich sie auf einen französischen Autor zurückgeht[105] – nicht wirklich in Erwägung gezogen: in Fachkreisen ist sie zwar bekannt, fristet jedoch ein Dasein als Randerscheinung[106].

Die **französische Rechtsprechung** zeigt ein anderes Bild. Die Gerichte haben sich stets geweigert, auszuführen, wann und unter welchen Umständen ein „direkter" Kausalzusammenhang anzunehmen ist. In der Literatur wird vermutet, dass die Rechtsprechung tendenziell bei Personenschäden eher zur Equivalenzlehre neigt und ansonsten wohl die Adequanzlehre zugrunde legt. Letztlich gilt aber das geflügelte Wort eines Autors, der feststellte, dass die Gerichte einen „direkten" Kausalzusammenhang schlichtweg

---

101 Cass. Req 17.7.1889, S. 1891, I, S. 399 ff.
102 ZB Cass. civ. I. 21.11.2006, n° de pourvoi 05–15.674.
103 ZB Cass. civ. I. 16.1.2013, n° de pourvoi 12–14.439.
104 Vgl. Art. 1238 Projet de réforme de la responsabilité civile – mars 2017, aaO. ; Art. 1237 Proposition de loi n° 678 portant réforme de la responsabilité civile du 29 juillet 2020, aaO.
105 M. Planiol, Anm. unter Cass. civ. 7.8.1895, DP 1896, 1, S. 81 ff.
106 Ausf. O. Berg, aaO, Rn. 185, 200.

dann bejahen, wenn sie Schadensersatz gewähren wollen[107]. Tatsächlich scheint die Kausalität für französische Richter weniger eine Haftungsvoraussetzung zu sein, als vielmehr eine **frei verfügbare Stellschraube**, die von Fall zu Fall haftungsbegrenzend oder -ausweitend eingesetzt wird.

3. Haftungsgründe
a) Haftung für Fehlverhalten
Umfassende Generalklausel

454 Der Code civil statuiert in den Art. 1240 und 1241, vormals 1382 und 1383, eine **allgemeine Haftung für Fehlverhalten** (*responsabilité pour faute*). Danach ist derjenige zu Ausgleich verpflichtet, der vorsätzlich oder fahrlässig einem anderen Schaden zufügt. Nach den lokalen Gewohnheitsrechten, die unter dem *ancien régime* in Kraft waren[108], wurden im Deliktsrecht noch Einzeltatbestände bzw. Tatbestandsgruppen sanktioniert. Der Code civil kennt dagegen eine allumfassende Generalklausel. Diese geht unmittelbar auf das von Hugo Grotius formulierte naturrechtliche Grundprinzip zurück, wonach derjenige, der schuldhaft einem anderen Schaden zufügt, zu Ausgleich verpflichtet ist. Der Begriff des geschützten Rechtsgutes spielt dabei keine Rolle[109].

Begriff des Fehlverhaltens

455 **Zentraler Begriff** der Norm ist das **Fehlverhalten** (*faute*). Dieses kann entweder in einer Fahrlässigkeit (*négligence, imprudence*) oder Vorsatz (*intention*) begründet liegen. Vorsatz zielt dabei nicht auf die Vorsätzlichkeit einer Handlung, sondern auf vorsätzliche Schädigungsabsicht (*intention de nuire*)[110]. Fest steht, dass **Unterlassen** (*omission*) ein Fehlverhalten darstellen kann; so etwa, wenn ein lokales Branchentelefonbuch eine Rubrik Rechtsanwälte führt, dort aber mehrere Anwälte des entsprechenden Gerichtsbezirks fehlen[111].

456 Die entscheidende Frage liegt freilich woanders, denn die Stärke wie auch die Schwäche der Generalklausel liegt in der **Unbestimmtheit ihrer Begriffe**. Die Frage ist, wann bzw. unter welchen Umständen Fehlverhalten bzw. Fahrlässigkeit vorliegt. In der französischen Literatur stehen sich zwei Ansätze gegenüber. Die einen gehen davon aus, dass sich nur **im Nachhinein** bewerten lässt, ob ein Verhalten als Fehlverhalten einzustufen ist. Maßstab hierfür sei das Verhalten einer abstrakten, normal sorgfältigen Person (*homme normalement prudent et raisonnable*)[112]. Andere folgen Planiol, der meinte, dass Fehlverhalten die Verletzung einer **vorab bestehenden Pflicht** voraussetzt (*violation d'une obligation préexistante*). Danach handelt derjenige fahrlässig, der die **allgemeine Sorgfaltspflicht** (*obligation générale de prudence et de diligence*) verletzt. Letztlich kann keiner der Ansätze das Dilemma der Unbestimmtheit auflösen. In der Rechtsprechung formen sich jedoch **Fallgruppen**, an denen sich darstellen lässt, wo die Pflichten liegen. Und es ist anzunehmen, dass diesen Fallgruppen eine gewisse normative Kraft innewohnt[113].

---

107 P. Esmein, Le nez de Cléopatre ou les affres de la causalité, D 1964, chr. S. 205 ff.
108 S. hierzu Rn. 1 ff.
109 S. Rn. 432.
110 ZB Cass. civ. II. 9.4.2009, n° de pourvoi 08–15867.
111 Cass. civ. II. 9.10.2003, n° de pourvoi 02–12641.
112 So M. Puech, L'illicéité dans la responsabilité civile extracontractuelle, LGDJ, Paris 1973.
113 Ausf. O. Berg, aaO, Rn. 422 ff.

B. Zivilrecht

Zurechnungsfähigkeit

Eine Besonderheit der französischen Haftung für Fehlverhalten liegt in der Frage der Zurechnungsfähigkeit (*imputabilité*). In der Vergangenheit ist man in Frankreich davon ausgegangen, dass Fehlverhalten nur demjenigen vorzuwerfen ist, der **die Folgen seiner Handlung begreifen könne** (*capacité de discernement*). Fehlverhalten setzte danach Rechtswidrigkeit (*illicéité* bzw. *élément objectif*) und Verschulden (*culpabilité* bzw. *élément subjectif*) voraus. Diese sog. subjektive Auffassung vom Fehlverhalten (*faute subjective*) schloss einen Anspruch gegen **Unzurechnungsfähige** aus, insbesondere gegen Kleinkinder (*infans*) und Entmündigte (*majeurs incapables*). 457

Während Zurechnungsfähigkeit in allen europäischen Rechtssystemen weiterhin Voraussetzung für die Verschuldenshaftung ist, **gilt dies in Frankreich nicht mehr**. Zunächst hat der Gesetzgeber im Jahre 1968 mit der Verabschiedung des Art. 489-2 des Code civil festgelegt, dass der **geistig Umnachtete** (*dément*) zivilrechtlich für seine Handlungen einzustehen hat. Damit sollten Klagen gegen Aufsichtsberechtigte erleichtert werden. Anschließend hat der Kassationsgerichtshof in den berühmten Entscheidungen *Derguini* und *Lemaire* vom 9.5.1984 geurteilt, dass **Fehlverhalten grundsätzlich keine Zurechnungsfähigkeit voraussetzt**[114]. In der Entscheidung *Derguini* wurde die Mitschuld eines fünfjährigen Kindes verhandelt, das unvermittelt auf die Straße gelaufen und von einem Auto tödlich erfasst worden war. Die Richter sahen ein Fehlverhalten des Kindes als erwiesen an und urteilten, dass „das Berufungsgericht nicht angehalten war, festzustellen, ob der Minderjährige zurechnungsfähig war, sondern auf der Grundlage des Art. 1382 des Code civil feststellen konnte, dass der Minderjährige durch sein Fehlverhalten den Schaden mitverursacht hat." Zum gleichen Schluss kam der Gerichtshof in der am selben Tag verhandelten Sache *Lemaire*. Hier wurde einem verunglückten Dreizehnjährigen, der eine Glühbirne auswechseln wollte, ohne vorher den Strom abzustellen, Fehlverhalten angerechnet. 458

Die Rechtsprechung vertritt somit eine „objektive" Auffassung vom Fehlverhalten (*faute objective*). **Das Verschuldenselement wurde aus dem Begriff getilgt**. Die Frage, ob ein Fehlverhalten vorliegt, entscheidet sich nur noch daran, ob der Beklagte rechtswidrig gehandelt hat, also gegen eine Pflicht verstoßen hat, insbesondere gegen die allgemeine Sorgfaltspflicht. Insofern ist es nicht mehr ganz richtig, in Frankreich noch von einer „Verschuldenshaftung" zu sprechen, denn Verschulden spielt keine Rolle mehr. Die „responsabilité pour faute" ist vielmehr eine Haftung für objektives Fehlverhalten. 459

In der Literatur ist diese Entwicklung **weiterhin umstritten**. Positiv wird zumeist die Stärkung der Rechtsposition desjenigen bewertet, der durch einen Unzurechnungsfähigen zu Schaden gekommen ist. In der Tat ermöglicht die Feststellung eines Fehlverhaltens häufig erst den Durchgriff gegen Aufsichtspflichtige, insbesondere gegen Eltern oder Betreuungseinrichtungen. Kritisch gesehen wird, dass diese Auffassung sich – wie in den Entscheidungen *Derguini* und *Lemaire* – gegen die Geschädigten selbst richtet, wenn Mitverschulden eingewendet wird. In diesen Fällen findet sich auch in der Rechtsprechung der Instanz- und Berufungsgerichte ein gewisser Widerstand dagegen, einem Kleinkind Fehlverhalten vorzuwerfen[115]. 460

---

114 Ass. plén. 9.5.1984, Derguini et Lemaire, D 1984, S. 525 ff.; JCP 1984, II, 20256.
115 ZB CA Chambéry 12.4.2005, Responsabilité civile et assurances 2005, comm. 314, Anm. C. Radé, „il ne peut être reproché une quelconque faute à un enfant de deux ans et demi".

Rechtsmissbrauch

461 Eine wichtige Rolle nimmt in der französischen Verschuldenshaftung die **Lehre vom Rechtsmissbrauch** (*théorie de l'abus de droit*) ein. Mit dem Verständnis von Rechtsmissbrauch nach deutschem Recht hat diese Lehre wenig gemein. Grundlegend war unter anderem die Entscheidung *Clément-Bayard* von 1915[116]. Beklagter war ein gewisser Cocquerel, der auf seinem Grundstück mit Stahlspitzen bestückte Stangen aufstellte; an einer solchen blieb der Heißluftballon seines Nachbarn Clément-Bayard hängen und wurde beschädigt. Dabei ist zu erwähnen, dass das Verhältnis der beiden schon im Vorfeld nicht das Beste war. Cocqueral berief sich darauf, dass er als Eigentümer das Recht habe, auf seinem Grundstück die Stangen aufzustellen. Die Richter widersprachen, stellten darauf ab, dass er sein Eigentumsrecht missbräuchlich ausgeübt habe und verurteilten ihn zur Zahlung von Schadensersatz. Die Rechtsmissbrauchslehre wird seitdem vor allem als **Ausweitung der Deliktshaftung dargestellt**. Selbst wer in Ausübung eines Rechts handelt, könne sich haftbar machen, anders gesagt, mithilfe dieser Lehre ließen sich „Rechtswidrigkeiten sanktionieren, die unter dem Deckmantel der Legalität daherkommen"[117].

462 Tatsächlich erfüllt die Rechtsmissbrauchslehre einen anderen Zweck. Ihre eigentliche Funktion liegt darin, die allgemeine Fahrlässigkeitshaftung für bloße Vermögensschäden auszuhebeln[118]. Die Lehre dient somit vor allem der **Wahrung einer gewissen Handlungsfreiheit**. Während nach den Art. 1240 und 1241 Fahrlässigkeit stets eine Haftung begründet, wird Rechtsmissbrauch von der Rechtsprechung i.d.R. nur bei böswilligem Verhalten (*mauvaise foi*) angenommen. Dies zeigt etwa die Haftung wegen des Abbruchs von Vertragsverhandlungen (*rupture abusive de négociations contractuelles*), die im französischen Recht der Deliktshaftung und hier dem Rechtsmissbrauch zugeordnet wird. Ein Ersatzanspruch setzt voraus, dass die Gegenseite die Verhandlungen „brutal und bösgläubig beendet" (*rupture brutale et de mauvaise foi*). Die gleichen Haftungsvoraussetzungen gelten etwa für denjenigen, der eine Verlobung zum Schaden der Gegenseite auflöst (*rupture abusive de fiançailles*). Sacco hat den Argumentationsgang wie folgt zusammengefasst: „Wenn der französische Jurist eine Vorsatzhaftung statuieren will, wird er zunächst sagen, dass der Schädiger in Ausübung seiner Rechte gehandelt hat und dass er daher im Prinzip nicht haftbar gemacht werden kann; wenn er jedoch in Schädigungsabsicht gehandelt hat, so ist sein Verhalten als Rechtsmissbrauch auszulegen. Auf diesem Wege gelangt man zu einer Haftung bei Vorsatz"[119].

Fallgruppen

463 Im Rahmen der Haftung für Fehlverhalten werden sämtliche Lebenssachverhalte erfasst. Dies gilt zunächst für **Sachverhalte mit Personenschaden** (*dommage corporel*), in denen der Vorwurf der Fahrlässigkeit sich etwa aus mangelnder Sorgfalt gegenüber einer Gefahrenquelle (*source de danger*) ergeben kann. Der Vorwurf trifft etwa denjenigen, der einem Kind ein Gewehr überlässt[120] oder den Schlauchbootführer, der dul-

---

116 Cass. Req. 3.8.1915, DP 1917, 1, 79.
117 J.-L. Bergel, Théorie générale du droit, 3. Aufl., Dalloz, Paris 1999, n° 240.
118 O. Berg, aaO, Rn. 439 ff. (jedoch nicht durchweg geläufige Ansicht).
119 R. Sacco, La comparaison juridique au service de la connaissance du droit, Economica, Paris 1991, S. 81 (freie Übersetzung).
120 Cass. civ. II. 23.1.1975, Bull. civ. n° 26.

det, dass ein Mitreisender, der zudem Nichtschwimmer ist, die Schwimmweste nicht anlegt[121]. Ein Fehlverhalten ist auch dem Eigentümer eines Hauses vorzuwerfen, der es versäumt, dafür zu sorgen, dass kein Schnee vom Dach rutscht[122]. Von vorrangiger Bedeutung ist die Verschuldenshaftung bei Personenschäden jedoch nicht. Tatsächlich greifen hier zumeist verschuldensunabhängige Haftungen, insbesondere die Haftung des Sachhalters und das Verkehrsunfallrecht[123]. Den Nachweis eines Fehlverhaltens braucht der Personengeschädigte daher i.d.R. nicht zu erbringen.

Zentral ist die Haftung für Fehlverhalten dagegen bei Vermögensschäden (*dommages économiques*), bloßen Vermögensschäden (*dommages purement économiques*) und immateriellen Schäden (*dommages moraux*). Im Rahmen des Art. 1240 wird etwa die **Verletzung von Persönlichkeitsrechten** (*violation des droits de la personnalité*) sanktioniert, z.B. das Recht auf Wahrung der Privatsphäre (*droit à la vie privée*) oder das Recht am eigenen Bild (*droit à l'image*). Im **Familienrecht** spielt die Haftung für Fehlverhalten ebenfalls eine nicht unbedeutende Rolle. Ehebruch kann zu Schadensersatz verpflichten[124], ebenso wie die rechtsmissbräuchliche Auflösung einer Verlobung (*rupture abusive de fiançailles*). Auch die Beendigung einer einfachen partnerschaftlichen Beziehung kann u.U. eine Haftung begründen, etwa dann, wenn die Partnerin unter Vorspielen falscher Versprechungen ihre Arbeitsstelle gekündigt hat[125].

464

Seine größte Bedeutung entwickelt die Haftung nach Art. 1240 des Code civil aber sicherlich im **Wirtschaftsleben**. Hier kommt der Vorschrift eine stark regulierende Rolle zu. Besonders wichtige Fallgruppen sind die Haftung für unlauteren Wettbewerb (*concurrence déloyale*); die Haftung wegen Abbruchs von Vertragsverhandlungen (*rupture abusive de négociations contractuelles*) oder die Haftung wegen Verletzung vorvertraglicher Informationspflichten (*obligations d'information précontractuelles*). Ferner kennt Frankreich einen in der Praxis bedeutenden Haftungstatbestand, der darin besteht, eine langjährige Geschäftsbeziehung ohne ausreichende Fristsetzung zu beenden (*rupture abusive d'une relation d'affaires*)[126]. Und auch im Gesellschaftsrecht kommt der Deliktshaftung eine bedeutende Rolle zu, etwa, wenn Minderheitsaktionäre ihre Stimmrechte missbrauchen (*abus de minorité*) oder wenn börsennotierte Unternehmen Falschmeldungen verbreiten (*diffusion d'informations fausses et trompeuses*) oder ihre ad-hoc-Pflichten verletzen und dadurch Aktionäre geschädigt werden.

465

b) Sachhalterhaftung

Grundlagen

Eine Besonderheit stellt aus Sicht des deutschen Juristen die deliktische **Haftung des Sachhalters** (*responsabilité du fait des choses*) dar. In Frankreich wurde bereits gegen Ende des 19. Jahrhunderts das Verschuldensprinzip aufgegeben und von der Rechtsprechung eine allgemeine verschuldensunabhängige Haftung (*responsabilité objective, responsabilité sans faute, responsabilité pour risque*) ins Leben gerufen. Haftung ohne Verschulden ist also in Frankreich nicht, wie im deutschen Recht, allein sondergesetzlich geregelt, sondern allgemeines Recht. Grundlegend ist der Gedanke, dass derjenige,

466

---

121 Cass. civ. II. 10.4.1991, Bull. civ. n° 122; Responsabilité civile et assurances 1991, comm. 257.
122 Cass. civ. II. 19.6.1980, Bull. civ. n° 151; JCP G 1980, IV, S. 333.
123 S. hierzu Rn. 466 ff. und 496 ff.
124 Der Schmerzensgeldanspruch wird idR im Rahmen des Scheidungsverfahrens geltend gemacht.
125 Cass. civ. I. 29.11.1977, JCP G 1978, IV, S. 38 ff.
126 Art. L 442-6-I 5° C. com.

der eine Gefahrenquelle erschafft, auch für die Folgen aufkommen muss, ganz gleich, ob ihm Fehlverhalten vorzuwerfen ist, oder nicht. Hieraus hätte man folgern können, dass eine verschuldensunabhängige Haftung – wie dies in vielen Rechtssystemen der Fall ist – nur bei **gefährlichen Sachen** (*choses dangereuses*) greift. Diese Entwicklung hat das französische Recht jedoch letzlich nicht genommen, sondern vielmehr ganz allgemein eine Haftung des Sachhalters (*gardien*) für Schäden angenommen, die „durch die Sache" (*fait de la chose*) herbeigeführt wurden.

467 Die Rechtsprechung hat das **Prinzip der Sachhalterhaftung** (*principe de la responsabilité du fait des choses*) aus Art. 1242 Abs 1, vormals Art. 1384 Abs. 1, des Code civil hergleitet. Der Absatz besagt unter anderem, dass man „für die Sachen, dessen Halter man ist", in der Haftung steht. Zwar war dies lediglich als Einleitung der in den folgenden Artikeln aufgezählten Haftungen für spezielle Sachen gedacht, namentlich der des Eigentümers eines verfallenden Gebäudes (*responsabilité du fait des bâtiments tombant en ruine*) und der des Tierhalters (*responsabilité du fait des animaux*). Die Rechtsprechung hat die Vorschrift jedoch normsetzend als **eigenständige Anspruchsgrundlage** ausgelegt und damit das Haftungsprinzip des Sachhalters statuiert[127].

468 Dieser Akt der richterlichen Normsetzung war für das französische Recht auch von zentraler **rechtstheoretischer Bedeutung**. Er setzte dem im 19. Jahrhundert herrschenden Gesetzespositivismus ein offensichtliches Ende und leitete die Öffnung ein zu Gedanken der Interessenjurisprudenz bzw. einer von Jheringschen Sichtweise, die in Frankreich vor allem durch François Gény ihren Ausdruck fand[128]. Es zeigte sich nämlich, dass die Rechtsordnung bei aufkommenden **gesellschaftlichen Bedürfnissen** nicht mit striktem Festhalten am Gesetzestext reagierte bzw. reagieren konnte, sondern sich entwickelte, um begründeten Interessen gerecht zu werden. So hatte zu jener Zeit die Industrialisierung eine starke Zunahme an **Arbeitsunfällen in Fabriken** und Werken zur Folge gehabt, wobei den Verunglückten häufig kein Anspruch gegen den Arbeitgeber zustand, da diesem kein Verschulden nachzuweisen war. Dies vor dem Hintergrund noch nicht entwickelter Sozialsysteme. Die Sachhalterhaftung war eine unmittelbare Reaktion auf diesen Missstand.

469 Die Herausbildung der Sachhalterhaftung erfolgte **in mehreren Schritten**. Ausgangspunkt war die Entscheidung *Teffaine* von 1896[129], in der ein auf einem Schlepper eingesetzter Arbeiter durch die Explosion eines Dampfkessels umkam, wobei der Kessel – wie unzweifelhaft festgestellt wurde – mit einem vom Arbeitgeber nicht zu vertretenden Herstellungsmangel behaftet war. Der Kassationsgerichtshof gab dem deliktischen Anspruch der Hinterbliebenen dennoch statt. Er urteilte, dass die Kläger „keinen Verschuldensnachweis zu führen haben, da der Arbeitgeber in seiner Eigenschaft als Eigentümer des Schleppers nach Art. 1384 Abs. 1 haftet" und „sich aus seiner Haftung auch nicht unter Verweis auf Verschulden des Herstellers oder einen verborgenen Mangel befreien kann". Was sich aus dieser Rechtsprechung entwickeln würde, blieb zunächst unklar. So entfiel schnell der konkrete Nutzen, da die Ansprüche von Arbeitnehmer sondergesetzlich geregelt wurden. Zudem wurde gemeinhin angenommen, dass verschuldensunabhängige Haftung, wenn überhaupt, nur bei bestimmten Sachen

---

127 Ein gutes Jahrhundert später hat sie aus derselben Vorschrift auch ein verschuldensunabhängiges Prinzip der Haftung für Dritte herausgelesen, S. hierzu Rn. 488 ff.
128 F. Gény, Méthode d'interprétation et sources en droit prive positif, T. I, LGDJ, Paris 1919, T. II, LGDJ, réédition Pichon et Durand-Auzias, Paris 1954; s. hierzu auch Rn. 26.
129 Cass. civ. 16.6.1896, DP 1897, I, S. 433 ff., Anm. Saleilles.

greifen könne, etwa bei gefährlichen Sachen (*choses dangereuses*), mangelhaften Sachen (*choses viciées*) oder Sachen mit selbstständigem Antrieb[130].

Für Klarheit sorgte die **Grundsatzentscheidung Jand'heur** von 1930[131], die über die Ansprüche eines Kindes zu entscheiden hatte, das bei einem Verkehrsunfall von einem Lastwagen erfasst und verletzt worden war. Das Berufungsgericht hatte die Klage abgewiesen, da weder „ein Mangel an der Sache" noch Verschulden nachgewiesen werden konnte. Die Entscheidung wurde kassiert. Die Kassationsrichter bestätigten den Haftungsgrundsatz nach Art. 1384 Abs. 1 des Code civil und führten präzisierend aus, dass es nicht darauf ankomme, wie die Sache beschaffen sei, sondern dass der Anspruch gegen den Beklagten allein darin begründet liegt, dass dieser der Halter (*gardien*) der Sache ist. Der Einwand fehlenden Verschuldens sei belanglos. Greifen könne lediglich der Einwand höherer Gewalt (*force majeure*) oder eine Fremdkausalität (*cause étrangère*). Damit war klar, dass die Sachhalterhaftung für jede Sache gilt, die für einen Schaden ursächlich ist. Zugleich war dem Haftungsprinzip ein weites Feld geöffnet worden: das Verkehrsunfallrecht (das jedoch inzwischen sondergesetzlich geregelt wird[132]). Und wie schon bei der Entscheidung *Teffaine* galt es auch hier, einer technischen und gesellschaftlichen Entwicklung Rechnung zu tragen, die eine gewaltige Schadensmasse mit sich brachte, die interessengerecht bewältigt werden musste.

470

Haftungsvoraussetzungen

Die Haftung setzt zunächst das **Vorliegen einer schadensstiftenden Sache** (*chose*) voraus. Dabei kann es sich sowohl um eine bewegliche als auch um eine unbewegliche Sache handeln (*meuble, immeuble*). Bei **unbeweglichen Sachen**, ist dies etwa ein Grundstück, welches durch einen Erdrutsch Schaden verursacht, oder eine einstürzende Miene[133]. Die Liste der **beweglichen Sachen** ist unendlich (i.d.R. geht es um Steine, Stöcke, Gewehrkugeln, Rolltreppen, Türen, Äste, Bäume, usw.), wobei hervorzuheben ist, dass die Rechtsprechung auch bei Flüssigkeiten, Gas, Rauch und Strom eine Haftung annimmt. In der Literatur wird von einer Minderheit angeregt, zudem eine Information und andere **nicht-gegenständliche Sachen** (*choses incorporelles*) als Sachen im Sinne der Sachhalterhaftung anzusehen. Angestoßen wurde die Debatte von einem erstinstanzlichen Urteil, in dem ein Fernsehbild eine solche Haftung auslöste[134].

471

Die Sachhalterhaftung **steht gemeinhin zurück**, wenn sie mit besonderen Haftungsnormen konkurriert. Dies gilt insbesondere bei Straßenverkehrsunfällen, die seit 1985 durch das Verkehrsunfallgesetz geregelt werden[135]. Schäden, die durch Straßenverkehrsfahrzeuge verursacht werden, fallen somit i.d.R. nicht unter die Sachhalterhaftung. Gleiches gilt für Schäden, die durch überspringendes Feuer (*communication d'incendie*) von einem Gebäude oder von einer beweglichen Sache verursacht werden (Art. 1242 Abs. 2 C. civ.).

472

Die Haftung trifft den **Halter der Sache** (*gardien*). Dabei gilt zunächst die Vermutung, dass der Eigentümer (*propriétaire*) der Halter ist. Die Vermutung ist allerdings widerlegbar (*présomption simple*). Der Eigentümer kann etwa aufzeigen, dass die Sache ihm

473

---

130 Ausf. G. Viney, P. Jourdain, S. Carval, Les conditions de la responsabilité, 4. Aufl., LGDJ, Paris 2013, Rn. 632.
131 Cass. ch. ré. 13.2.1930, DP 1930, I, 57, Anm. G. Ripert; S. 1930, I, S. 21, Anm. P. Esmein.
132 S. Rn. 496 ff.
133 Etwa Cass. civ. II. 17.10.1990, Bull. Civ. n° 202.
134 TGI de Paris 27.2.1992, JCP G 1992, II, 21809, Anm. P. le Tourneau.
135 S. hierzu Rn. 496 ff.

vor dem Schadenfall gestohlen wurde oder dass sie Gegenstand einer Leihe (*prêt*) oder Hinterlegung (*dépot*) war. Ausschlaggebend ist, wer zum Zeitpunkt des Schadensfalles die **tatsächliche Gewalt über die Sache ausübt**, d.h. wer die Sache nutzt, steuert und kontrolliert (*usage, direction et contrôle*). Maßgebend für diese Sichtweise ist das berühmte Urteil *Franck* von 1941[136]. In diesem Fall war das Fahrzeug des Dr. Franck gestohlen worden und hatte einen Unfall verursacht, bei dem der Postbote Connot umkam. Die Kassationsrichter urteilten, dass den Eigentümer, Dr. Franck, keine Haftung trifft, denn der Halter ist derjenige, „der die Sache nutzt, steuert und kontrolliert".

474 **Zurechnungsfähigkeit ist keine Voraussetzung** für die Halterschaft. Ein Minderjähriger kann Sachhalter sein. Dies gilt seit der berühmten Entscheidung *Gallibet*[137]. In diesem Fall hatte ein dreijähriger Junge ein anderes Kind mit einem Stock verletzt, als eine improvisierte Schaukel unter ihm zusammenbrach. Die Kassationsrichter stellten die Haftung des Jungen fest, denn dieser hat „den Stock genutzt, gesteuert und kontrolliert, und daher hatte das Berufungsgericht, trotz des sehr jungen Alters des Minderjährigen, nicht zu prüfen, ob er die Folgen seiner Handlung begreifen konnte".

475 Halterschaft kann **gemeinschaftlich** vorliegen (*garde collective*) und eine gesamtschuldnerische Haftung (*responsabilité solidaire*) mehrerer Personen begründen. Dies wird regelmäßig angenommen, wenn bei Jagdunfällen nicht ausgemacht werden kann, wer den schadensstiftenden Schuss abgegeben hat; „Halter der Schrotladung" ist dann die Jagdgruppe[138]. Ebenso unterscheidet die Rechtsprechung in bestimmten Fällen den **Halter der Bewegung** (*garde du comportement*) vom **Halter der inneren Struktur** (*garde de la structure*) der Sache. Das gilt insbesondere, wenn z.B. Butangasflaschen, Sauerstoffbehälter oder Sprühdosen explodieren[139]. So ist der Lieferant lediglich Halter der Bewegung, während der Hersteller bzw. der Abfüller Halter der inneren Struktur bleibt, womit ihn die Sachhalterhaftung trifft.

476 Haftungsvoraussetzung ist schließlich, dass der Schaden „**durch die Sache**" (*par le fait de la chose*) verursacht wurde. Die Rechtsprechung spricht vom Erfordernis einer „**aktiven Rolle**" der Sache beim Schädigungsvorgang (*rôle actif de la chose*). Eine solche wird vermutet, wenn die Sache in Bewegung (*en mouvement*) war und es zudem zum Kontakt (*contact*) mit der geschädigten Person oder Sache kam. Etwa, wenn jemand einen Golfball in die Luft schlägt und der Ball einen anderen am Kopf trifft. Andernfalls muss der Geschädigte einen **nicht normalen Zustand der Sache** nachweisen, was sowohl die Position (*position anormale*), die Funktion (*fonctionnement anormal*) oder die Beschaffenheit (*état anormal*) der Sache betreffen kann. So etwa Holzscheite, die zu nah an der Straße gestapelt wurden und einen Unfall auslösen; eine Rolltreppe, die stockt und den Sturz einer Person verursacht; ein glitschiger Fußboden[140]. Sind die Haftungsvoraussetzungen erfüllt, kann der Halter allein Verschulden des Geschädigten (*faute de la victime*) und höhere Gewalt (*force majeure*) einwenden.

---

[136] Cass. ch. ré. 2.12.1941, S. 1941, I, S. 217 ff., Anm. H. Mazeaud; DC 1942, S. 25 ff., Anm. C. Ripert.
[137] Ass. plén. 9.5.1984, Gabillet, JCP G 1984, II, 20255; D. 1984, S. 525 ff.; vgl. in diesem Sinne die Urteile vom selben Tag zur Zurechnungsfähigkeit bei Fehlverhalten, Rn. 457 ff.
[138] Cass. civ II. 5.2.1960, D 1960, S. 365, Anm. H. Aberkane.
[139] ZB Cass. civ. I. 29.4.1982, Gaz. Pal. 1982, II, pan 331, Anm. F. Chabas (Sprühdose).
[140] ZB Cass. civ. II. 16.2.1994, Responsabilité civile et assurance 1994, comm. 164.

c) Haftung für Dritte

Die deliktische Haftung einer Person kann darin begründet liegen, dass ein Dritter einen Schaden verursacht hat (*responsabilité du fait du tiers*). Der Haftungssatz besagt in diesem Fall, dass die Person für den Dritten einzustehen hat. Der Code civil statuiert in Art. 1242 mehrere Fälle, in denen eine solche Haftung eintritt. Die heutige Rechtslage hat allerdings nicht mehr viel mit dem Gesetzestext gemein. In wichtigen Fällen sind die Haftungsvoraussetzungen zugunsten der Geschädigten aufgeweicht worden (etwa bei der Haftung der Eltern für ihre Kinder). Andere Fälle sind in die Bedeutungslosigkeit gefallen. So wurde die Haftung des Grundschullehrers (*responsabilité des instituteurs*) nach Absatz 6 zwischenzeitlich durch eine Staatshaftung ersetzt. Gänzlich belanglos ist auch die Haftung des Handwerkers (*artisan*) für seine Lehrlinge, ebenfalls nach Absatz 6, oder die der Hausherren (*maître*) für seine Diener (*domestiques*), nach Absatz 5. Zugleich hat die Rechtsprechung die Vorschrift um ein „Prinzip der Haftung für Dritte" ergänzt, um weitere Entschädigungsmöglichkeiten eröffnen zu können. Der Gesetzestext ist somit nur noch formale Anspruchsgrundlage; die **tatsächlich gültigen Normen sind Rechtsprechung**.

Haftung der Eltern für ihre Kinder

Der Gesetzgeber hat in den Absätzen 4 und 7 des Art. 1242 eine Haftung der Eltern für Schäden statuiert, die durch deren Kinder verursacht wurden. Er hat diese Haftung bestimmten Voraussetzungen unterstellt, etwa derjenigen, dass die Eltern das schadensstiftende Ereignis „nicht verhindern konnten"; dies zeigt, dass die Haftung **nach Ansicht des Gesetzgebers** in der widerlegbaren Vermutung eines Organisations- oder Erziehungsverschulden begründet lag[141]. Zudem war für den Gesetzgeber klar, dass zunächst ein Fehlverhalten (*faute*) des Kindes festgestellt werden musste. Die Rechtsprechung hat sich jedoch weitgehend vom Text gelöst und eigene, dem **Gesetz teilweise widersprechende Normen** gesetzt.

Haftungsvoraussetzung ist zunächst, dass die Eltern bzw. der verklagte Elternteil die **elterliche Gewalt über das Kind** innehat (*autorité parentale*). Zudem muss das Kind bei den Eltern bzw. dem Elternteil wohnhaft sein (*cohabitation*), womit ursprünglich gemeint war, dass das Kind tatsächlich zum Zeitpunkt des Haftungsfalles dort wohnt, wogegen die Rechtsprechung mittlerweile urteilt, es sei ausreichend, dass das Kind dort seinen **üblichen Wohnsitz** (*résidence habituelle*) hat. Damit haften die Eltern auch, wenn das Kind den Schaden während eines Aufenthaltes in einem Urlaubsheim[142] oder einem Internat[143] angerichtet hat. Voraussetzung ist ferner, dass das Kind zum Zeitpunkt des Haftungsfalles minderjährig ist (*mineur*). Eine Ausweitung der Elternhaftung auf geistig behinderte Volljährige hat die Rechtsprechung nicht zugelassen[144].

Die Haftung der Eltern setzt schließlich voraus, dass der Schaden **durch das Kind verursacht wurde**. In diesem Zusammenhang stand zunächst fest, dass nur ein Fehlverhalten (*faute*) des Kindes einen Anspruch gegen die Eltern begründen konnte. In der Entscheidung *Fullenwarth* von 1984 hat der Kassationsgerichtshof seine Auffassung geändert. Vorliegend war ein Kind von seinem siebenjährigen Spielkameraden durch

---

[141] P. Brun, aaO, Rn. 417.
[142] Cass crim. 29.10.2002, Bull. Cri. 2002, n° 197; D 2003, S. 2112 ff., Anm. L. Mauger-Vielpeau.
[143] Cass. civ. II. 16.11.2000, JCP 2001, I, S. 340 ff., Anm. G. Viney.
[144] Cass. civ. I. 1.4.1999, RJPF 1999, S. 39, Anm. F. Chabas.

einen mit einem Bogen abgeschossenen Pfeil schwer verletzt worden. Die Richter urteilten, dass es nicht darauf ankomme, ob der Täter zurechnungsfähig sei. Vielmehr „ist es ausreichend, um die Haftung der Eltern [...] auf der Grundlage des Art. 1384 Absatz 4 anzunehmen, dass das Kind eine Handlung vorgenommen hat, die kausal direkt den Schaden des Opfers verursacht hat"[145]. Die Rechtsprechung hat somit **eine reine Kausalhaftung** (*responsabilité causale*) statuiert: Eltern haften für jeden Schaden, der kausal auf eine Handlung des Kindes zurückgeht, unabhängig davon, ob die Handlung fehlerhaft war oder nicht. In der Literatur wird dies vielfach kritisch gesehen. Angemerkt wird z.B., dass bei gleichem Sachverhalt ein Ersatzanspruch ggf. allein von der Frage abhängt, ob der Schädiger ein Kind ist, denn nur in diesem Fall greift eine reine Kausalhaftung[146].

481 Die Eltern können sich nicht von der Haftung befreien, indem sie darauf verweisen, sich kein Verschulden haben zukommen zu lassen (*contra legem* Art. 1242 Absatz 7 C. civ.). Als Einwände zulässig sind dagegen Verschulden des Geschädigten (*faute de la victime*) und höhere Gewalt (*force majeure*). So konnten z.B. die Eltern eines Kindes, das für ein Feuer in einer Scheune verantwortlich war, haftungsmindernd einwenden, dass in dem Gebäude hochbrennbare Chemikalien eingelagert waren und zugleich Brandschutzmaßnahmen fehlten[147].

Haftung des Weisungsgebenden für seinen Weisungsempfänger

482 Art. 1242 Absatz 5 C. civ. besagt, dass der Weisungsgebende (*commettant*) für seinen Weisungsempfänger (*préposé*) haftet (*responsabilité du commettant du fait de son préposé*). Die Norm zielt vor allem auf die Haftung des Arbeitgebers für seine Arbeitnehmer ab. Der Weisungsgebende **haftet ohne Verschulden** (*sans faute*); auf Organisationsverschulden oder Verschulden bei der Auswahl des Weisungsempfängers kommt es nicht an[148]. Die Vorschrift sieht **keine Entlastungsmöglichkeit** für den Weisungsgebenden vor. Im Jahre 1804 war dies ein Alleinstellungsmerkmal. Teile der Lehre sehen darin eine frühzeitige Anerkennung der Risikohaftung (*responsabilité pour risque*): der Weisungsgebende hat für das Verschulden seines Weisungsempfängers einzustehen, auch wenn er sich selbst nichts vorzuwerfen hat; er muss dieses Risiko deshalb tragen, weil er mithilfe des Weisungsempfängers auch Gewinn erzielt[149].

483 Haftungsvoraussetzung ist zunächst das Vorliegen eines **Unterordnungsverhältnisses** (*lien de subordination*) zwischen dem Weisungsgeber und dem Weisungsempfänger. Dies ist naturgemäß gegeben, wenn ein Arbeitsvertrag (*contrat de travail*) vorliegt. Ob es sich um einen einfachen Angestellten oder einen Angestellten in Leitungsposition handelt, ist unerheblich. Selbst wer einen freien Beruf in der Stellung eines Angestellten ausübt – z.B. Anwalt oder Arzt[150] – fällt, obgleich er nicht an Weisungen gebunden werden kann, unter die Vorschrift, was in der Literatur vielfach kritisch gesehen wird[151]. Ein Weisungsverhältnis setzt jedoch nicht notwendigerweise ein Vertragsverhältnis voraus. So haftet z.B. auch derjenige, der einen anderen um einen **Gefälligkeitsdienst** bittet und ihm dabei Weisungen erteilt; etwa der Grundstückseigentümer, der

---

145 Ass. plén. 9.5.1984, n° de pourvoi 79–16612, JCP 1984, II, 20255, Anm. N. Dejean de la Batie.
146 P. Brun, aaO, Rn. 431.
147 Cass. civ. II. 19.10.2006, n° de pourvoi 05–17474.
148 Ausf. und rechtsvergleichend G. Viney, P. Jourdain, S. Carval, aaO, Rn. 809.
149 Ausf. P. Brun, aaO, Rn. 439 ff.
150 Com. crim. 5.3.1992, JCP 1993, II, 22013, Anm. F. Chabas.
151 ZB P Brun, aaO, Rn. 446.

sich von einem Jungen bei Gartenarbeiten helfen lässt, wobei ein Ast auf die Straße fällt und einen Dritten verletzt[152]; ebenso die Buchprüferin, die sich beizeiten von ihrem Ehemann unterstützen lässt[153].

Haftungsvoraussetzung ist zudem, dass der Weisungsempfänger **im Rahmen seiner Funktion** (*dans le cadre de ses fonctions*) gehandelt hat. In der Sache bedeutet dies nichts weiter, als dass der Arbeitgeber allein dann in die Haftung genommen werden kann, wenn der Schaden vom Angestellten in Ausübung seiner Arbeitstätigkeit verursacht wurde. Wann dies genau anzunehmen ist, war lange Zeit Gegenstand sehr uneinheitlicher Entscheidungen. Hintergrund war die Frage, ob die Haftung des Arbeitgebers weit oder eng ausgelegt werden soll; dies vor dem Umstand, dass i.d.R. allein der Arbeitgeber solvent ist. In der Rechtsprechung hat sich schließlich eine **weitreichende Haftung des Arbeitgebers** durchgesetzt. Im Jahre 1988 hat die Vollversammlung des Kassationsgerichtshofes geurteilt, dass eine Haftung des Arbeitgebers nur dann ausgeschlossen ist, wenn **kumulativ drei Kriterien** erfüllt sind. Danach muss der Arbeitnehmer ohne Erlaubnis (*sans autorisation*) und zu einem tätigkeitsfremden Zweck (*à des fins étrangères à ses attributions*) gehandelt haben; zudem muss er sich „außerhalb der Funktion bewegt haben, für die er eingestellt wurde" (*placé hors des fonctions auxquelles il était employé*)[154]. So haftet z.B. eine Versicherungsgesellschaft, wenn ihr Angestellter Zahlungen von Versicherten unterschlägt[155]. Der Arbeitgeber haftet auch für den Schaden, den ein Angestellter am Wochenende mit seinem Dienstfahrzeug anrichtet, sofern ihm die Nutzung des Fahrzeuges außerhalb der Dienstzeiten nicht untersagt wurde[156]. Ein Reinigungsunternehmen muss für Diebstähle einstehen, die von seinem Angestellten in den überwachten Räumen begangen werden[157]. Ebenso haftet ein Transportunternehmen für seinen Lastwagenfahrer, der im Rahmen der ausgeführten Transporte Zigarettenschmuggel betrieben hat; der Arbeitgeber hat daher zivilrechtlich gegenüber der Zollbehörde für das Bußgeld einzustehen[158].

484

Schlussendlich ist für eine Haftung des Weisungsgebenden erforderlich, dass dem Weisungsempfänger ein **Fehlverhalten** (*faute*) vorgeworfen werden kann. Der Arbeitgeber soll also für das Verschulden seines Arbeitnehmers einstehen. Eine bloße Kausalhaftung wird dagegen, anders als bei der Haftung der Eltern für ihre Kinder[159], nicht angenommen.

485

Eine Besonderheit der Haftung liegt darin, dass **dem Geschädigten i.d.R. kein Anspruch gegen den Weisungsempfänger** zusteht. Grundlegend hierfür ist die Entscheidung *Costedoat* aus dem Jahr 2000[160], die eine sog. **Haftungsrechtliche Immunität** (*immunité*) des Weisungsempfängers angenommen hat. In diesem Fall war eine Gesellschaft damit beauftragt worden, Pflanzenschutzmittel mithilfe eines Hubschraubers auf Felder zu sprühen. Der Pilot, der diese Aufgabe als Angestellter ausführte, nahm die Sprühmaßnahmen trotz starken Windes vor und schädigte dadurch anliegende Anbaugebiete. Die Geschädigten klagten gegen das Unternehmen und gegen den Pilo-

486

---

152 Cass. civ. II. 26.2.1986, n° de pourvoi 84–16196.
153 Cass. civ. I. 17.7.1979, D. 1980, IR 114.
154 Ass. plén. 19.5.1988, D. 1988.513, Anm. Ch. Larroumet.
155 AaO.
156 Cass. crim. 21.3.1989, Bull. crim., n° 142.
157 Cass. crim. 16.2.1999, Bull. Crim. n °23; RTD civ. 1999, S. 409, Anm. P. Jourdain.
158 Cass. crim. 19.2.2003, n° de pourvoi 02–81851.
159 S. Rn. 480.
160 Ass. plén. 25.2.2000, JCP 2000, II, 10295, concl. Kessous, Anm. M. Billau; Responsabilité civile et assurances 2000, chr. 11, Anm. H. Groutel.

ten. Während der Anspruch gegen das Unternehmen auf der Grundlage der Haftung des Weisungsgebenden bestätigt wurde, kassierte der Kassationsgerichtshof die Verurteilung des Piloten für eigenes Fehlverhalten nach Art. 1382, nunmehr 1240 des Code civil. Die Richter entschieden, dass „den Weisungsempfänger, der die Grenzen der ihm vom Weisungsgebenden übertragenen Aufgabe nicht überschreitet, keine Haftung gegenüber Dritte trifft". Angestellte können somit i.d.R. **nicht persönlich** für solche Schäden haftbar gemacht werden, die sie in Ausübung ihrer beruflichen Tätigkeit verursachen. Dies schließt auch **Regressansprüche** *(recours en garantie)* des Arbeitgebers aus. Zweck ist der Schutz der Arbeitnehmer.

487 Die haftungsrechtliche Immunität des Angestellten **kennt jedoch Grenzen**. Keinen Schutz genießt derjenige, der nicht im Rahmen seiner Aufgaben gehandelt hat (sog. *faute personnelle*) oder der sich **vorsätzliche Schädigungsabsicht** *(intention de nuire)* oder eine **Straftat** *(faute pénale)* vorwerfen lassen muss. So z.B. in der Entscheidung *Cousin* von 2001. Hier hat ein angestellter Buchhalter auf Weisung seines Arbeitgebers Urkunden gefälscht und bei Behörden eingereicht, um für das Unternehmen Subventionen zu erschleichen. Dem zivilrechtlichen Anspruch des Geschädigten gegen den Buchhalter wurde stattgegeben[161].

Haftungsprinzip für Dritte

488 Die Rechtsprechung nimmt an, dass aus Art. 1384 Absatz 1 (alt), nunmehr 1242 Absatz 1 des Code civil ein **allgemeines Haftungsprinzip für Dritte** *(principe de responsabilité du fait d'autrui)* hervorgeht. Die vormals abschließende Liste der Fälle, in denen jemand für einen Dritten einsteht, wurde demnach geöffnet[162]. Damit ist die Rechtsprechung – wie schon bei der Entwicklung der Sachhalterhaftung auf derselben Grundlage[163] – zweifellos über das hinausgegangen, was der Gesetzgeber in der Vorschrift gesehen hat.

489 Grundlegend für die Herausbildung des Prinzips war die Entscheidung *Blieck* von 1991[164]. In diesem Fall hatte ein geistig behinderter Junge, der in einer offenen Betreuungseinrichtung untergebracht war, einen anliegenden Wald in Brand gesetzt. Die Inhaber des Waldes, die Familie Blieck, klagte auf Schadensersatz gegen die Einrichtung, welche jedoch darauf verwies, dass keiner der Fälle vorliege, in denen nach Art. 1384 (nunmehr 1242) des Code civil eine Haftung für Dritte begründet sei. Dem widersprach der Kassationsgerichtshof. So sei eine Haftung der Einrichtung nach Absatz 1 begründet, da diese die Organisation und die Kontrolle des Lebens des Jungen übernommen hatte. Auf Verschulden der Einrichtung komme es nicht an.

490 Eine verschuldensunabhängige Haftung für Dritte ist danach immer dann anzunehmen, wenn jemand die Aktivitäten eines Dritten „leitet, kontrolliert und organisiert" *(direction, contrôle et organisation)*. Dies ist ähnlich, wie bei der Sachhalterhaftung, weshalb auch vom « gardien » des Dritten gesprochen wird. Die Rechtsprechung begründet damit vor allem die **Haftung von Pflege- oder Erziehungsheimen** für Schäden, die durch deren Patienten bzw. Bewohner angerichtet wurden. Ebenso von **Freizeit- bzw. Sportvereinen**, die entsprechende Veranstaltungen organisieren. So haftet etwa der Rugbyverein für die Verletzungen, die einer seiner Spieler einem gegnerischen

---

161 Ass. plén. 14.12.2001, *Cousin*, JCP 2002, II, 10026, Anm. M. Billau.
162 Ass. plén. 29.3.1991, D. 1991, S. 324 ff., Anm. Larroumet.
163 S. Rn. 467.
164 Ass. plén., 29.3.1991, n° 89–15.231, Bull., n° 1; JCP 1991, II, 21673, note J. Ghestin.

Spieler im Spielverlauf oder bei einer anschließenden Schlägerei zufügt[165]. Das gleiche gilt für den Tanzverein, der eine Gruppe *Cheerleader* auftreten lässt, wobei die eine die andere mit ihrem Stock verletzt[166]. Jagdvereine fallen dagegen, warum auch immer, nicht unter die Haftung[167]. Ferner nimmt die Rechtsprechung an, dass sie nicht bei Großeltern oder anderen Verwandten greift, die ein Kind über die Ferien bei sich aufnehmen[168].

Voraussetzung für die Haftung ist, dass **der Dritte fehlerhaft** (*fautif*) gehandelt hat. Ein Rugbyverein haftet nur dann für seinen Spieler, wenn die Schädigung eines Gegners auf einen Regelverstoß zurückgeht[169]. So z.B. dann, wenn er seinen Schuh auszieht, um damit den anderen zu schlagen[170]. Eine bloße Kausalhaftung, wie bei der Haftung der Eltern für ihre Kinder[171], wird nicht angenommen. Das Prinzip der Haftung für Dritte erscheint letztlich wie ein Auffangtatbestand für Fälle, in denen die Rechtsprechung keinen anderen solventen Verantwortlichen ausmachen konnte. Zugleich bleibt das Haftungsprinzip unvollendet. Eine Funktion als allgemeinen Leitsatz für die Haftung für Dritte konnte es nicht einnehmen. Hinzu kommt, dass – von einigen feststehenden Fallgruppen abgesehen – Kasuistik vorherrscht[172].

491

d) Nachbarschaftshaftung

In Frankreich macht sich derjenige haftbar, der **seinen Nachbarn über das normale Maß hinausgehend beeinträchtigt** (*trouble anormal de voisinage*). Besonderheit dieser Haftung ist, dass sie kein Verschulden bzw. kein Fehlverhalten voraussetzt (*responsabilité sans faute*); insbesondere hängt sie nicht von der Verletzung bau- oder lärmschutzrechtlicher Normen ab. Vielmehr ist dem Schädiger keine Rechtswidrigkeit (*illicéité*) vorzuwerfen. Grund für die Haftung ist allein der Umstand, dass die Handlung bzw. das fragliche Gebäude beim Nachbarn eine Beeinträchtigung (*trouble*) hervorrufen, die über das hinausgeht, was im Rahmen nachbarschaftlicher Verhältnisse als „normal" anzusehen ist.

492

Das erste Urteil in diesem Sinne datiert auf 1844. Der Kassationsgerichtshof hatte über die Klage eines Grundstücksbesitzers zu urteilen, der sich über den Lärm beschwerte, der von einer anliegenden Fabrik ausging. Wenngleich die Richter urteilten, dass im Rahmen nachbarschaftlicher Verhältnisse ein gewisses Maß an Beeinträchtigungen hinzunehmen sei, bestätigten sie zumindest teilweise die vom Berufungsgericht zugesprochene Entschädigung[173]. Deutlich ausformuliert wurde das Prinzip in einer Entscheidung von 1966[174]. Vorliegend beschweren sich anliegende Mieter über den stetigen, nächtlichen Lärm, den der Kühllaster eines benachbarten Schlachtbetriebes

493

---

165 Cass. civ. II. 22.5.1995, n° de pourvoi 92–21.197 et 92–21.871.
166 Cass. civ. II. 12.12.2002, n° de pourvoi 00–13.553.
167 Cass. civ. II. 11.9.2008, n° de pourvoi 07–15842; JCP 2008, II, 10184, Anm. J. Mouly. Nach Art. L. 222-2 des Code rural sei es „nicht Zweck der Vereine, die Aktivitäten der Jäger zu leiten, zu kontrollieren und zu organisieren".
168 Cass. civ. II., 18.9.1996, D. 1997, chron. S. 327 ff. (in diesem Fall sind allein die Eltern in der Haftung, was auch erklärt, warum es für das Haftungsprinzip hier keinen Bedarf gibt).
169 Ass. plén. 29.6.2007, n° de pourvoi 06–18.141; Responsabilité civile et assurances 2007, étude 17, Anm. S. Hocquet-Berg.
170 Cass. civ. II. 8.7.2010, n° de pourvoi 09–68.212.
171 S. Rn. 480.
172 P. Brun, aaO, Rn. 477.
173 Cass. civ., 27.11.1844, D 1945, I, S. 13 ff.
174 Cass civ. II. 24.3.1966, n° de pourvoi 64–10737.

verursachte. Die Richter urteilten, dass der Schlachtunternehmer zwar in seinem guten Recht sei, aber gleichwohl hafte, da „die Grenze der normalen nachbarschaftlichen Belastung überschritten" sei.

494 Die Frage nach der **Anspruchsgrundlage** wurde in der Literatur ausführlich diskutiert. Erörtert wurde, ob die Schadensersatzpflicht mit den **Grenzen des Eigentumsrechts** nach Art. 544 des Code civil begründbar ist. Danach liegen die Grenzen des Eigentumsrechts dort, „wo eine vom Gesetz oder Verordnungen verbotene Nutzung vorliegt." (*usage prohibé par les lois ou par les règlements*). Angedacht wurde auch, den Anspruch mit der **Verschuldenshaftung** nach Art. 1240 des Code civil in Verbindung zu bringen. Letztlich konnten diese Ansätze aber nicht überzeugen, da dem Schadensersatzpflichtigen weder ein Missbrauch seiner Eigentumsrechte (*abus de droit de propriété*) noch eine andersgeartete Rechtswidrigkeit vorgeworfen wird. Letztlich hat die Rechtsprechung eine **eigenständige Anspruchsgrundlage** gesetzt, auf die sie in ihren Urteilen ausdrücklich verweist. Die Haftung gründet danach auf das „Prinzip, wonach niemand einem anderen eine das normale Maß übersteigende nachbarschaftliche Beeinträchtigung auflasten darf" (*principe suivant lequel nul ne doit causer à autrui un trouble excédant les inconvéniants normaux de voisinage*)[175].

495 **Typische Anwendungsfälle** sind Belastungen, die auf Lärm, Rauch, Gerüche oder Vibrationen zurückgehen. Eine Haftung liegt regelmäßig auch dort begründet, wo durch Bauten der **Ausblick verstellt** oder der Licht- bzw. Sonneneinfall gemindert wird. Entschädigungsleistungen werden bei Neubauten häufig eingeplant, da die Beeinträchtigung von Nachbargrundstücken vielfach vorhersehbar ist. Besondere Beachtung haben eine Reihe von Entscheidungen gegen **Mobilfunkbetreiber** gefunden. Diese mussten unter Verweis auf die Nachbarschaftshaftung Sendemasten, die zu nah an Behausungen angebracht waren, wieder abmontieren, auch unter dem Gesichtspunkt der ungeklärten gesundheitlichen Auswirkungen[176]; allerdings wurde die Zuständigkeit für diese Fälle mittlerweile den Verwaltungsgerichten zugesprochen, womit andere Normen zur Anwendung kommen[177].

e) Verkehrsunfallrecht

496 Das französische Verkehrsunfallrecht wird sondergesetzlich durch ein Gesetz vom 5.7.1985 geregelt, das sog. **Badinter-Gesetz** (*loi Badinter*). Zweck des Gesetzes war, Unfallopfern einen besseren Schutz zu gewähren, als dies auf der Grundlage der Sachhalterhaftung[178] nach Art. 1242 Absatz 1 des Code civil der Fall war. Die Haftung unterscheidet sich deutlich von derjenigen nach deutschem Verkehrsunfallrecht. Grundlage ist der Gedanke einer **verschärften Risikohaftung**. So ist Verschulden des Geschädigten im Prinzip nicht haftungsmindernd. Zudem hat der Geschädigte keinen Kausalnachweis zu erbringen; er muss lediglich eine „**Beteiligung**" (*implication*) des Fahrzeuges am Unfall nachweisen. Hintergrund ist die Absicht, den Schaden regelmäßig auf die Kraftfahrzeug-Haftpflichtversicherung (*assurance automobile obligatoire*) abzuwälzen und so das Risiko, das dem Straßenverkehr innewohnt, zu vergemeinschaftlichen (*socialisation du risque*). Das Gesetz ist **ausschließlich anwendbar**: im

---

175 Cass. civ. II. 19.11.1986, n° de pourvoi 84–1637; Cass. civ. III. 10.6.2009, n° de pourvoi 08–13902.
176 ZB CA Versailles 4.2.2009, n° 08/08775; hierzu die Anm. von C. Quezel-Ambrunaz, Revue Lamy droit civil 2009, S. 3374 ff.
177 Hierzu P. Brun, aaO, Rn. 498.
178 S. Rn. 466 ff.

Konkurrenzfall kann sich der Geschädigte nicht auf andere Anspruchsgrundlagen – wie die Sachhalterhaftung – berufen.

Anwendbar ist das Gesetz gemäß Art. 1 dann, wenn jemand im Rahmen eines Unfalles geschädigt wurde, an dem ein „**motorisiertes Fahrzeug, das sich am Boden fortbewegt**" (*véhicule terrestre à moteur*) beteiligt war bzw. dessen „Auflader oder Anhänger". Dies gilt auch dann, wenn der Geschädigte „in Erfüllung eines Vertrages transportiert wurde", d.h. wenn der Unfall etwa die Insassen eines öffentlichen Verkehrsmittels trifft. Der Begriff *véhicule terrestre à moteur* wird **weit ausgelegt** und umfasst neben Automobilen, Motorrädern usw. auch landwirtschaftliche Fahrzeuge (etwa Mähdrescher, fahrbare Rasenmäher) oder Baumaschinen, solange diese mit einem eigenen Antrieb zur Fortbewegung ausgestattet sind. Ungeklärt ist bislang, wie es um die neuen Fortbewegungsmittel der Elektromobilität steht: E-Bikes, Hoverboards, E-Tretroller etc., wobei nichts dafür spricht, diese auszunehmen, zumal wenn Versicherungspflicht bestehen sollte[179]. **Ausgeschlossen** sind dagegen Eisenbahnen (*chemins de fer*) und Straßenbahnen (*tramway*); dies soll sich jedoch mit der Deliktsrechtsreform ändern.

497

Das Gesetz greift nur, wenn ein „**Verkehrsunfall**" (*accident de la circulation*) vorliegt. Dies ist nicht der Fall, wenn der Schaden vorsätzlich herbeigeführt wurde, etwa, wenn ein Fahrzeug mutwillig in Brand gesetzt wurde[180]. Strittig war lange Zeit, ob Unfälle, die sich auf **privaten Rennstrecken** ereignen, unter das Gesetz fallen, was nach jüngerer Rechtsprechung nunmehr zu bejahen ist. Das gleiche gilt, wenn bei Dreharbeiten Stuntszenen gedreht werden und es dabei zu einem Autounfall mit tödlichen Folgen für Zuschauer kommt[181]. Eine Begrenzung der Haftung auf öffentliche Verkehrswege nimmt die Rechtsprechung nicht vor. Auch auf **privaten Parkplätzen**, Firmengeländen, Feldwegen oder Skipisten findet das Gesetz Anwendung. Voraussetzung ist jedoch, dass der Unfallort dem Verkehr (*circulation*) diente.

498

Eine Besonderheit liegt darin, dass das Unfallopfer **keinen Kausalitätsnachweis** führen muss. Es kann die gesetzlichen Ansprüche gegen den Fahrzeughalter unter der alleinigen Voraussetzung geltend machen, dass dessen Fahrzeug am Unfall „beteiligt" war. Der **Begriff der Beteiligung** (*implication*) ist in der Literatur viel diskutiert worden. In der Rechtsprechung wird er weitfassend ausgelegt. Danach wird eine Beteiligung stets dann bejaht, wenn es zwischen dem Fahrzeug und dem Geschädigten zum **Kontakt** (*contact*) kommt, unabhängig davon, ob das Fahrzeug in Bewegung war oder nicht. Auch ein ordnungsgemäß parkendes Auto, das von einem anderen Verkehrsteilnehmer getroffen wird, ist am Unfall beteiligt[182]. Kommt es dagegen nicht zum Kontakt, wird eine Beteiligung i.d.R. angenommen, wenn das Fahrzeug **Einfluss auf den Unfallhergang** hatte. So gilt etwa ein bei Nacht plötzlich auftauchender Lastwagen (auch wenn er sich regelgerecht verhält) als unfallbeteiligt, wenn ein Motorradfahrer diesem in einer Überreaktion ausweicht und dabei stürzt[183]. Als beteiligt gelten Fahrzeuge auch stets dann, wenn sie **nicht ordnungsgemäß abgestellt** wurden und dadurch Ausweich- oder Umfahrmanöver hervorrufen. Die bloße Anwesenheit eines Fahrzeuges am Unfallort ist hingegen nicht ausreichend. So ist ein Fahrzeug nicht schon deshalb an

499

---

179 Eine Versicherungspflicht behauptet – aber ohne dass dies bislang klar wäre – der Verband der Versicherer unter Berufung auf Art. L. 211–1 du Code des assurances (Versicherungsgesetzbuch).
180 Cass. civ. II. 15.3.2001, n° de pourvoi 99–16852.
181 Cass. civ. II. 14.6.2012 (Taxi 2), n° de pourvoi 11–13347 11–15642.
182 Cass. civ. II. 23.3.1994, n° de pourvoi 92–12553 et 92–14296.
183 Cass. civ. II. 14.12. 1987, n° de pourvoi 86–17930.

einem Unfall beteiligt, weil es sich in der Schlange befand, welche vom Unfallopfer überholt wurde, bevor es hierbei zum tödlichen Zusammenstoß mit einem entgegenkommenden Fahrzeug kam[184].

500 Zur Frage, wie sich **Mitverschulden** des Geschädigten (*faute de la victime*) auswirkt, unterscheidet das Gesetz nach **Opfergruppen**. Ist der Geschädigte **Fahrer** eines motorisierten Fahrzeuges (*conducteur*), so ist Mitverschulden haftungsmindernd, ganz gleich ob Sach- oder Personenschaden geltend gemacht wird. Anderes gilt für sog. **nicht-Fahrer** (*non-conducteurs*), auf die der Schutz des Gesetzes tatsächlich abzielt. Dies sind Fußgänger (*piétons*), Fahrradfahrer (*cyclistes*) oder Bei- und Mitfahrer (*passagers*), also all jene, die nicht selbst ein motorisiertes Fahrzeug steuern. Die Abgrenzung ist aber teilweise schwierig: wie steht es um den Fahrer, der noch nicht am Steuer sitzt, sondern gerade erst einsteigt oder um sein Auto herumgeht?[185] Offen ist bislang auch, wie Fahrer von E-Bikes eingeordnet werden sollen. Einem *non-conducteur* ist jedenfalls weder Fahrlässigkeit (*négligence*) noch grobe Fahrlässigkeit (*faute lourde*) vorwerfbar. Der volle Ausgleichsanspruch besteht daher auch dann, wenn das Unfallopfer etwa bei Rot mit seinem Fahrrad eine Kreuzung überquert hat. Allein „**unentschuldbares Fehlverhalten**" (*faute inexcusable*) schließt einen Anspruch aus. Die Rechtsprechung legt den Begriff besonders eng aus. So hat der Kassationsgerichtshof in einem richtungsweisenden Urteil von 1995 unentschuldbares Fehlverhalten verneint, obgleich der Geschädigte betrunken, in dunkler Kleidung, in einer regnerischen Nacht mitten auf einer Landstraße lief, in der Hoffnung, ein Fahrzeug würde ihn mitnehmen, bis er schließlich vom Beklagten erfasst wurde[186]. Anders jedoch, wenn der Geschädigte einen Sicherheitszaun überwindet, um auf die Fahrbahn zu gelangen, oder Zwecks Mitfahrt auf eine Stoßstange aufspringt.

501 Eine Untergruppe genießt noch weitergehenden Schutz: **Personen über 70 und Kindern unter 16 Jahren** kann nur vorsätzliche Schädigungsabsicht (*recherche volontaire du dommage*) entgegengehalten werden. Dies trifft allein denjenigen, der sich mutwillig vor ein Fahrzeug wirft. Der besondere Schutz der *non-conducteurs* gilt jedoch stets **nur für Personenschäden** (und Personenfolgeschäden). Macht das Unfallopfer **Sachschäden** geltend, etwa ein kaputtes Fahrrad, zerrissene Kleidung usw., ist Mitverschulden regelmäßig haftungsmindernd.

502 Der Schutz der Unfallopfer wurde auch **verfahrensrechtlich** gestärkt. Im Versicherungsgesetzbuch (*Code des assurances*) wurde ein besonderes Verfahren verankert, das die Durchsetzung des Ersatzanspruches vereinfachen und beschleunigen soll (Art. L. 211–9 C. assur.). Danach muss der **Versicherer** des am Unfall beteiligten Fahrzeuges dem Geschädigten innerhalb von drei Monaten nach Anfrage bzw. unaufgefordert spätestens acht Monate nach dem Unfall ein **Entschädigungsangebot** zukommen lassen; versäumt er dies, oder ist sein Angebot offensichtlich unterbewertet, fallen Strafzahlungen an einen staatlichen Entschädigungsfonds an. Nimmt der Geschädigte das Angebot an, so liegt ein Vergleich vor, allerdings ausgestattet mit einem zwei-wöchigem Widerrufsrecht. Finden die Parteien nicht zueinander, was in der Praxis der Ausnahmefall ist, kann der Geschädigte die Durchsetzung seines Anspruches gerichtlich verfolgen. Er

---

184 Cass. civ. II. 13.12.2012, n° de pourvoi 11–19696. Als besonders schwierig erweist sich die Frage, wie Massenkarambolagen zu bewerten sind: handelt es sich um *mehrere* oder, wie die Rechtsprechung zuletzt annahm, um *einen* Unfall; die Antwort wirkt sich auf die Ansprüche der Beteiligten untereinander aus.
185 Cass. civ. II. 20.4.1988, n° de pourvoi 86–16354 (wenn der Fahrer gerade in sein Auto einsteigt oder um das Auto herumgeht, ist er nicht-Fahrer im Sinne des Gesetzes).
186 Ass. plén. 10.11.1995, n° de pourvoi 94–13912.

kann dabei – wie stets nach französischem Versicherungsrecht – unmittelbar gegen den Versicherer klagen (*action directe*).

Weiterführende Literatur:

O. *Berg*, La protection des intérêts incorporels en droit de la réparation des dommages, Bruylant-LGDJ, Bruxelles-Paris 2006

P. *Brun*, Responsabilité civile extracontractuelle, 5. Aufl., LexisNexis, Paris 2018

S. *Carval*, La construction de la responsabilité, PUF, Paris 2001

M. *Fabre-Magnan*, Droit des obligations, tome 2: Responsabilité civile et quasi-contrats, PUF, 5. Aufl., Paris 2021

P. *Jourdain*, Les principes de la responsabilité, 10. Aufl., Dalloz, Paris 2021

S. *Porchy-Simon*, Y. *Lambert-Faivre*, Droit du dommage corporel, 9. Aufl., Dalloz, Paris 2022

F. *Ranieri*, Europäisches Obligationenrecht, 3. Aufl., Springer, Wien-New York 2009

G. *Viney*, Introduction à la responsabilité, 4. Aufl., LGDJ, Paris 2019

G. *Viney*, P. *Jourdain*, S. *Carval*, Les conditions de la responsabilité, 4. Aufl., LGDJ, Paris 2013

G. *Viney*, P. *Jourdain*, S. *Carval*, Les effets de la responsabilité, 4. Aufl., LGDJ, Paris 2017

C. Handels- und Gesellschaftsrecht

I. Handelsrecht

1. Einführung

Im *Vocabulaire juridique* von Gérard Cornu[187] wird das Handelsrecht (*droit commercial*) wie folgt definiert: « *Ensemble des règles particulières applicables aux commerçants, aux sociétés commerciales et aux actes de commerce.* ». Zum Handelsrecht zählen folgerichtig alle Vorschriften zu Kaufleuten (*commerçants*), Handelsgesellschaften (*sociétés commerciales*) und Handelsgeschäften (*actes de commerce*).

503

Das Handelsrecht ist wie das Zivilrecht **Teil des Privatrechts**. Das Bestehen eines Rechtsgebiets Handelsrecht rechtfertigt sich dadurch, dass im Handelsverkehr Rechtsgeschäfte schneller und flexibler getätigt werden müssen als im zivilrechtlichen Rechtsverkehr.

504

Die wichtigste Rechtsgrundlage für das Handelsrecht ist der *Code de commerce* (Handelsgesetzbuch). Er besteht aus neun Büchern, wobei das erste Buch sich mit dem Handel im Allgemeinen (*du commerce en général*) beschäftigt und dort auch die wichtigen Begriffe Kaufmann und Handelsgeschäft definiert werden. Handelsgesellschaften und Wirtschaftsinteressengemeinschaften sind Gegenstand des zweiten Buchs (*des sociétés commerciales et des groupements d'intérêt économique*). Das Insolvenzrecht (*des difficultés des entreprises*) wird im sechsten Buch geregelt. Die Handelsgerichtsbarkeit und die Organisation des Handels (*des juridictions commerciales et de l'organisation du commerce*) sind ebenfalls Gegenstand des *Code de commerce*; nämlich in seinem siebten Buch. Im achten Buch (*de quelques professions réglementées*) finden sich Vorschriften zur Reglementierung von bestimmten Berufsgruppen wie die des Insolvenzverwalters (*administrateur judiciaire*). Das letzte Buch (*dispositions relatives à l'outre-mer*) des *Code de commerce* enthält Regelungen für französische Übersee gebiete.

505

Der *Code de commerce* ist drei Jahre jünger als der *Code civil*. Er stammt aus dem Jahre 1807 und ist wie der *Code civil* ein *Code Napoléon* und wurde im Jahre 2000[188]

506

---

187 G. Cornu, Vocabulaire juridique, 14. Aufl., PUF, Paris 2022.
188 Ordonnance n° 2000–912 du 18 septembre 2000 relative à la partie législative du code de commerce.

stark reformiert. Insbesondere wurden Vorschriften, die zuvor in vielen unterschiedlichen Texten verstreuten waren, im *Code de commerce* zusammengeführt.

507 Das französische Handelsrecht war lange Zeit stark gewohnheitsrechtlich geprägt. Es war vormals ein *droit oral* (mündliches Recht). Ein wichtiger Wendepunkt hin zum geschriebenen, kodifizierten Recht (*droit écrit*) war das Inkrafttreten (*entrée en vigueur*) der *ordonnance de 1673 sur le commerce terrestre de Colbert*; auch *Code Savary* genannt. Colbert hat dieses Gesetz mithilfe von *Savary*, einem französischen Geschäftsmann, ausgearbeitet. Die *ordonnance* beinhaltete 122 Artikel. *Savary* übernahm selbst die Kommentierung in seinem Buch *Le parfait commerçant*. Dieses Buch fand seinerzeit großen Anklang.[189]

508 Neben dem *Code de commerce* sind weitere Gesetzestexte für das Handelsrecht von Bedeutung. Hier ist vor allem der *Code monétaire et financier* (Währungs- und Finanzgesetzbuch) zu nennen. Er setzt insbesondere die Rahmenbedingungen für Bank- und Finanzgeschäfte. So finden sich hier sowohl Vorschriften zum Scheckrecht[190] als auch spezielle Abtretungsvorschriften, wenn es um die Abtretung von Forderungen eines Unternehmens an ein Kreditinstitut geht (*loi Dailly* vom 2.1.1981).[191]

509 Zudem wird das Handelsrecht stark von internationalen Verträgen (*conventions internationales*) wie dem UN-Kaufrecht[192], der internationalen Vereinbarung über Beförderungsverträge auf Straßen, der CMR (*Convention relative au contrat de transport international de marchandises*) oder dem Genfer Übereinkommen über Bestimmungen auf dem Gebiet des Scheckrechts (*convention portant loi uniforme sur les chèques*) geprägt. Diese Übereinkommen leisten einen großen Beitrag zur zumindest teilweisen Rechtsvereinheitlichung auf Gebieten des Handelsrechts.

510 Neben diesen internationalen Verträgen sind die zahlreichen *usages internationaux* (internationale Gepflogenheiten) – wie den von der Internationalen Handelskammer in Paris (*Chambre de commerce internationale de Paris*) ausgearbeiteten *Incoterms* (*International Commercial Terms*)[193] – zu erwähnen. Die große Zahl an internationalen Übereinkommen und *usages internationaux* erklärt sich durch den zunehmend international werdenden Handel.

511 Weitere wichtige Rechtsquellen sind weiterhin, wenn auch stark eingeschränkt, das Gewohnheitsrecht (*coutume*) und – wie bereits erwähnt – die Übung (*usage*) auf nationaler, französischer Ebene. Ein Beispiel für eine „nationale", „französische" *usage* ist die handelsrechtliche Abweichung von dem in Art. 1310 c. civ. normierten Grundsatz: «*La solidarité est légale ou conventionnelle; elle ne se présume pas.*». Das heißt, nach den Regelungen des französischen Zivilgesetzbuches ist erforderlich, dass

---

189 J.-B. Blaise, R. Desgorces, Droit des affaires, 11 Aufl., LGDJ 2021, Rn. 12.
190 Der Scheck spielt in Frankreich als Zahlungsmittel – im Gegensatz zu Deutschland – weiterhin eine große Rolle.
191 Die *loi Dailly* ist ein wirtschaftlich wichtiges Instrument, wenn es um die Forderungsabtretung im Handelsverkehr geht. Die Vorschriften hierzu finden sich in den Art. L. 313–23 bis L. 313–34 *Code monétaire et financier*).
Die „klassische" Abtretung nach dem *Code civil* (Art. 1689 ff.) zeichnet sich durch einen hohen Formalismus wie die *signification par huissier de la cession au débiteur cédé* (Zustellung durch Gerichtsvollzieher an den Schuldner der abgetretenen Forderung) aus. Wenn die *loi Dailly* zur Anwendung kommt, ist das einzige Formerfordernis die Übergabe eines *bordereau de cession* (Abtretungsbeleg) Zessionar (*cessionaire*) muss stets ein Kreditinstitut sein.
192 S. hierzu im Einzelnen Rn. 386 ff.
193 Unter *Incoterms* versteht man eine Liste von internationalen Handelsklauseln, die sich auf die Lieferbedingungen konzentrieren.

C. Handels- und Gesellschaftsrecht

die Gesamtschuldnerschaft (*solidarité*) sich aus einem Vertrag oder aus dem Gesetz ergibt. Nach ständiger Rechtsprechung (*jurisprudence*) ist jedoch anerkannt, dass im Handelsrecht die Vermutung (*présomption*) der Gesamtschuldnerschaft aufgrund einer *usage*, die bereits vor Inkrafttreten des *Code de commerce* bestand, gilt.[194] Auch das Handelsrecht wird stark vom Richterrecht (*jurisprudence*), genauer gesagt von der Rechtsprechung der Handelskammer (*chambre commerciale*) der *Cour de cassation*, beeinflusst[195].

Im Handelsrecht spielen vor allem drei Begriffe eine herausragende Rolle: *le commerçant* (Kaufmann), *l'acte de commerce* (Handelsgeschäft) und *le fonds de commerce* (französisches „Handelsunternehmen" mit besonderen Eigenschaften[196]).

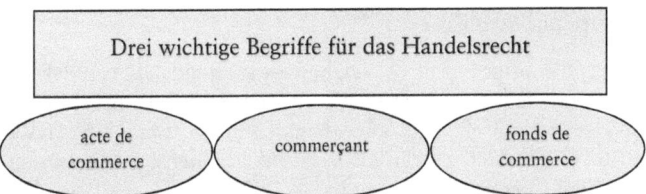

2. Handelsgeschäfte (actes de commerce)

Der Begriff *acte de commerce* nimmt im *Code de commerce* viel Raum ein. Auf die rein akademische Diskussion, ob das französische Handelsrecht auf einem subjektiven (Anknüpfung an die Kaufmannseigenschaft) oder vielmehr objektiven System (Anknüpfung an das Handelsgeschäft) beruht, soll im Folgenden nicht eingegangen werden.[197]

a) Verschiedene Arten von Handelsgeschäften

Was der französische Gesetzgeber unter Handelsgeschäften versteht, ist Gegenstand der Art. L. 110–1 ff. C. com. Der *Code de commerce* definiert nicht – wie der deutsche Jurist dies vom deutschen Handelsgesetzbuch gewohnt ist – allgemein den Begriff des Handelsgeschäfts, sondern listet vielmehr in den Art. L. 110–1 ff. C. com. auf, was für Arten von Rechtsgeschäften Handelsgeschäfte sind. Diese Liste ist jedoch keine abschließende, sondern wird von der Rechtsprechung durch Bildung von Analogien ergänzt.[198]

Aus der Formulierung in Art. L. 110–1 C. com. « *La loi répute des actes de commerce …* », folgt der Schluss, dass die im Folgenden nicht abschließende Liste der Handelsgeschäfte die widerlegbare Vermutung (*présomption simple*) enthält, dass die vom Gesetzgeber aufgezählten Rechtsgeschäfte als Handelsgeschäfte einzuordnen sind. Auch in der Rechtsprechung (*jurisprudence*) und der Lehre (*doctrine*) hat sich keine allgemeine Definition des Begriffs Handelsgeschäft durchsetzen können.

---

194 Eine Vielzahl von Rechtsprechungsnachweisen findet sich unter Art. 1310 C. civ.; Code civil annoté, 120. Aufl., Dalloz, Paris 2021.
195 S. hierzu im Einzelnen Rn. 24 ff.
196 S. hierzu im Einzelnen Rn. 588 ff.
197 Für einen Überblick über die Einordnung mit weiteren Hinweisen: J. Mestre, Droit commercial, 31. Aufl., L.G.D.J., Paris 2021, Rn. 44 ff.
198 Zur Vertiefung mit zahlreichen Rechtsprechungshinweisen: D. Guével, Droit du commerce et des affaires, Droit du commerce et des affaires, 5. Aufl., L.G.D.J., Paris 2017, Rn. 89 ff.

516 Das französische Recht unterscheidet zwischen sogenannten *actes de commerce par nature* (Handelsgeschäft aufgrund der Art des Geschäfts), *actes de commerce par la forme* (Handelsgeschäft aufgrund der Form des Geschäfts) und *actes de commerce par accessoire* (akzessorisches Handelsgeschäft). Auf diese einzelnen Begriffe soll im Folgenden eingegangen werden.

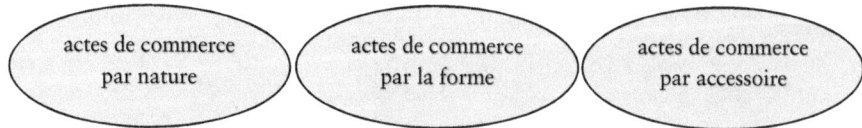

Actes de commerce par nature

517 Handelsgeschäfte, die aufgrund ihres Geschäftsgegenstands als Handelsgeschäft einzuordnen sind, werden als *acte de commerce par nature* bezeichnet. Hierunter fällt insbesondere der Handelskauf[199], aber auch Bankgeschäfte, Immobiliengeschäfte, Transportgeschäfte etc. Aufgelistet werden die *actes de commerce par nature* in den Art. L. 110–1 und L. 110–2 C. com.

Actes de commerce par la forme

518 Manche Rechtsgeschäfte werden kraft ihrer Form als Handelsgeschäfte betrachtet, gleichgültig, was der Gegenstand des Rechtsgeschäfts ist und gleichgültig, ob die Vertragsparteien Kaufleute oder Nichtkaufleute sind. Dies ist der Fall bei Wechselgeschäften (*lettres de change*); s. L. 110–1–10 C. com. Ebenso verhält es sich bei den Handelsgesellschaften (*sociétés commerciales*); s. Art. L. 210–1 C. com., der wie folgt lautet:

> « Le caractère commercial d'une société est déterminé par sa forme ou par son objet.
>
> Sont commerciales à raison de leur forme et quel que soit leur objet, les sociétés en nom collectif, les sociétés en commandite simple, les sociétés à responsabilité limitée et les sociétés par actions. ».

519 Folglich sind Gesellschaften – wie die offene Handelsgesellschaft (*société en nom collectif*) oder die Aktiengesellschaft (*société anonyme ou société par actions*) – kraft ihrer Form Handelsgesellschaften, die Handelsgeschäfte tätigen.

Actes de commerce par accessoire

520 Hierunter versteht man Rechtsgeschäfte, die weder nach ihrer Art noch nach ihrer Form als Handelsgeschäfte einzuordnen sind. Diese Rechtsgeschäfte sind deswegen als Handelsgeschäfte zu betrachten, weil ein Kaufmann sie im Rahmen seines Handelsgewerbes tätigt. **Beispiel:** Ein Kaufmann schließt einen Kaufvertrag über einen Lieferwagen für sein Handelsunternehmen ab.

521 Was das französische Handelsrecht als *acte de commerce par accessoire* einordnet, ist das, was in § 343 HGB allgemein als Handelsgeschäft definiert wird, nämlich „alle Geschäfte eines Kaufmanns, die zum Betriebe seines Handelsgewerbes gehören". Bei Kaufleuten, die natürliche Personen sind, muss in diesen Fällen stets überprüft werden,

---

[199] S. hierzu im Einzelnen Rn. 384 f.

C. Handels- und Gesellschaftsrecht

ob der Kaufmann das Geschäft für sein Handelsgewerbe tätigt oder vielmehr für einen persönlichen, privaten Zweck abschließt.

Actes mixtes

Zu erwähnen sind noch die sogenannten *actes mixtes*. Das sind Handelsgeschäfte, bei denen eine Partei die Kaufmannseigenschaft besitzt; die andere jedoch nicht. Für die eine Partei hat das Rechtsgeschäft zivilrechtlichen, für die andere Partei einen handelsrechtlichen Charakter. **Beispiel:** Frau *Dupont* kauft beim Feinkosthändler *Gourmand* Zutaten für das Abendessen. Herr *Gourmand* besitzt die Kaufmannseigenschaft; Frau *Dupont* hingegen nicht.

522

Das Problem, das sich hier stellt, ist, ob in diesen Fällen Handels- oder Zivilrecht bzw. eine Mischung aus beidem zur Anwendung kommt.[200]

523

b) Rechtliche Folgen der Einordnung eines Rechtsgeschäfts als Handelsgeschäft

Die Einordnung eines Rechtsgeschäfts als Handelsgeschäft zieht unterschiedliche Folgen nach sich: Zum einen sind im Falle eines Rechtsstreits (*litige*) die Handelsgerichte (*tribunaux de commerce*) zuständig[201]. Zum anderen sind Beweisvorschriften, die für Rechtsgeschäfte grundsätzlich gelten, für Handelsgeschäfte häufig nicht anwendbar. Dies ergibt sich aus der erwähnten Tatsache, dass im Handelsverkehr Schnelligkeit und Flexibilität eine große Rolle spielen.

524

Was die regelmäßige Verjährung (*prescription*) anbelangt, so beläuft sich diese wie nunmehr auch im Zivilrecht[202] auf fünf Jahre (Art. L. 110–4 C. com.). Sowohl *Code civil* als auch *Code de commerce* legen somit als allgemeine Verjährungsfrist die *prescription quinquennale* zu Grunde.

525

Das Handelsrecht weist aber auch Besonderheiten auf, die vom Zivilrecht abweichen. So geht die ständige Rechtsprechung[203] (*jurisprudence*) im Handelsverkehr bei einer Schuldnermehrheit von dem Vorliegen einer **Gesamtschuldnerschaft** (*présomption de solidarité*) aus. Der *Code civil* sieht eine solche Vermutung der Gesamtschuldnerschaft gerade nicht vor. Im Gegenteil: Art. 1310 C. civ. normiert: « *La solidarité est légale ou conventionnelle; elle ne se présume pas.* ».

526

Das heißt nach den Regelungen des französischen Zivilgesetzbuches ist erforderlich, dass die Gesamtschuldnerschaft (*solidarité*) sich aus einem Vertrag oder aus dem Gesetz ergibt. Auf keinen Fall wird sie nach dem *Code civil* vermutet!

527

Im Handelsrecht gilt dieser nach Art. 1310 C. civ. normierte Grundsatz nicht. Nachstehend ein kleiner Auszug aus der Rechtsprechung der *Cour de cassation* aus dem Jahre 1920: « *Attendu que selon un usage antérieur à la rédaction du Code de commerce, les tribunaux de commerce sont conduits à considérer que la solidarité entre débiteurs se justifie par l'intérêt commun du créancier, qu'il incite à contracter, et des débiteurs, dont il augmente le crédit.* ».[204]

528

---

200 S. im Einzelnen D. Guével, Droit du commerce et des affaires, Droit du commerce et des affaires, 5. Aufl., L.G.D.J., Paris 2017, Rn. 210 ff.
201 S. hierzu im Einzelnen Rn. 534 ff.
202 S. hierzu im Einzelnen Rn. 306 ff.
203 Eine Vielzahl von Rechtsprechungsnachweisen findet sich unter Art. 1310 C. civ.; Code civil annoté, 120. Aufl., Dalloz, Paris 2021.
204 Cass Req. 20.10.1920, S. (Recueil Sirey) 1922.1.

3. Beweisvorschriften

529 Handelsgeschäfte können grundsätzlich auf jede erdenkbare Weise bewiesen werden. Dies normiert Art. 110-3 C. com. in aller Deutlichkeit: « *A l'égard des commerçants, les actes de commerce peuvent se prouver par tous moyens à moins qu'il n'en soit autrement disposé par la loi.* ».

530 Die meisten Vorschriften, die die Parteien in ihrer Beweisführung einschränken, gelten somit im Handelsrecht nicht. Vor allem findet Art. 1359 C. civ. keine Anwendung, der für Rechtsgeschäfte über 1.500 EUR die Schriftform fordert[205]. Zudem entfällt für Handelsgeschäfte das Erfordernis des *double*, geregelt in Art. 1375 C. civ.[206]. Um das Datum des Rechtsgeschäfts Dritten entgegenhalten zu können (*opposabilité aux tiers*), ist nach Art. 1377 C. civ. erforderlich, dass das Rechtsgeschäft bei der Finanzverwaltung (*administration judiciaire*) registriert bzw. in einer notariellen Urkunde festgehalten wird. Auch dieses Erfordernis entfällt für Handelsgeschäfte.

531 Allerdings gibt es im Handelsrecht Ausnahmen vom Prinzip der Beweisfreiheit: So müssen – um nur zwei Beispiele zu nennen – sowohl beim Kauf eines *fonds de commerce* als auch beim *nantissement de fonds de commerce* die Schriftform eingehalten werden. Dies ergibt sich aus Art. L. 141-1 und L. 142-3 C. com.[207].

4. Weitere Besonderheiten

a) Keine „Gnadenfrist"

532 Nach Art. 1343-5 C. civ. kann der zuständige Richter (*juge compétent*) dem Schuldner (*débiteur*) zur Bezahlung seiner Schuld eine sog. *délai de grace* gewähren. Das heißt, er kann beispielsweise entscheiden, dass dem Schuldner aufgrund seiner finanziellen Lage seine Schuld gestundet wird. Auf Handelsgeschäfte findet diese Vorschrift keine Anwendung. Hier gibt es eine solche „Gnadenfrist" nicht. Dies ergibt sich aus Art. L. 511-81 C. com.

b) Zinseszinsverbot

533 Aus Art. 1343-2 C. civ. geht hervor, dass Zinseszinsen (*anatocisme*) erst nach einem Jahr erhoben werden dürfen. Im Handelsrecht gibt es in ganz engen Grenzen hierzu Ausnahmen, wonach die Zinsen bereits früher kapitalisiert werden dürfen.[208]

Generell besteht die Möglichkeit der Kapitalisierung von Zinsen, die für ein Girokonto (*compte courant*) anfallen.[209]

5. Gerichtliche Zuständigkeit und berufsständische Organisation

a) Zuständigkeit der Handelsgerichte

534 Bei handelsrechtlichen Streitigkeiten sind in Frankreich die Handelsgerichte (*tribunaux de commerce*) zuständig. Etwas anderes gilt nur für das Elsass-Mosel-Gebiet, wo es wie in Deutschland lediglich Handelskammern (*chambres commerciales*) gibt, die bei den Landgerichten (*tribunaux de grande instance*) angesiedelt sind.

---

205 S. hierzu im Einzelnen Rn. 312 ff.
206 S. hierzu im Einzelnen Rn. 316.
207 S. hierzu im Einzelnen Rn. 592 und Rn. 602.
208 Cass. com., 22.5.1991, n°de pourvoi 89-19697.
209 Cass. com., 11.1.1984, n° de pouvoir 81-16336.

C. Handels- und Gesellschaftsrecht

Die Handelsgerichtsbarkeit ist eine besondere Gerichtsbarkeit (*juridiction d'exception*). Das heißt, sie ist nur in jenen Fällen zuständig, in denen ihr die Zuständigkeit zugewiesen wird (*compétence attribuée*). Wann die Handelsgerichte zuständig sind, ist Gegenstand der Art. L. 721–3 ff. C. com. Ihre Zuständigkeit ist insbesondere gegeben bei Rechtsstreitigkeiten (*litiges*) zwischen Kaufleuten[210], Handelsgesellschaften und Handelsgeschäften. In Art. L. 721–3 Abs. 2 C. com. wird zugleich auf die Möglichkeit der Vertragsparteien hingewiesen, bei Vertragsschluss die Zuständigkeit der Schiedsgerichtsbarkeit (*arbitrage*) zu vereinbaren.

535

Die Richter am Handelsgericht sind Laienrichter, sog. *juges consulaires*. Sie werden von der Kaufmannschaft (*de leurs pairs*) selbst nach Durchlaufen eines Wahlverfahrens ernannt. Sie benötigen keine juristische Vorbildung. Allerdings müssen die Laienrichter sowohl am Anfang als auch fortwährend an juristischen Schulungen, die von der *Ecole nationale de la magistrature* (ENM)[211] durchgeführt werden, teilnehmen. Die Laienrichter werden ehrenamtlich (*à titre bénévol*) tätig.

536

Das Handelsgericht entscheidet in erster und letzter Instanz (*en dernier ressort*) bei Streitigkeiten bis zu einem Streitwert (*valeur en litige*) von 5.000 EUR; s. Art. R. 721–6 C. com. Das bedeutet, dass bei niedrigen Streitwerten die Berufung ausgeschlossen ist. Allerdings haben die Parteien die Möglichkeit, Revision (*pourvoi en cassation*) bei der *Cour de cassation*[212] einzulegen. Bei höheren Streitwerten kann Berufung bei den zivilrechtlichen Berufungsgerichten (*cours d'appel*) eingelegt werden.

537

Für das Verfahren vor den Handelsgerichten gibt es kein besonderes Prozessrecht. Das Verfahren richtet sich vielmehr nach dem allgemeinen Zivilprozessrecht (*Code de procédure civile*). Die Entscheidungen werden regelmäßig von drei Richtern getroffen.

538

b) Berufsständische Organisation des Handels

Für die berufsständische Organisation des Handels sind in erster Linie die **Industrie- und Handelskammern**, die *chambres de commerce et d'industrie* (CCI), zu nennen. Sie sind primär Interessensvertreter des Handels und der Industrie. Dies ergibt sich aus Art. L. 710–1 C. com.

539

Die Organisation und die Aufgaben der CCI sind in den Art. L. 710–1 ff. C. com. geregelt. Dem CCI kommt eine Beratungspflicht gegenüber dem französischen Staat und seiner Körperschaften zu; s. im Einzelnen Art. R. 711–33 C. com. Sie haben zudem eine Service- und Unterstützungspflicht gegenüber ihren Mitgliedern. Außerdem sind sie aufgefordert, an der wirtschaftlichen Prosperität der französischen Nation mitzuwirken. Zudem haben die CCI die Aufgabe, an der Aus- und Fortbildung ihrer Mitglieder teilzuhaben.

540

Eine weitere wichtige Rolle spielen zudem die **Unternehmerverbände**, die wie die Arbeitnehmervertretungen ebenfalls als *syndicats* bezeichnet werden. Es sind *syndicats patronaux*. Sie sind in Vereinigungen aufgeteilt, wobei hier insbesondere der Verband MEDEF (*Mouvement des entreprises en France*) zu nennen ist. Ein weiterer wichtiger Verband ist die *Confédération des Petites et Moyennes Entreprises*.

541

---

210 Aber auch zwischen Kreditinstituten und neuerdings (eingeführt durch die loi n° 2016–1547 v. 18.11.2016) auch bei Rechtsstreitigkeiten zwischen Handwerkern.
211 Die ENM ist die Ausbildungsstätte für zukünftige französische Richter mit Sitz in Bordeaux.
212 S. hierzu im Einzelnen Rn. 46 ff.

542 Die Unternehmerverbände übernehmen die Rolle der Arbeitgeberverbände in Deutschland, wenn sie Arbeitgeberinteressen beim Abschluss von Tarifverträgen (*conventions collectives*) vertreten. So führt Art. L. 2131–1 C. trav. aus: « *Les syndicats professionnels ont exclusivement pour objet l'étude et la défense des droits ainsi que des intérêts matériels et moraux, tant collectifs qu'individuels, des personnes mentionnées dans leurs statuts.* ».

6. Der Kaufmann
a) Begriff

543 Art. L. 121–1 C. com. definiert den Begriff des **Kaufmanns** (*commerçant*). Die Legaldefinition lautet wie folgt: « *Sont commerçants ceux qui exercent des actes de commerce et en font leur profession habituelle.* ».

544 Somit müssen mehrere Voraussetzungen erfüllt sein, damit eine Person als Kaufmann im Sinne des *Code de commerce* angesehen werden kann: Zum einen muss der Kaufmann Handelsgeschäfte abschließen und zwar nicht nur gelegentlich, sondern regelmäßig. Nach einer aus dem Jahre 1906 datierenden Entscheidung der *Cour d'appel de Paris*[213] muss es sich darüber hinaus um eine ernsthafte Tätigkeit handeln, die geeignet ist, den eigenen Lebensunterhalt zu bestreiten. Weitere Voraussetzung ist, dass der Kaufmann eine selbstständige Tätigkeit ausübt. Das heißt, er darf kein abhängig Beschäftigter, kein Arbeitnehmer (*salarié*), sein.

545 Nicht nur natürliche Personen (*personnes physiques*) können Kaufleute sein, sondern auch juristische Personen (*personnes morales*); Handelsgesellschaften wie die offene Handelsgesellschaft (*société en nom collectif*), die Kommanditgesellschaft (*société en commandite simple*), die Gesellschaft mit beschränkter Haftung (*société à responsablité limitée*) und die Aktiengesellschaft (*société anonyme*). S. hierzu im Einzelnen Art. L. 210–1 C. com.

546 Im französischen Handelsrecht unterscheidet man den *commerçant* vom **artisan** (Handwerker). Ein *artisan* ist jemand, der einer vorwiegend handwerklichen Tätigkeit nachgeht. Das sind zum Beispiel der Bäcker, der Fliesenleger, der Elektriker oder der Metzger. Die handwerkliche Tätigkeit muss stets die maßgebende sein, um als Handwerker rechtlich eingestuft zu werden. Kaufmännische Tätigkeiten – wie der Verkauf von Ersatzteilen – dürfen nur als geringfügig einzustufen sein. Ansonsten wird der Unternehmer als Kaufmann und nicht mehr als Handwerker betrachtet.

547 Der Handwerker ist jemand, der auch wenn er Angestellte hat, selbst handwerklich tätig wird. Er ist gerade kein Spekulant, sondern jemand der selbst Hand anlegt. Auch Handwerker üben eine selbstständige Tätigkeit aus. Um nicht als Kaufmann eingestuft zu werden, darf der Handwerker nicht mehr als zehn Angestellte haben.[214] Für Handwerker gibt es einen eigenen Gesetzestext, der eine Anlage zum *Code de commerce* ist; den *Code de l'artisanat*. Hier werden Vorschriften zur Ausübung des Handwerksberufs zusammengefasst. Durch das Gesetz n° 2014–626 vom 18.6.2014 wurden zwischenzeitlich konkrete Anforderungen an die Ausübung eines Handwerks gestellt.

---

213 CA Paris, 30.04.07, DP 1907 5.9.
214 S. im Einzelnen Art. 19 der loi n° 2014–626 vom 18.6.2014.

C. Handels- und Gesellschaftsrecht

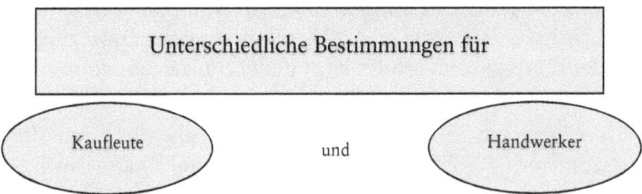

Die Unterscheidung zwischen den beiden Begriffen *commerçant* und *artisan* hat juristische Folgen. Ein Handwerker unterliegt grundsätzlich nicht dem *Code de commerce*, sondern dem *Code civil*. Allerdings wird der Handwerker in einigen Dingen so behandelt als wäre er ein Kaufmann: So ist der Mietvertrag, den er zur Ausübung seines Handwerks abschließt, ein gewerblicher (*bail commercial*). Gerichtlich sind für Handwerker primär die Zivilgerichte zuständig. Nur im Falle des Insolvenzverfahrens ergibt sich eine Zuständigkeit der Handelsgerichte.

Auch der Handwerker muss sich eintragen lassen. Jedoch nicht in das *registre du commerce et des sociétés*, sondern in die Handwerksrolle (*répertoire des métiers*). Der Handwerker betreibt zudem kein *fonds de commerce*[215], sondern einen *fonds artisanal*. In steuerlicher Hinsicht kommt der Handwerker in den Genuss günstigerer Regeln (Mehrwertsteuer, Gewerbesteuer etc.) als die, die für den Kaufmann gelten.

Neben den Handwerkern sind noch die **Freiberufler** (*professions libérales*) zu erwähnen. Was unter einem Freiberufler zu verstehen ist, wird in Art. 29 des Gesetzes n° 2012–387 vom 22.3.2012 definiert. Anwälte (*avocats*), Architekten (*architectes*) oder Ärzte, die selbstständig tätig sind, sind solche Freiberufler.

b) Pflichten des Kaufmanns

Eintragung in das Handelsregister

Eine wesentliche Pflicht des Kaufmanns ist, sich in das ***registre du commerce et des sociétés***[216] (**Handelsregister**) eintragen zu lassen.

In Frankreich gibt es zum einen das nationale Handelsregister (*RCS national*) und zum anderen das örtlich zuständige Handelsregister (*RCS local*). Das nationale Handelsregister wird vom *Institut national de la propriété intellectuelle* (INPI) geführt. Seine Eintragung muss der Kaufmann nur am örtlich zuständigen Register vornehmen. Das örtlich zuständige Register kümmert sich dann um die Weiterleitung der Daten an das nationale Register, das INSEE (*Institut national de la statistique et des études économiques*). Die Eintragung kann der Kaufmann auch elektronisch (*en ligne*) vornehmen.

Für die örtliche Zuständigkeit des Handelsregisters ist der Geschäftssitz (*siège*) des Kaufmanns entscheidend. Die *RCS locaux*, also die örtlich zuständigen Handelsregister, werden von der Geschäftsstelle der Handelsgerichte (*tribunaux de commerce*) geführt. Dies normiert Art. L. 123–6 C. com.: « *Le registre du commerce et des sociétés est tenu par le greffier de chaque tribunal de commerce.* … »

Kaufleute, die keine juristischen Personen sind, müssen sich innerhalb einer Frist von fünfzehn Tagen seit Aufnahme ihrer Tätigkeit in das Handelsregister eintragen

---

215 S. hierzu im Einzelnen Rn. 580 ff.
216 Abkürzung RCS.

lassen; ansonsten droht ihnen ein Bußgeld (*amende*) von 3.750 EUR (s. Art. L. 123–4 C. com.). Für juristische Personen gibt es keine bestimmte Eintragungsfrist. Die Bekanntmachung der Eintragungen erfolgt im *Bulletin officiel des annonces civils et commerciales*[217] (BODACC).

555 Das INSEE[218] erteilt jedem Kaufmann eine Nummer, die aus neun Ziffern besteht. Dies ist die sog. *numéro SIREN*. Anhand dieser Nummer kann ein kaufmännisches Unternehmen zugeordnet werden.

556 Jedermann hat ein Einsichtsrecht in das Handelsregister und ist somit berechtigt, sich über ein spezielles Handelsunternehmen zu informieren. Auf Antrag kann man von der Geschäftsstelle des Handelsgerichts einen Auszug aus dem Handelsregister erteilt bekommen. Diesen Auszug nennt man **extrait Kbis**. Dieser *extrait Kbis* wird auch als „Personalausweis" (*carte d'identité*) des Kaufmanns bezeichnet.

557 Die Eintragung einer natürlichen Person als Kaufmann in das Handelsregister hat die Vermutung zur Folge, dass diese Person auch tatsächlich die Kaufmannseigenschaft besitzt. Hierbei handelt es sich um eine einfache, widerlegbare Vermutung (*présomption simple*). Art. L. 123–7 C. com. lautet: « *L'immatriculation d'une personne physique emporte présomption de la qualité de commerçant. Toutefois, cette présomption n'est pas opposable aux tiers et administrations qui apportent la preuve contraire. ...* ».

558 Das Handelsregister in Frankreich genießt wie in Deutschland **öffentlichen Glauben**. Das heißt, dass beispielsweise ein Geschäftsführer einer Gesellschaft, der von den Gesellschaftern abberufen wurde, dessen Abberufung (*révocation*) jedoch noch nicht im Handelsregister eingetragen war, die Gesellschaft nach außen weiterhin wirksam vertreten kann.

559 Auf der Internetseite *infogreffe* finden sich alle Einzelheiten hinsichtlich der einzuhaltenden Formalitäten für die Eintragung in das Handelsregister.

Buchführungspflicht

560 Wenig erstaunlich ist ebenfalls die Tatsache, dass der Kaufmann zur **Buchführung** (*comptabilité*) verpflichtet ist. Dies geht aus Art. L. 123–12 C. com hervor: « *Toute personne physique ou morale ayant la qualité de commerçant doit procéder à l'enregistrement comptable des mouvements affectant le patrimoine de son entreprise. ...* ».

561 Diese Buchführungspflicht verlangt vom Kaufmann die Aufstellung eines **Jahresabschlusses** (*comptes annuels*). Dieser Jahresabschluss besteht aus der Bilanz (*bilan*) und der Gewinn- und Verlustrechnung (*compte de résultat*) nebst Anlagen (*annexe*). Dies geht aus dem dritten Absatz von Art. L. 123–12 C. com. hervor.

Grenzen der Betätigung als Kaufmann

562 Die Betätigung als Kaufmann soll für jedermann offen sein. Jeder Bürger, jeder *citoyen*, soll die Möglichkeit haben, sich als Kaufmann zu betätigen.[219] Aber auch dieser Grundsatz unterliegt **Einschränkungen**: Voraussetzung für die Betätigung als Kaufmann ist, dass die betreffende Person geschäftsfähig ist[220]. Als Kaufmann kann

---

[217] Bekanntmachungsblatt für die Eintragungen im französischen Handelsregister.
[218] Nationales Institut für Statistik und Wirtschaftsforschung.
[219] S. hierzu Cass. com. 4.6.2002, n° de pouvoir: 00–15.790.
[220] S. hierzu im Einzelnen Rn. 239 ff.

sich zudem nicht derjenige eintragen lassen, gegen den ein Insolvenzverfahren (*procédure de redressement judiciaire*) eröffnet wurde. Dies ergibt sich aus Art. L. 653–1 C. com. Auch bestimmte Vorstrafen (*condamnations pénales*) können den Zugang zur Kaufmannschaft verwehren.

Für manche Branchen besitzt der **Staat ein Monopol** (beispielsweise Elektrizität, Ausgabe von Banknoten etc.); auch wenn dies unter dem Einfluss des Rechts der Europäischen Union inzwischen zur Ausnahme geworden ist. Zudem darf der Kaufmann nicht auf Gebieten tätig werden, die gesetzlich verboten sind.

Manchmal sind für die Wahrnehmung der Aufgaben eines Kaufmannsberufs auch bestimmte **Qualifikationen** (*qualifications*) vorgeschrieben. Dies gilt zum Beispiel für den Beruf des Apothekers (*pharmacien*). Dieser muss zwingend im *ordre national des pharmaciens* (Apothekerkammer) eingetragen sein, um eine Apotheke eröffnen und betreiben zu dürfen.[221]

c) Hilfspersonen des Kaufmanns

Der Handelsvertreter

Die Regelungen zum **Handelsvertreter** (*agent commercial*) finden sich in den Art. L. 134–1 bis L. 134–17 C. com. In Art. L. 134–1 C. com. Findet sich zugleich eine Legaldefintion des Begriffs des Handelsvertreters: « *L'agent commercial est un mandataire qui, à titre de profession indépendante, …, est chargé, de façon permanente, de négocier et, …, de conclure des contrats de vente, … Il peut être une personne physique ou une personne morale…* ».

Um Handelsvertreter nach dem *Code de commerce* zu sein, muss man selbstständig und auf Dauer für bestimmte andere[222] (Kaufleute, Produzenten etc.) Verträge verhandeln und gegebenenfalls schließen. Was genau die Aufgaben des Handelsvertreters sein sollen, ist im Handelsvertretervertrag festzulegen. Was den Inhalt desselben anbelangt, sind die Parteien grundsätzlich frei.

Die Einhaltung einer speziellen Form für den Handelsvertretervertrag, ist ebenfalls nicht vorgeschrieben. Allerdings kann jede Vertragspartei ein schriftliches Exemplar des Vertrages nebst aller nachträglichen Vereinbarungen (*avenants*) verlangen. Dies geht aus Art. L. 134–2 C. com. hervor. Die Gegenleistung, die der Handelsvertreter regelmäßig für seine Tätigkeit erhält, ist die Provision (*commission*); geregelt in den Art. L. 134–5 ff. C. com.

Ein Handelsvertreter kann sowohl eine natürliche (*personne physique*) als auch eine juristische Person (*personne morale*) sein. Allerdings ist der Handelsvertreter, der eine natürliche Person ist, nach französischem Recht kein Kaufmann. Seine Tätigkeit wird vielmehr dem Zivilrecht zugeordnet.[223]

Auch Handelsvertreter tragen sich in ein **spezielles Register** ein: nämlich in das *Régistre Spécial des Agents Commerciaux* (RSCA). Dies geht aus Art. R. 134–6 C. com. hervor. Dieses Register wird – obwohl die Tätigkeit des Handelsvertreters grundsätz-

---

[221] Die Eintragung in den *ordre national des pharmaciens* setzt eine entsprechende Qualifizierung voraus. S. im Einzelnen Art. R. 4222–2 und Art. R. 4112–1 CSP (*Code de santé publique*).
[222] S. im Einzelnen Art. 134–1 C. com.
[223] S. beispielsweise die Entscheidung Cass. com., 24.10.1995, n° de pouvoir 94–10661.

570 Den Handelsvertreter und seinen Vertragspartner, seinen Auftraggeber, verbindet rechtlich der Handelsvertretervertrag (*contrat d'agent commercial*). Der Handelsvertreter ist hierbei der Beauftragte (*mandataire*) und der andere der Auftraggeber (*mandant*).

lich dem Zivilrecht zugeordnet wird – von der Geschäftsstelle (*greffier*) des Handelsgerichts (*tribunal de commerce*) geführt.[224]

571 Die **Beendigung des Vertrags** wird in den Art. L. 134-11 ff. C. com. geregelt. Die Kündigungsfrist (*délai de préavis*) richtet sich nach der Vertragslänge. So beträgt die Kündigungsfrist im ersten Vertragsjahr einen Monat, im zweiten Vertragsjahr zwei Monate und drei Monate ab dem dritten Vertragsjahr. Die an den Handelsvertreter eventuell zu zahlenden Summen im Falle der Vertragsbeendigung richten sich nach den Art. L. 134-12 und L. 134-13 C. com.

VRP

572 Der *VRP (Voyageurs, représentants et placiers)*[225] ist eine Konstruktion des französischen Rechts. Im deutschen Recht sucht man vergeblich nach einem solchen Rechtsinstitut.

573 Er ist ein **Angestellter** (*salarié*) des Kaufmanns. Das unterscheidet ihn vom Handelsvertreter. Aufgrund der Tatsache, dass der *VRP* nicht selbstständig handelt, sondern vielmehr Angestellter ist, finden sich die auf ihn anzuwendenden Regelungen nicht im *Code de commerce*, sondern im *Code du travail*; genauer gesagt in den Vorschriften L. 7311-1 ff. C. trav.

574 Nach Art. L. 7311-2 und L. 7311-3 C. trav. ist der *VRP* ein Angestellter, der für **einen oder mehrere Arbeitgeber** (*employeur*) arbeitet. Für eigene Rechnung darf der *VRP* nicht tätig werden. Die Rechtsprechung sieht die wesentliche Aufgabe des *VRP* in der Anwerbung von Kunden für seinen Arbeitgeber(n).[226]

575 Mit seinem bzw. seinen Arbeitgebern verbindet ihn ein Arbeitsvertrag (*contrat du travail*). Der Vertrag kann entweder auf unbestimmte Dauer (*contrat à durée indéterminée*)[227] oder zeitlich befristet (*contrat à durée déterminée*)[228] geschlossen werden. Die Parteien können eine Probezeit (*période d'essai*) bis zu drei Monaten vereinbaren. Dies ergibt sich aus Art. L. 7313-5 C. trav. Besondere Vorschriften zur Entlohnung des *VRP*, insbesondere zum Zeitpunkt der Bezahlung, finden sich in den Art. L. 7313-7 ff. C. trav.

Kommissionär

576 Der **Kommissionär** (*commissionaire*) ist Gegenstand der Art. L. 132-1 ff. C. com. Das Kommissionsgeschäft im Allgemeinen ist lediglich Gegenstand von zwei Artikeln, nämlich von Art. L. 132-1 und Art. L. 132-2 C. com. In den darauffolgenden Artikeln wird dann auf besondere Kommissionsgeschäfte eingegangen. Ein besonderer

---

224 Gem. Art. R. 134-6 Abs. 2 C. com. werden diese Register für das Elsass/Mosel-Gebiet von den Amtsgerichten (*tribunaux d'instance*) geführt.
225 Da es dieses Rechtsinstitut im deutschen Recht nicht gibt, wurde auf eine Übersetzung verzichtet.
226 S. beispielsweise Cass. soc. 2.7.2014, n° de pourvoi 12-29902.
227 In Frankreich arbeitet man gerne mit Abkürzungen. Die Abkürzung lautet hier: cdi.
228 Abkürzung: cdd.

C. Handels- und Gesellschaftsrecht

Kommissionsvertrag ist beispielsweise der Speditionsvertrag (*contrat de commission de transport*); geregelt in den Art. 132-3 ff. C. com.

Die Definition des Kommissionärs in Art. L. 132-1 C. com. ist ganz ähnlich wie die im deutschen Handelsgesetzbuch. Danach ist der Kommissionär (*commissionaire*) jemand, der im eigenen Namen und für fremde Rechnung, nämlich für die des Kommittenten (*commettant*) handelt. Dem Kommissionär nach französischem Recht kommt ein Vorzugsrecht (*privilège*) zu, welches sich auf die Kommissionsware bezieht. Es muss nicht zuvor zwischen den Parteien vereinbart werden, denn es steht dem Kommissionär von Rechts wegen (*de plein droit*) zu. Die rechtlichen Einzelheiten des Vorzugsrechts sind in den Art. 2324 ff. C. civ. geregelt.

Handelsmakler

Der Handelsmakler (*courtier*) ist Gegenstand der Art. L. 131-1 ff. C. com. Ein Handelsmakler ist stets Kaufmann. Er kann eine natürliche, aber auch eine juristische Person sein. Dies ergibt sich aus Art. L. 131-2 C. com.

Er ist lediglich Vermittler; er schließt niemals Verträge im Namen der einen oder der anderen Vertragspartei ab. Seine Aufgabe ist es vielmehr, Personen, die sich in der Regel zuvor nicht kannten, zusammenzubringen, damit diese in geschäftlichen Kontakt kommen und so in die Lage versetzt werden, miteinander Rechtsgeschäfte abzuschließen.

7. Der fonds de commerce

a) Definition

Möchte man den Begriff **fonds de commerce** ins Deutsche übersetzen, tut man sich schwer. Die Übersetzung des *fonds de commerce* als Handelsunternehmen ist keine ganz treffende, weil jenes, was man im deutschen Recht unter einem Handelsunternehmen versteht und das, was der französische Jurist unter einem *fonds de commerce* subsumiert, starke Unterschiede aufweist: Denn der *fonds de commerce* ist ein **besonderes Rechtsinstitut des französischen Rechts**. Ein Rechtsinstitut, das es so im deutschen Recht nicht gibt.

Der *fonds de commerce* ist von der Handelsgesellschaft (*société commerciale*) zu unterscheiden: Die Handelsgesellschaft ist eine juristische Person, also ein *sujet de droit*; der *fonds de commerce* hingegen ein rechtlicher Gegenstand, eine Sache, ein *bien*.[229]

Der Begriff des *fonds de commerce* ist neben den Begriffen *acte de commerce* und *commerçant* einer der zentralen Begriffe des französischen Handelsrechts. Eine Legaldefinition des *fonds de commerce* gibt es leider trotzdem nicht. Die gesetzlichen Vorschriften zum *fonds de commerce* finden sich in den Art. L. 141-1 ff. C. com.

Von der Rechtsprechung und der Lehre wird der *fonds de commerce* als eine Einheit von materiellen (*éléments matériels ou corporels*) und immateriellen Elementen (*éléments immatériels ou incorporels*) definiert.[230] Die materiellen Elemente sind das Material, das Werkzeug und die Waren. Immobilien sind hingegen nicht Bestandteil des *fonds de commerce*. Das wichtigste Element unter den immateriellen Elementen ist

---

[229] D. Guével, Droit du commerce et des affaires, 5. Aufl., L.G.D.J., Paris 2017, Rn. 128.
[230] D. Legeais, Droit commercial et des affaires, 28. Aufl., Sirey, Paris 2022, Rn. 148 ff. mit weiteren Nachweisen.

die **Kundschaft** (*clientèle*). Die Kundschaft, die *clientèle*, ist das Herzstück des *fonds de commerce*. Ohne Kundschaft kein *fonds de commerce*![231] Die Kundschaft muss die des Kaufmanns sein; also das Produkt seiner unternehmerischen Tätigkeit. Daneben zu erwähnen sind die Firma (*nom commercial*), das Firmenzeichen (*enseigne*), Patente (*brevets*), Markenrechte (*marques*) und Ansprüche aus dem Mietvertrag (*droit au bail*). Diese Elemente dienen jedoch nur einem Zweck, nämlich die Kundschaft zu befriedigen und an sich zu binden. Dies ist ständige Rechtsprechung.[232]

584 Der *fonds de commerce* braucht, um am Rechtsverkehr teilnehmen zu können, einen Namen, die **Firma** (*nom commercial*). Wie auch im deutschen Recht ist der Kaufmann bei der Firmenwahl grundsätzlich frei. Die Firma kann der Familienname (*nom patronymique*) oder auch ein Fantasiename sein. Wichtig ist allerdings, dass zwischen der neuen Firma und bereits existierenden Firmen keine Verwechslungsgefahr besteht; ansonsten könnte der Tatbestand des unlauteren Wettbewerbs (*concurrence déloyale*) erfüllt sein. Auch darf die Firma nicht irreführend sein. Dies wäre beispielsweise dann der Fall, wenn ein Metzger seiner Metzgerei die Firma *Boulangerie*[233] Dupont geben würde. Zudem muss die Firma Unterscheidungskraft besitzen. So wurde von der *Cour d'appel de Paris*[234] entschieden, dass die Firma Pizza für ein Restaurant es an einer solchen Unterscheidungskraft fehlen lässt.

585 Ein weiteres besonders hervorzuhebendes Element des *fonds de commerce* ist der **gewerbliche Mietvertrag, der** *bail commercial*. Der *bail commercial* ist kein zwingender Bestandteil des *fonds de commerce*, aber ein wichtiger, sobald er Teil des *fond de commerce* ist. Der *bail commercial* ist Gegenstand der Art. L. 145–1 ff. C. com. Er ist eine besondere Form des Mietvertrags.

586 Die Kriterien, damit ein Mietvertrag unter den Anwendungsbereich der Art. L. 145–1 ff. C. com. fällt, sind zusammengefasst die folgenden: Der Mietvertrag muss zum Gegenstand die Vermietung eines Gebäudes bzw. eines Gewerbelokals haben und die Tätigkeit, die hier ausgeübt wird, muss eine gewerbliche bzw. handwerkliche sein. Der Mieter muss zudem im Handelsregister (*registre du commerce et des sociétés*) oder in der Handwerksrolle (*répertoire des métiers*) eingetragen sein.[235]

587 Um dem Mieter eine gewisse Kontinuität und damit seine berufliche Existenz zu garantieren, muss der *bail commercial* für eine **Dauer von mindestens neun Jahren** geschlossen werden. Nach drei Jahren hat der Mieter, wenn vertraglich nichts anderes vereinbart wurde, ein Kündigungsrecht. Dieses Recht hat auch der Vermieter; allerdings nur unter sehr engen Voraussetzungen.[236] Der gesetzlich bestehende Kündigungsschutz wird allerdings häufig durch eine Vertragsauflösungsklausel (*clause résolutoire*) aufgeweicht. Eine solche Vertragsauflösungsklausel listet Pflichtverletzungen des Mieters auf, die zur Kündigung von Rechts wegen (*résiliation de plein droit*) führen. Eine

---

231 Siehe Req., 15.2.1937, DP 1938.1.13.
232 S. im Einzelnen, Cordelier, Rn. 266 ff.
233 Bäckerei.
234 CA Paris, 24.10.1964, D.1965.248.
Ein kleiner Auszug aus der Entscheidung: « Le terme « pizza », bien qu'il ne désigne en italien qu'une spécialité culinaire, est employé communément en France par confusion avec le mot italien « pizzeria » pour désigner le restaurant servant principalement de la «pizza» comme enseigne de restaurant ne présente pas une originalité suffisante pour être protégée à ce titre. ».
235 S. zu den einzelnen Voraussetzungen Art. L. 145–1 bis L. 145–3 C. civ.
236 So lautet L. 145–4 C. com. : « Le bailleur a la même faculté ... afin de construire, de reconstruire ou de surélever l'immeuble existant, ... ».

solche Pflichtverletzung ist regelmäßig das Ausbleiben der Mietzahlung (*non-paiement du loyer*) bei Fälligkeit (*à l'échéance*).

Eine Besonderheit des *bail commercial* ist, dass nach Beendigung seiner Laufzeit sich dieser automatisch verlängert (*tacite reconduction*); s. im Einzelnen Art. 145-9 C. com. Die Verlängerung ist regelmäßig eine um weitere neun Jahre (s. im Einzelnen Art. 145-12 C. com.). 588

b) Der Kauf des fonds de commerce

Der Kauf des *fonds de commerce* ist ein *acte de commerce par nature*[237]. Im Übrigen richtet sich ein solcher Kaufvertrag (*contrat de vente*) grundsätzlich nach den Vorschriften des *droit commun*; also nach denen des *Code civil*[238]. 589

Ergänzend finden allerdings die Vorschriften der Art. L. 141-1 ff. C. com. Anwendung, da es sich um einen Handelskauf und im Speziellen um den Kauf eines *fonds de commerce* handelt. Die hier anzuwendenden besonderen Regeln dienen dazu, auf der einen Seite den Käufer zu schützen, der etwas erwirbt, was nur schwer zu fassen, zu beziffern ist; wie die Kundschaft. Auf der anderen Seite sollen durch die Übertragung des *fonds de commerce* die Rechte der Gläubiger (*créanciers*) gewahrt werden. 590

Gegenstand des Verkaufs sind grundsätzlich alle Elemente des *fonds de commerce*, soweit sie nicht im Kaufvertrag ausgeschlossen wurden. Allerdings müssen alle Elemente übertragen werden, die zum Betrieb des *fonds de commerce* unerlässlich sind. Aufgrund der Tatsache, dass die Kundschaft (*clientèle*) das Herzstück des *fonds de commerce* ist, kann konsequenterweise dieser auch nicht ohne die Kundschaft an eine andere Person übertragen werden. 591

Der Kaufvertrag über einen *fonds de commerce* kann einerseits formfrei geschlossen werden, andererseits sind in Art. L. 141-1 C. com. eine Reihe von Angaben aufgelistet, die der Kaufvertrag unbedingt enthalten muss (*mentions obligatoires*). So wird durch die Hintertür die Schriftform eingeführt. Sollte einer der Angaben – wie Umsatz, Details zum Mietvertrag, Pfandrechte – fehlen, kann der Käufer die Anfechtung des Kaufvertrages (*demande de la nullité de l'acte de vente*) begehren. Dies ergibt sich aus Art. L. 141-1 Abs. 2 C. com. 592

Das französische Handelsrecht geht bezüglich der Formerfordernisse noch einen Schritt weiter, indem es in Art. L. 141-12 C. com.[239] vorschreibt, dass die Übertragung eines *fonds de commerce* unter anderem im *Bulletin officiel des annonces civiles et commerciales* (BODACC) veröffentlicht werden muss. 593

Zudem müssen die Arbeitnehmer über die mögliche Veräußerung des *fonds de commerce* informiert werden; und zwar mindestens zwei Monate vor Vertragsschluss. Diese Informationspflicht soll den Arbeitnehmern die Möglichkeit einräumen, selbst dem bisherigen Inhaber des *fonds de commerce* ein Kaufangebot unterbreiten zu können. 594

Darüber hinaus müssen sowohl Käufer als auch Verkäufer das für sie zuständige *Centre de formalité des entreprises* (CFE) über die Veräußerung unterrichten. Dieses 595

---

[237] S. hierzu im Einzelnen Rn. 517.
[238] S. hierzu im Einzelnen Rn. 327 ff.
[239] « ... toute vente ou cession de fonds de commerce, ... est, dans la quinzaine de sa date, publiée à la diligence de son acquéreur ... dans un journal habilité à recevoir les annonces légales dans l'arrondissement ou le département dans lequel est exploité le fonds de commerce et sous forme d'extrait ou d'avis au Bulletin officiel des annonces civiles et commerciales. ».

übernimmt dann die weiteren Formalitäten wie die Meldung an das Handelsregister (*registre du commerce et des sociétés*), an das INSEE, an die Sozialversicherung etc.

596 Die rechtlichen Folgen des Kaufvertrags über einen *fonds de commerce* sind die Pflicht des Verkäufers, dem Käufer die Kaufsache, also den *fonds de commerce*, zu übergeben (*obligation de délivrance*). Dies geht aus Art. 1603 C. civ. hervor. Für die Übertragung der materiellen Elemente des *fonds de commerce* gilt Art. 1606 C. civ.: Bewegliche Sachen sind zu übergeben («*remise de la chose*»).

597 Für die Übertragung der immateriellen Elemente findet Art. 1607 C. civ. Anwendung. Hier kann die Übertragung beispielsweise in der Übergabe der das immaterielle Recht verkörperten Urkunde liegen. Der Verkäufer muss zudem die Vertragsmäßigkeit der Sachen gewährleisten[240].

598 Von besonderer Bedeutung beim Kauf eines *fonds de commerce* ist die *garantie d'éviction*[241]. Die *garantie d'éviction* soll den Käufer vor jeglicher Störung schützen und zwar sowohl in rechtlicher als auch in tatsächlicher Hinsicht. Eine Störung tatsächlicher Natur liegt beim Verkauf eines *fonds de commerce* vor allem dann vor, wenn der Verkäufer versucht, die „verkaufte" Kundschaft abzuwerben. Hier greift die *garantie d'éviction* in Form eines *trouble de droit*.[242]

599 Im Kaufvertrag wird häufig eine Wettbewerbsverbotsklausel (*clause de non-concurrence*) eingefügt, damit der Verkäufer sich nicht in unmittelbarer Nähe ansiedelt und so seine ehemalige Kundschaft an sich bindet.

c) Die Verpfändung des fonds de commerce

600 Die Verpfändung (*nantissement*) des *fonds de commerce* ist in den Art. L. 142–1 ff. C. com. umfangreich geregelt. Das *nantissement* gehört zu den **dinglichen Sicherheiten** (**sûretés réelles**). Häufig wird es zur Sicherung eines Bankkredits bestellt. Vorteil des *nantissement*: Durch die Bestellung eines *nantissement* bleibt der Inhaber des *fonds de commerce* weiterhin im Besitz des selbigen. Das heißt, er kann sein Unternehmen betreiben wie zuvor.

601 In Art. L. 142–2 C. com. ist festgehalten, welche Elemente von der Verpfändung erfasst sein können. Dies sind grundsätzlich alle Elemente, die den *fonds de commerce* ausmachen. In dem *acte de nantissement* sollte deswegen klar und präzise festgehalten werden, welche Elemente tatsächlich Gegenstand der Verpfändung sein sollen.

602 Die Verpfändung muss **schriftlich** (***acte sous signature privée***) festgehalten werden bzw. notariell beurkundet (*acte authentique*) sein. Zudem muss das *nantissement* in ein spezielles Register beim Handelsgericht (*tribunal de commerce*) eingetragen werden. Die Frist hierfür beträgt dreißig Tage. S. im Einzelnen Art. L. 142–3 und 142–4 C. com.

603 Der ganz große Vorteil für den Gläubiger eines *nantissement du fonds de commerce* ist, dass auch im Falle eines Verkaufs des *fonds de commerce* das *nantissement* bestehen bleibt. So führt Art. L. 143–12 C. com. aus: « *Les privilèges du vendeur et du créancier gagiste suivent le fonds de commerce en quelques mains qu'il passe.* ».

---

240 Auf die Mängelrechte des Käufers im Einzelnen sei auf die Rn. 345 ff. verwiesen.
241 S. hierzu im Einzelnen Rn. 343 ff.
242 Cass. com., 24.5.2015, n° de pourvoi 02–19704.

Zudem genießt der Gläubiger eines *nantissement de fonds de commerce* (*créancier nanti*) das Recht auf vorzugsweise Befriedigung (*droit de préférence*).

Weiterführende Literatur:
J.-B. Blaise, R. Desgorges, Droit des affaires, 11. Aufl, L.G.D.J., Paris 2021
D. Guével, Droit du commerce et des affaires, 5. Aufl., L.G.D.J., Paris 2017
D. Legeais, Droit commercial et des affaires, 28. Aufl, Sirey, Paris 2022
T. Leobon, Droit commercial, 2. Aufl., Bréal, Paris 2020
J. Mestre, Droit commercial, 31. Aufl., L.G.D.J., Paris 2021

II. Gesellschaftsrecht

1. Allgemeines

Das französische Gesellschaftsrecht speist sich aus **mehreren Quellen**. Von vorrangiger Bedeutung sind das Zivilgesetzbuch (*Code civil*), das Handelsgesetzbuch (*Code de commerce*) und das Gesetzbuch für Geld- und Finanzmarktrecht (*Code monétaire et financier*). Daneben findet sich eine Vielzahl von Einzelgesetzen; etwa das Gesetz vom 31.12.1990 über die Gesellschaften, die von Freiberuflern gegründet werden können (*loi sur la société d'exercice libéral*).

604

In der Praxis nutzt der französische Gesellschaftsrechtler eine weitere Quelle: das sog. Gesetzbuch für Gesellschaften (*Code des sociétés*). Hierbei handelt es sich um **eine private Sammlung der einschlägigen Texte zum Gesellschaftsrecht**, angereichert mit Rechtsprechung und Kommentaren, die von den großen Verlagshäusern Lexisnexis (blaue Ausgabe) bzw. Dalloz (rote Ausgabe – hier: *Code des sociétés et des marchés financiers*) herausgegeben wird. Dass die Vorschriften zum Gesellschaftsrecht aus den anderen Gesetzbüchern herausgelöst und in einem eigenen Gesetzbuch gebündelt werden, wird in der einschlägigen Literatur seit langem gefordert[243], scheint aber für den Gesetzgeber bislang nicht von Vorrang zu sein.

605

Der **internationale Wettbewerb der Rechtssysteme** hat das französische Gesellschaftsrecht in den letzten Jahrzehnten geprägt und zu einschneidenden Entwicklungen geführt. Nennenswert ist zunächst eine **Rückkehr zu mehr Vertragsfreiheit**. Wie in Deutschland auch, ist der französische Gesetzgeber ab der Mitte des 20. Jahrhundert stark regulierend tätig geworden. Zwingendes Recht legt Strukturen, Organe, Vertretungsmacht, Rechte und Pflichten von Teilhabern usw. fest. In der französischen Literatur wurde in diesem Zusammenhang die vertragsrechtliche Grundlage der Gesellschaft in Frage gestellt; die Gesellschaft sei vielmehr ein gesetzliches Institut (*institution*), dem man beitritt, ohne über dessen Inhalt verfügen zu können, vergleichbar etwa mit der Ehe. Mit einem Gesetz von 1994 hat der französische Gesetzgeber einen **Richtungswechsel** vollzogen[244]. In der neuen Vereinfachten Aktiengesellschaft (*Société par actions simplifiée – SAS*) steht der Wille der Vertragsparteien wieder im Vordergrund. Das Gesetz macht kaum zwingende Vorgaben, den Vertragsparteien wird weitreichender Gestaltungsspielraum gelassen; so ist etwa als Leitungsorgan allein der Präsident (*président*) zwingend vorgesehen, der auch gesetzlicher Vertreter ist (Art. L 227–6 C. com) – die Gestaltung weiterer Führungsorgane oder -gremien steht den Parteien frei.

606

---

243 So zB M. Cozian, A. Viandier, F. Deboissy, Droit des sociétés, 28. Auflage, LexisNexis, Paris 2015, Rn. 10.
244 Loi n° 94–1 du 3 janvier 1994 instituant la société par actions simplifiée.

607 Im Zuge der Modernisierungen des Gesellschaftsrechts hat der französische Gesetzgeber auch das **Mindestkapital herabgesetzt**, dies insbesondere unter dem Einfluss des englischen Rechts und seiner *Limited*. Dabei hat er – im Gegensatz zum deutschen Gesetzgeber – den liberalen Ansatz konsequent umgesetzt: die SAS und die SARL können mit einem Kapital von 1 Euro gegründet werden und ohne zeitliche Einschränkung bestehen. Von nicht minder großer Bedeutung ist die Möglichkeit, nunmehr **Ein-Personen-Gesellschaften** gründen zu können. Sowohl die Vereinfachte Aktiengesellschaft (SAS) also auch die Gesellschaft mit begrenzter Haftung (SARL) können eine Ein-Personengesellschaft sein; die Gesellschaftsform heißt entsprechend *Société par actions simplifée unipersonnelle* (SASU) und *Entreprise unipersonnelle à responsabilité limitée* (EURL oder SARL unipersonnelle). Im Jahre 2015 waren 48 % der Neugründungen SAS. Ebenfalls 48 %, aber konstant rückläufig, waren SARL[245]. Der Rest entfiel auf andere Gesellschaftsformen. 56 % aller Gesellschaftsgründungen, also eine Mehrheit, waren Ein-Personengesellschaften (SASU und EURL).

2. Gesellschaftsformen

608 Das französische Recht kennt eine **Vielzahl von Gesellschaftsformen**. Diese können verschieden gegliedert werden, etwa nach der Unterscheidung Kapitalgesellschaft (*société capitalistique*) und Personengesellschaft (*société de personnes*) bzw. Mischform (*forme mixte*, etwa die SARL). Am geläufigsten ist in Frankreich jedoch die Gliederung nach Handelsgesellschaft (*société commerciale*) und Gesellschaft bürgerlichen Rechts (*société civile*), je nachdem, ob das Handelsgesetzbuch einschlägig ist, oder nicht.

a) Handelsgesellschaften

Allgemeines

609 Bedeutende Handelsgesellschaften sind die Aktiengesellschaft (*société anonyme* – SA), die Vereinfachte Aktiengesellschaft (*société par actions simplifiée*, SAS) und die Gesellschaft mit begrenzter Haftung (*société à responsabilité limitée*, SARL). Daneben kennt das französische Handelsrecht weitere Formen, die jedoch in der Praxis kaum zum Tragen kommen, namentlich die Kommanditgesellschaft (*société en commandite*) und die Gesellschaft mit gemeinsamen Namen (*société en nom collectif*, SNC), also die klassische Personengesellschaft ohne Haftungsbegrenzung.

Besonderheiten der französischen Aktiengesellschaft

610 Hervorzuheben ist, dass die französische Aktiengesellschaft sich deutlich von der gleichnamigen Gesellschaft nach deutschem Recht unterscheidet. Frankreich kennt zwei Organisationsformen für Aktiengesellschaften. Die klassische Aktiengesellschaft ist **monistisch** (*modèle moniste*) bzw. streng zentralistisch strukturiert: Leitung und Aufsicht sind nicht klar getrennt, eine **einzelne Person bündelt erhebliche Vollmachten** (Art. L. 225–17 ff. C. com). Geführt und vertreten wird die Gesellschaft vom Generaldirektor (*directeur général*). Überwachungsorgan ist der von den Aktionären gewählte Verwaltungsrat (*conseil d'administration*). I.d.R., aber nicht zwingend, ist der Generaldirektor zugleich Präsident des Verwaltungsrates; in dieser Funktion setzt er z.B.

---

[245] Quelle: Nationales Amt für Statistik (INSEE): https://www.insee.fr.

die Tagesordnung fest und leitet die Sitzungen. Damit vereint der Generaldirektor die Leitung des Unternehmens und die Leitung der Aufsicht. Er trägt in diesem Fall den – in Frankreich noch immer prestigeträchtigen – Titel „P-DG"; die Abkürzung steht für *président-directeur général*.

Als Alternative zur klassischen Struktur wurde im Jahre 1966 die **Aktiengesellschaft mit Direktorium** ins Leben gerufen (*société anonyme avec directoire*; Art. L 225–57 ff. C. com.) Zweck war es, eine der deutschen Aktiengesellschaft nachempfundene gemeinschaftliche Führung vorzusehen und klar zwischen Leitung und Aufsicht zu trennen. Man spricht vom **dualistischen Modell** (*modèle dualiste*). Leitungsorgan ist das Direktorium (*directoire*, entspricht dem Vorstand), welches gemeinsam entscheidet und einen der ihren zum Präsidenten bestimmt (*président du directoire*). Die Aufsicht führt der Aufsichtsrat (*conseil de surveillance*), der im Wesentlichen von den Aktionären gewählt wird. Wenngleich einige namhafte Aktiengesellschaften die dualistische Struktur angenommen haben – etwa PSA –, so ist der Erfolg doch begrenzt geblieben: in Frankreich sind nur ca. 20 % der Aktiengesellschaften dualistisch strukturiert.

611

Nur sehr zaghaft dringt in Frankreich **betriebliche Mitbestimmung** (*participation des salariés à la gestion de l'entreprise*) nach deutschem Vorbild durch. In der Vergangenheit haben sich weder Arbeitgeber noch Gewerkschaften ernsthaft hierfür eingesetzt[246]. Ein Gesetz von 1986 eröffnete Aktiengesellschaften zunächst auf freiwilliger Basis die Möglichkeit, für Arbeitnehmervertreter einen Sitz im Aufsichtsorgan vorzusehen. Erst seit einem Gesetz von 2015[247] ist es für große Aktiengesellschaften (d.h. über 1000 Mitarbeiter) regelmäßig zwingend, im Aufsichts- oder Verwaltungsrat einen bzw. zwei Arbeitnehmervertretern einen Platz einzuräumen. Dagegen ist in Frankreich die **Förderung des Frauenanteils** deutlich weiter fortgeschritten. Für sämtliche Aktiengesellschaften gilt eine – allerdings nicht sanktionierte – Zielvorgabe eines „gleichen Anteils an Frauen und Männern" in Aufsichtsorganen (Art. L. 225–17, L. 225–69 C. com). Börsennotierte Aktiengesellschaften müssen dagegen zwingend einen 40 %-Anteil „jeden Geschlechts" vorweisen; Ernennungen, die hierzu im Widerspruch stehen, sind nichtig (Art. L. 225–18–1, L. 225–69–1 C. com).

612

b) Gesellschaften bürgerlichen Rechts

Das französische Recht kennt eine Vielzahl von Gesellschaftsformen, die nicht unter Handelsrecht, sondern allein unter Zivilrecht fallen. **Grundform ist die Gesellschaft bürgerlichen Rechts** (*société civile*) nach Art. 1845 des Code civil, die immer dann vorliegt, wenn nichts Anderes bestimmt ist. Häufig findet sie sich in Form einer Immobiliengesellschaft bürgerlichen Rechts (*société civile immobilière*, SCI), wo sie sowohl im privaten als auch im gewerblichen Bereich zum Zwecke des Erwerbs und der Verwaltung von Immobilien genutzt wird.

613

Besondere Gesellschaftsformen sind für **Freiberufler** (*professions libérales*) vorgesehen, etwa die Gesellschaft für freiberufliche Tätigkeit mit begrenzter Haftung (*Société d'exercice libéral à responsabilité limité*, SELARL). Diese wird häufig von Anwaltskanzleien verwendet, wobei der Name trügerisch ist: die sog. Haftungsbegrenzung greift im Regelfall – der Berufshaftung – nicht, so dass der Durchgriff gegen den Berufsträger offensteht. Seit 2016 können Freiberufler ihre Tätigkeit auch im Rahmen

614

---

246 M. Cozian, A. Viandier, F. Deboissy, aaO, Rn. 888.
247 Loi n° 2015–994 du 17.8.2015 relative au dialogue social et à l'emploi.

einer Handelsgesellschaft ausüben, jedoch wiederum unter Ausschluss einer wirksamen Haftungsbegrenzung. Somit haften Freiberufler in Frankreich i.d.R. – anders als in Deutschland, das sein Recht den modernen Wirtschaftsverhältnissen angepasst hat – grundsätzlich noch immer mit ihrem Privatvermögen.

615 Auch für **landwirtschaftliche Betriebe** (*entreprises agricoles*) finden sich spezielle Gesellschaftsformen. So etwa die Bürgerliche Gesellschaft für landwirtschaftliche Betriebe (*société civile d'exploitation agricole*, SCEA), die sich dadurch auszeichnet, dass nicht eine Kapitaleinlage, sondern das Einbringen von Sachen und Arbeit im Vordergrund steht.

3. Gründung der Gesellschaft

616 Grundlage der Gesellschaft ist der **Gesellschaftsvertrag** (*contrat de société*). Dieser wird in Art. 1832 des Code civil definiert.: „Die Gesellschaft wird von zwei oder mehreren Personen gegründet, die vertraglich vereinbaren, einem gemeinsamen Unternehmen Güter oder ihre Arbeit zur Verfügung zu stellen, mit dem Zweck, Gewinne zu erzielen und zu teilen, oder um eine Ersparnis zu erreichen." Absatz 2 besagt, dass dort, wo das Gesetz es vorsieht, eine einzige Person ausreicht, um eine Gesellschaft zu gründen.

617 Die Gültigkeit des Gesellschaftsvertrages unterliegt zum einen **allgemeinem Vertragsrecht**, zum anderen besonderen **gesellschaftsrechtlichen Vorschriften**. Wie stets im Vertragsrecht, darf die Willenserklärung keinen Mangel aufweisen (*vice du consentement*), als da wären Irrtum (*erreur*), Täuschung (*dol*) oder Gewaltanwendung (*violence*); auch muss der Erklärende rechtsgeschäftsfähig sein (*capacité juridique*) und der Gegenstand der Gesellschaft nicht rechtswidrig (*illicite*). Das Gesellschaftsrecht verlangt ferner, dass eine **Einlage** (*apport*) getätigt wird, sei es ein Gut (*bien*) – Geld (*apport en numéraire*) bzw. eine Sache (*apport en nature*) – oder Arbeit (*apport en industrie*); fehlt jede Einlage, liegt kein Gesellschaftsvertrag vor[248]. Ebenso muss der **Gesellschaftszweck** (*objet social*) definiert und eine **Aufteilung des Gewinns** (*partage des bénéfices*) oder der Ersparnis vereinbart worden sein.

618 Nicht zuletzt setzt eine Gesellschaft nach ständiger Rechtsprechung den sog. *Affectio societatis* voraus, also „die Absicht, sich als gleichwertige Partner für das Erreichen eines gemeinsamen Projektes einzusetzen"[249]. Der generalklauselartige Begriff, der gemeinhin als schwer zu fassen gilt, eröffnet den Gerichten eine **über die Gesetzestexte hinausgehende Kontrollmöglichkeit**. So wird mit fehlendem *affectio societatis* etwa die Nichtigkeit der **fiktiven Gesellschaft** (*société fictive*) begründet, d.h. einer Gesellschaft, die in Wahrheit nicht der Verfolgung einer gemeinsamen Unternehmung dient, sondern vielmehr – oft unter Einsatz von Strohmännern – als Mantel genutzt wird, unter dem ein Dritter, der *maître de l'affaire*, seine Geschäfte abwickelt; die Nichtigkeit der fiktiven Gesellschaft ermöglicht den Durchgriff auf das Vermögen des Dritten. Ferner wird mit dem Begriff das Bestehen von ***de facto* Gesellschaften** (*société créé de fait*) begründet. Hier haben die Anteilseigner gerade keinen förmlichen Gesellschaftsvertrag geschlossen und auch keine Anmeldung vorgenommen, verhalten sich aber wie Gesellschafter, woraus auf das Bestehen einer faktisch bestehenden Gesellschaft geschlossen wird; die Teilhaber haften dementsprechend für Schulden der Gesellschaft.

---

[248] Cass. civ. I. 18.6.1974, n° de pourvoi 73–11.425.
[249] ZB Cass. civ. I. 20.1.2010, n° de pourvoi 08–13.200.

C. Handels- und Gesellschaftsrecht

Eine juristische Person (*personne morale*) wird die Gesellschaft mit ihrer **Eintragung** (*immatriculation*) ins Handels- und Gesellschaftsregister (*Registre du commerce et des sociétés*), das von der jeweils örtlich zuständigen Handelsgerichtsverwaltung geführt wird (*Greffe du Tribunal de commerce*). Die Gesellschaft kann erst dann rechtsgeschäftlich tätig werden, wenn sie die juristische Persönlichkeit erlangt hat. Eine Voraussetzung ist, dass die **Statuten** (*statuts*) eingereicht werden. Diese unterliegen der **Schriftform** (Art. 1835 des Code civil) und müssen folgendes benennen: Einlage jedes Gesellschafters (*apport de chaque associé*), Gesellschaftsform (*forme sociale*), Zweck (*objet*), Name (*nom*), Sitz (*siège*), Grundkapital (*capital*), Dauer (*durée*) und Funktionsweise (*modalités de son fonctionnement*). Grundsätzlich beinhalten die Statuten den Gesellschaftsvertrag. Immer häufiger jedoch werden gesellschaftsvertragliche Vereinbarungen in andere Vertragsdokumente ausgelagert. Solche Vereinbarungen sind insbesondere **Aktionärspakte** (*pactes d'actionnaires*), also Vereinbarungen zwischen Gesellschaftern, die i.d.R. nur diesen bekannt sind, oder auch die von den Gesellschaftern beschlossene **interne Geschäftsordnung** (*règlement intérieur*) der Gesellschaft.

619

4. Leben der Gesellschaft

Das Leben der Gesellschaft wird von mehreren Akteuren bzw. Organen geprägt, namentlich den Gesellschaftern und dem Unternehmensleiter.

620

a) Gesellschafter

Rechte der Gesellschafter

Die Rechte der Gesellschafter (*associés*) sind im Allgemeinen im Zivilgesetzbuch (Art. 1832 ff. C. civ.) und durch besondere Vorschriften hinsichtlich der jeweiligen Gesellschaftsform bestimmt (etwa für Gesellschaften bürgerlichen Rechts, in den Art. 1845 ff. C. civ.). Der Gesellschafter hat Anspruch auf **Teilhabe am Gewinn** (*participation au résultat*) und muss entsprechend für Verluste einstehen (*participation aux pertes*). Er hat nach Art. 1844 Abs. 1 C. civ. Ein Recht auf **Teilnahme an den gemeinschaftlichen Entscheidungen** (*participation aux décision collectives*) und somit bei Gesellschafterversammlungen (*assemblée des associés*) ein seinem Anteil entsprechendes Stimmrecht (*droit de vote*).

621

Stimmrechte können nur dann eingeschränkt werden, wenn dies gesetzlich vorgesehen ist. In der Gesellschaft mit beschränkter Haftung (SARL) ist dies nicht der Fall; gegenteilige Bestimmungen in der Satzung sind wirkungslos. In Aktiengesellschaften (SA) können dagegen unter bestimmten Voraussetzungen **stimmrechtslose Vorzugsaktien** (*actions de préférence*, L. 228–11 C. com) und Aktien mit **doppelten Stimmrechten** (*droit de vote double*, L. 225–123 C. com) ausgegeben werden. Die vereinfachte Aktiengesellschaft (SAS), in der besonders weitgehende Vertragsfreiheit gilt, ermöglicht sogar die Ausgabe von Aktien mit **Vielfachstimmrechten** (*droit de vote multiple*): so kann eine Aktie etwa mit 10, 50 oder auch 100 Stimmrechten ausgestattet werden. Eine ordentliche Gesellschafterversammlung (*assemblée générale ordinaire*) muss mindestens einmal im Jahr abgehalten werden (L. 225–100 C. com).

622

Missbrauchskontrolle

Wenn Gesellschafter im Grundsatz in ihrem Abstimmungsverhalten frei sind, so findet doch zugleich eine – in der Praxis sehr bedeutende – Missbrauchskontrolle statt (*abus*

623

du droit de vote). Dies gilt zunächst für den **Missbrauch einer Mehrheitsbeteiligung** (*abus de majorité*). Danach nimmt die Rechtsprechung an, dass eine Entscheidung missbräuchlich ist, wenn sie „den Interessen der Gesellschaft zuwiderläuft und allein zum Zweck hat, die Mehrheitsteilhaber gegenüber den Minderheitsteilhabern zu bevorteilen"[250]. Klassisch ist die Weigerung des Mehrheitsteilhabers, Gewinn auszuschütten, während er zugleich als Unternehmensleiter ein einträgliches Gehalt bezieht. Berühmt ist der Fall *Langlois et Peters* aus dem Jahr 1976. Hier wurde Missbrauch festgestellt, da über Jahre hinweg sämtliche Gewinne in die Reserven gestellt „und dort schlicht thesauriert wurden, ohne dass dies für die Gesellschaft den geringsten Nutzen gehabt hätte, da keine Investitionen getätigt oder geplant waren"[251]. Missbrauch kann jedoch auch **Minderheitsteilhabern** vorgeworfen werden (*abus de minorité*), insbesondere dann, wenn diese Sperrminoritäten (*minorité de blocade*) ohne lauteren Grund und gegen die Interessen der Gesellschaft einsetzen, z.B., wenn sie eine Sitzverlegung oder eine dringend notwendige Kapitalerhöhung blockieren. Sanktioniert wird Missbrauch sowohl mit der Aufhebung (*annulation*) gefasster Beschlüsse (Art. 1844–10 C. com), als auch mit einem Schadensersatzanspruch nach allgemeiner Deliktshaftung (Art. 1240 C. civ.)

Anteilserwerb und Güterstandsrecht

624 Beim Erwerb von Gesellschaftsanteilen ergeben sich in Frankreich besondere Probleme aus dem Güterstandsrecht (*droit des régimes matrimoniaux*). Im französischen Recht gilt die **Zugewinngemeinschaft** (*communauté réduite aux acquêts*). Damit fallen im Grundsatz sämtliche Güter, die im Laufe der Ehe erworben werden, ins Gemeinschaftsvermögen (*patrimoine commun*). Fraglich ist, wie mit Gesellschaftsanteilen zu verfahren ist, zumal widersprüchliche Interessen aufeinandertreffen. Im Regelfall sollen nicht beide Ehepartner Gesellschafter werden. Andererseits lässt sich schwer begründen, warum Anteile, die mit Gemeinschaftsvermögen erworben werden, nur einem Ehepartner zugutekommen sollen. Der Gesetzgeber hat den Konflikt in Art. 1832–2 des Code civil gelöst. Gesellschafter ist danach im Prinzip **nur der Ehepartner, der die Anteile erworben hat**[252]. Bei Anteilen an Aktiengesellschaften gilt dies ohne Einschränkung. Bei allen anderen Gesellschaftsformen – z.B. der Gesellschaft mit beschränkter Haftung (SARL) – hat der Ehepartner dagegen einen Anspruch darauf, **ebenfalls Gesellschafter zu werden**, namentlich die Hälfte der erworbenen Anteile zu erhalten. Dies lässt sich auch nicht durch eine Zustimmungsklausel (*clause d'agrément*) in den Statuten umgehen. Damit der Ehepartner diesen Anspruch geltend machen oder aber – wie i.d.R. üblich – seinen Verzicht (*renonciation*) aussprechen kann, muss er vom Anteilserwerb **förmlich in Kenntnis gesetzt** werden. Fehlt es daran, kann er die Nichtigkeit (*nullité*) des Anteilserwerbs einklagen. Dies alles gilt freilich nicht, wenn die Eheleute Gütertrennung (*séparation de biens*) vereinbart haben.

Ausschluss eines Gesellschafters

625 Gesellschafter können ausgeschlossen werden (*exclusion d'un associé*). Neben den gesetzlichen Ausschlussfällen[253], steht es den Gesellschaftern frei, **Ausschlussgründe in**

---

250 Cass. com. 18.4.1961, JCP 1961, 1264, Anm. D.B.
251 Cass. com. 22.4.1976, n° de pourvoi 75–10735.
252 Güterstandsrechtlich sind die Anteile gleichwohl dem Gemeinschaftsvermögen zuzurechnen.
253 ZB Article 1844–12 C. civ (Geschäftsunfähigkeit eines Gesellschafters).

den Statuten zu verankern. Dies besagt das Gesetz ausdrücklich für die Vereinfachte Aktiengesellschaft (SAS, L. 227–16 C. com). Nach einigem Zögern, hat die Rechtsprechung entschieden, dass der Grundsatz für alle Gesellschaftsformen gilt[254]. Ausschlussgrund kann etwa sein, dass sich bei einem Gesellschafter die Eigentümerverhältnisse ändern; oder auch, dass er als Unternehmensleiter der Gesellschaft abberufen wird. Die Klausel sollte vorsehen, wer die Anteile erwirbt (die anderen Gesellschafter, die Gesellschaft) und wie der Wert ermittelt wird.

b) Unternehmensleiter

Allgemeines

Geführt und vertreten wird die Gesellschaft vom Unternehmensleiter (*dirigeant*). Der Unternehmensleiter trägt je nach Gesellschaftsform unterschiedliche Bezeichnungen: Geschäftsführer (*gérant*) in den Gesellschaften mit beschränkter Haftung (SARL, EURL), Präsident (*président*) in der Aktiengesellschaft (SA, SAS) bzw. Direktor (*directeur*) in der Aktiengesellschaft mit Direktorium (*SA à directoire*). Der Unternehmensleiter wird i.d.R. durch Gesellschafterbeschluss ernannt und abberufen, es sei denn, besondere Vorschriften sehen etwas Anderes vor (so etwa in der Aktiengesellschaft mit Direktorium, wo der Aufsichtsrat die Mitglieder des Direktoriums ernennt, und die Aktionärsversammlung diese abberuft, Art. L. 225–61 C. com.). Der Unternehmensleiter hat ein Mandat inne (*contrat de mandat*). Die Ernennung unterliegt i.d.R. der Veröffentlichungspflicht im Handelsregister.

626

Vollmachten

Hinsichtlich der Vollmachten des Unternehmensleiters unterscheidet das französische Recht, wie das deutsche auch, nach Außen- und Innenverhältnis. Im Außenverhältnis (*rapport externe*) kann der Unternehmensleiter die Gesellschaft i.d.R. unbegrenzt vertreten (etwa Art. L. 223–18, Abs. 5 C. com für die SARL; Art. L. 227–6, Abs. 2 C. com für die SAS). Einschränkungen, die in den Statuten vorgesehen sind, können Dritten nicht entgegengehalten werden (z.B. Art. L. 223–18, Abs. 6 C. com. für die SARL); wohl aber können Dritte sich zu ihren Gunsten auf sie berufen[255]. Ausnahmen gelten für **Gesellschaften ohne Haftungsbegrenzung** (z.B. *société civile*; *société en nom collectif*). Hier verpflichtet der Unternehmensleiter die Gesellschaft nur dann, wenn er im Rahmen des Gesellschaftszweckes (*objet social*) handelt (Art. 1849 C. civ. für die *société civile*; Art. L. 221–5 C. com. für die SNC). Zudem hebt die Rechtsprechung Rechtsgeschäfte auf, die dem Gesellschaftsinteresse eindeutig zuwiderlaufen (*contrariété à l'intérêt de la société*); so z.B., wenn der Unternehmensleiter ohne erkennbare Gegenleistung eine das Vermögen der Gesellschaft übersteigende Bürgschaft zeichnet[256].

627

Im **Innenverhältnis** (*rapport interne*), d.h. im Verhältnis zwischen dem Unternehmensleiter und der Gesellschaft, gelten andere Vorschriften. Im Prinzip kann der Unternehmensleiter jede Handlung vornehmen, die im Interesse der Gesellschaft liegt, jedoch können von den Gesellschaftern **Einschränkungen beschlossen werden**. So kann der Handlungsspielraum des Unternehmensleiters etwa durch die Statuten (*statuts*) oder

628

---

254 Cass. com. 8.3.2005, n° de pourvoi 02–17692.
255 Cass. com. 14.2.2018, n° de pourvoi 16–21.077 (Ausschluss der Vertretungsmacht für Gerichtsverfahren).
256 Cass. com. 3.6.2008, n° de pourvoi 07–11.785. Anders jedoch, wenn es sich um eine Gesellschaft mit Haftungsbegrenzung handelt (Cass. com. 12.5.2015, n° de pourvoi 13–28.505 et 14–11.028).

eine interne Geschäftsordnung (*règlement intéreur*) eingeschränkt werden; z.B. durch ein Verbot der Veräußerung von Immobilien oder einer Aufnahme von Darlehen, die eine bestimmte Höhe überschreiten, ohne vorige Zustimmung der Gesellschafter. Handelt er dem zuwider, so kann dies die persönliche Haftung des Unternehmensleiters gegenüber der Gesellschaft begründen.

Verträge mit der eigenen Gesellschaft

629 Von besonderer Bedeutung – und sehr verschieden vom deutschen Recht – ist in Frankreich die bei Handelsgesellschaften (SA, SAS, SARL usw.) einschlägige Kontrolle von Verträgen, die zwischen dem **Unternehmensleiter und der Gesellschaft** geschlossen werden. Zweck ist die Vermeidung von Interessenkonflikten (*conflits d'intérêts*). Die Vorschriften variieren stark nach Gesellschaftsform. Das Gesetz unterscheidet drei Fälle, wobei häufig Ausnahmen gelten, wenn der Unternehmensleiter eine juristische Person ist, was in Unternehmensgruppen vielfach der Fall ist. Ohne Weiteres wirksam sind die sog. **freien Verträge** (*conventions libres*), mit denen ein für die Gesellschaft „übliches Geschäft zu normalen Konditionen" geschlossen wird (Art. L. 225–39 C. com., für die SA); etwa: der Unternehmensleiter einer Werft erwirbt von seinem Unternehmen ein Boot zu nicht unüblichen Bedingungen. **Verboten und daher nichtig** sind dagegen i.d.R. Darlehen (*prêt*) der Gesellschaft an den Unternehmensleiter oder dessen Angehörige bzw. das Einstehen der Gesellschaft als Bürge (*caution*) für persönliche Schulden derselben (*convention interdite*; Art. L. 225–43 C. com., für die SA).

630 Fällt ein Vertrag nicht unter eine dieser Gruppen, handelt es sich um einen sog. **Regulierten Vertrag** (*convention réglementée*). Für diesen Fall sieht das Gesetz je nach Gesellschaftsform und Vertragsgegenstand vor, dass der Vertrag durch bestimmte **Gesellschaftsorgane vor Abschluss genehmigt** werden muss (*autorisation préalable*). So muss in einer SA der Verwaltungsrat (*conseil d'administration*) seine Zustimmung geben, wenn die Gesellschaft einen Vertrag z.B. mit dem Generaldirektor (*directeur général*) oder einem Verwaltungsratsmitglied (*membre du conseil d'administration*) schließt, oder auch mit einem Dritten (*tiers*), der mit einem der Erstgenannten eine Interessengemeinschaft teilt. In der SARL muss dagegen, sofern diese eine bestimmte Bilanzsumme überschreitet, zunächst der Wirtschaftsprüfer (*commissaire aux comptes*) informiert werden; dieser erstellt einen Bericht zur Information der Gesellschafterversammlung, die über den Vertrag abstimmt (Art. L. 223–19 C. com).

Haftung

631 Besonderes Gewicht hat die Frage der **persönlichen Haftung der Unternehmensleiter** (*responsabilité des dirigeants*). Diese können sich gegenüber der Gesellschaft und den Gesellschaftern haftbar machen. Dies gilt insbesondere für den Unternehmensleiter, der seine **Vollmachten überschreitet**. Ebenso für denjenigen, der den Interessen der Gesellschaft **schuldhaft zuwiderhandelt** (*faute de gestion*); so z.B., wenn ein Unternehmensleiter keine ordentliche Buchhaltung führt[257] oder bewusst eine defizitäre Aktivität weiterbetreibt[258].

632 **Kläger** ist i.d.R. die Gesellschaft (*action sociale*), da diese den Schaden erleidet. Damit die Klage nicht an der Untätigkeit der Unternehmensleitung scheitert – die häufig nicht

---

[257] Cass. com. 18.1.2000, n° de pourvoi 96–18512.
[258] Cass. com. 14.1.2004, n° de pourvoi 02–15595.

geneigt ist, sich selbst zu verklagen – kann sie im Namen der Gesellschaft auch **von Gesellschaftern angestrengt** werden (*action ut singuli*). Ein Gesellschafter kann zudem u.U. **einen eigenen Schaden** geltend machen. Er muss dann aufzeigen, dass das Fehlverhalten des Unternehmensleiters nicht die Gesellschaft geschädigt hat, sondern vielmehr ihn persönlich. Grundlage der Haftung ist allgemeines Deliktsrecht (Art. 1240 C. civ). In der Praxis geht es hier vor allem um Klagen von Aktionären wegen börsenrechtlicher Falschauskünfte (*informations boursières fausses ou trompeuses*)[259].

Eine **persönliche Haftung des Unternehmensleiters gegenüber Dritten** (*responsabilité à l'égard de tiers*) kann ebenfalls gegeben sein. Die Rechtsprechung hat diese jedoch eng eingegrenzt. Ohne hierfür auf eine Vorschrift verweisen zu können, nimmt sie – wie im Beamtenrecht – an, dass Dritte nur dann gegen den Unternehmensleiter persönlich vorgehen können, wenn diesem ein Fehlverhalten vorwerfbar ist, „**das von seiner Funktion unabhängig ist**" (*faute détachable des fonctions*)[260]. Zweck ist der Schutz des Unternehmensleiters, der kraft Amtes Fehler begeht oder Fehleinschätzungen unterliegt; der geschädigte Dritte soll sich im Regelfall gegen die Gesellschaft wenden. Verneint wurde so z.B. die persönliche Haftung eines Unternehmensleiters, dessen Fahrlässigkeit die Veruntreuung von Drittgeldern durch einen Buchhalter ermöglicht hatte[261]. Bejaht wird eine persönliche Haftung dagegen i.d.R., wenn **Vorsatz** (*intention*) **oder schweres Verschulden** (*faute grave*) vorliegt. So etwa, wenn ein Unternehmensleiter eine Forderung zweimal abtritt[262]. Oder wenn der Unternehmensleiter einer Tankstelle die Markenschilder seines Lieferanten abdeckt, um Benzin vom freien Markt veräußern zu können[263]. Ist die Gesellschaft insolvent, so neigen die Gerichte erfahrungsgemäß eher dazu, eine persönliche Haftung des Unternehmensleiters zu bejahen.

633

Neben der zivilrechtlichen Haftung, unterliegt der Unternehmensleiter in Frankreich einer weitreichenden **strafrechtlichen Haftung** (*responsabilité pénale*), wenngleich die Kritik eines Überhandnehmens der strafrechtlichen Sanktionen im Wirtschaftsrecht in den letzten Jahren dafür gesorgt hat, dass der Gesetzgeber hier leicht gegengesteuert und Straftaten gestrichen bzw. Strafmaß abgesenkt hat[264]. Das französische Strafrecht kennt eine Vielzahl von **speziellen unternehmensrechtlichen Straftatbeständen**. So findet sich im Handelsgesetzbuch ein eigener Abschnitt, der Straftaten im Gesellschaftsrecht definiert (*Titre IV, Infractions pénales*, Art. L. 241-2 ff. C. com). Danach droht etwa demjenigen Unternehmensleiter eine Gefängnisstrafe (*peine de prison*), der den Gesellschaftern einer Gesellschaft mit beschränkter Haftung im Rahmen des Jahresabschlusses ein falsches Bild von der Gesellschaft vermittelt und den wahren Wert der Gesellschaft verschleiert (Art. L. 241-3 Abs. 3 C. com). Eine Geldstrafe (*amende pénale*) droht dem Unternehmensleiter, der nicht jährlich ein Inventar (*inventaire*), die Abschlusskonten (*comptes annuels*) und einen Geschäftsbericht (*rapport de gestion*) erstellt (Art. L. 241-4 Abs. 1 C. com). Mit besonders schweren Strafen ist der **Bankrott** (*délit de banqueroute*) belegt, womit eine Reihe von Straftaten – etwa das Beiseiteschaffen von Aktiva – im Zusammenhang mit der Insolvenz eines Unternehmens bezeichnet wird (Art. L. 654-2 C. com). Hat ein Unternehmensleiter dagegen lediglich die Frist zur Anmeldung einer Insolvenz – 45 Tage nach Zahlungsunfähigkeit

634

---

259   ZB Cass. com. 9.3.2010, n° de pourvoi 08–21547.
260   Cass. com. 23.11.2010, n° de pourvoi 09–15339.
261   Cass. com 23.11.2010, n° de pourvoi 09–15339.
262   Cass. com. 20.5.2003, n° de pourvoi 99–17092.
263   Cass. com. 8.2.2005, n° de pourvoi 02–18017.
264   So etwa durch das Gesetz 2015–990 vom 6.8.2015.

(*cessation des paiements*) – „mutwillig" (*sciemment*)[265] verstreichen lassen, so liegt keine Straftat, sondern nur ein berufsrechtliches Vergehen vor; die Sanktion ist ein **Verbot zur Führung von Unternehmen** (*interdiction de gérer*, Art. L 653–8, Abs. 3 C. com).

635   Besondere Haftungstatbestände gelten auch im **Steuerrecht** (*droit fiscal*) und im **Insolvenzrecht** (*droit des procédures collectives*). Gemäß Art. L. 267 LPF (Steuergesetzbuch) haftet der Unternehmensleiter bei Steuerbetrug (*fraude*) oder **schwerwiegender und wiederholter Verletzung von Steuerpflichten** (*violation grave et répétée des obligations fiscales*) gesamtschuldnerisch mit seinem persönlichen Vermögen für Steuern, die vom Unternehmen geschuldet werden. Üblicherweise kommt die Vorschrift bei Insolvenz des Unternehmens zum Tragen. Unternehmensleiter sollen damit angehalten werden, auch bei Finanzschwierigkeiten des Unternehmens die Steuerpflichten zu erfüllen. Das **Insolvenzrecht** eröffnet dem Insolvenzverwalter eine Ausgleichsklage gegen den Unternehmensleiter, der die Insolvenz durch Managementfehler (*fautes de gestion*) verschuldet hat (Art. L. 651–2 C. com.). Ausgleich wird hier für die nach der Liquidation noch ausstehenden **Verluste der Gläubiger** geschuldet (*action en comblement de passif*). Bejaht wurde eine Haftung auf dieser Grundlage z.B. wegen grober Fehleinschätzung eines Zukunftsprojekts[266], Fortführung einer verlustbringenden Aktivität[267] oder überhöhter Entlohnung des Unternehmensleiters.

5. Entwicklung und Ende der Gesellschaft

636   Im Laufe ihres Bestehens kann eine Gesellschaft verschiedene Entwicklungen durchlaufen: Namensänderung (*changement de dénomination sociale*), Verlegung des Gesellschaftssitzes (*transfert du siège social*), Annahme einer anderen Nationalität durch Verlegung ins Ausland (*changement de nationalité*), was i.d.R. mit einer Auflösung der Gesellschaft einhergeht, Änderung des Zweckes (*objet*), der Dauer (*durée*) oder des Grundkapitals (*capital social*) der Gesellschaft oder Annahme einer anderen Gesellschaftsform (*transformation de la société*).

637   In jedem Fall ist ein **Gesellschafterbeschluss** (*décision des associés*) notwendig, wobei es von der Änderung abhängt, ob eine einfache Mehrheit (*majorité simple*), eine qualifizierte Mehrheit (*majorité qualifiée*) oder Einstimmigkeit (*unanimité*) erforderlich ist. So erfordert z.B. die Annahme einer anderen Gesellschaftsform i.d.R. Einstimmigkeit. Während bestimmte Änderungen Auswirkungen auf die Unternehmensleiter haben können (so zieht etwa die Annahme einer anderen Gesellschaftsform eine Beendigung der Leitungsmandate nach sich), bleiben Gläubiger (*créanciers*) bzw. Verträge mit Dritten (*contrats avec les tiers*) unberührt; hinsichtlich der Arbeitsverträge besagt dies ausdrücklich Art. L. 1224–1 des Arbeitsgesetzbuches (*Code du travail*).

638   Die allgemeinen Gründe für die **Auflösung der Gesellschaft** (*dissolution de la société*) sind in Art. 1844–7 C. civ. geregelt. Danach tritt eine Auflösung insbesondere in den folgenden Fällen ein: Ablauf der Dauer der Gesellschaft (*arrivé du terme*), Erreichen oder Wegfall des Gesellschaftszweckes (*réalisation ou disparition de l'objet social*), vorzeitiger Auflösungsbeschluss durch die Gesellschafter (*dissolution anticipée par les associés*), Liquidierung durch Gerichtsbeschluss (*liquidation judiciaire*) aber auch jeder

---

265 Die Voraussetzung der Mutwilligkeit wurde durch das Gesetz n° 2015–990 vom 6.8.2015 hinzugefügt.
266 T.com. Paris 23.11.1992, Bulletin Joly Sociétés 1993, S. 255 ff. (grobe Fehleinschätzung zur Lebensfähigkeit eines neuen Fernsehkanals).
267 Cass. com. 14.1.2004, n° de pourvoi 02–15595.

weitere in den Statuten verankerte Auflösungsgrund (*cause statutaire*). Daneben sieht das Gesetz weitere Auflösungsgründe vor, die für **jede Gesellschaftsform spezifisch** sind. So löst sich etwa die Gesellschaft Bürgerlichen Rechts (*société civile*) auf, die seit einem Jahr ohne Unternehmensleiter ist (Art. 1846-1 C. civ.). Gleiches gilt nach Ablauf einer bestimmten Frist für die Gesellschaft mit beschränkter Haftung (SARL), wenn das Eigenkapital die Hälfte des Grundkapitals unterschreitet (Art. L. 223-42 C. com).

Die Auflösung der Gesellschaft zieht deren **Liquidierung** (*liquidation*) nach sich. Diese hat zum Zweck, die Gläubiger der Gesellschaft zu befriedigen und das Grundkapital sowie den ggf. anfallenden Überschuss (*boni de liquidation*) an die Gesellschafter auszuschütten. Der Liquidator (*liquidateur*) wird von den Gesellschaftern oder vom Gericht benannt. Sein Mandat ist auf drei Jahre begrenzt, kann aber verlängert werden (Art. L. 237-21 C. com).

Weiterführende Literatur :
M. Cozian, F. Deboissy, A. Viandier, Droit des sociétés, 34. Aufl., LexisNexis, Paris 2021
B. Dondero, P. Le Cannu, Droit des sociétés, 9. Aufl., LGDJ, Paris 2022
M. Merle, A. Fauchon, Droit commercial. Sociétés commerciales. 25. Aufl., Dalloz, Paris 2021

§ 7 Juristische Ausbildung und Berufe

A. Das Universitätsstudium

I. Allgemeines

640 Eine Eigenart des französischen Hochschulsystems ist dessen **Zweiteilung in Universitäten und sog. Grandes écoles**. Über das höhere Prestige verfügen in Frankreich mittlerweile die – i.d.R. privaten – *Grandes écoles*, was vor allem damit zusammenhängt, dass es ihnen erlaubt ist, ihre Studenten streng selektiv auszuwählen, über die sog. **Zugangswettbewerbe** (*concours*). Die *Grandes écoles* sind vor allem **Lehranstalten**, Wissenschaft wird dort i.d.R. nicht betrieben. Sie sind üblicherweise fachbezogen und beherrschen die Ausbildung im Ingenieurswesen (*école d'ingénieurs*) und Management (*école de commerce*). Keinen Fachbezug haben dagegen die sog. Schulen für Politikwissenschaft (*écoles de sciences politiques*), deren Bekannteste die Pariser *Science Po* ist; hier wird ein bisschen von allem gelehrt: Politik, Wirtschaft, Soziologie, Recht, Verwaltung usw.

641 Die **Juristenausbildung** jedoch ist Sache der Universitäten. Versuche von *Grandes écoles*, in diesen Bereich vorzudringen, waren bislang nicht wirklich erfolgreich. Da die Universitäten keine Zugangsprüfung durchführen dürfen, findet die Selektion im Rechtsstudium insbesondere am Ende des ersten Studienjahres statt, wo die Erfolgsquote selten 50 % übersteigt. Da hierin auch ein Missstand gesehen wird, erfolgt die Zuweisung der Studienkandidaten seit 2018 über das nationale System *Parcoursup*[1], das eine bessere Orientierung der Studienkandidaten ermöglichen und den Universitäten gewisse Auswahlmöglichkeiten bieten soll. Dies ist auch vor dem Hintergrund zu sehen, dass es in Frankreich ein eingleisiges Schulsystem gibt und über 80 % eines Jahrganges Abitur (*bac*) hat.

II. Gliederung und Inhalt

642 Gegliedert ist das Jurastudium nach dem **europäischen LMD-System**. Nach drei Jahren erwirbt der Student die *Licence* und nach fünf Jahren den *Master II*; für eine Promotion (*doctorat*) werden drei Jahre angesetzt (aber selten eingehalten, da die juristische Promotion in Frankreich i.d.R. einer Universitätslaufbahn dienen soll und damit in Anspruch und Umfang eher der deutschen Habilitation gleichkommt). Während die *Licence* ein **allgemeines Studium** darstellt, in denen die juristischen Grundlagen erlangt werden sollen, findet im Laufe des zweijährigen *Master*-Studienganges eine **Spezialisierung** statt, etwa auf Wirtschaftsrecht (*droit des affaires*), Strafrecht (*droit pénal*) oder auch Sportrecht (*droit du sport*). Geprüft wird jeweils am Ende des Semesters, teils schriftlich, teils mündlich. Ein Staatsexamen nach deutschem Vorbild gibt es nicht.

643 Inhaltlich unterscheidet sich das französische Rechtsstudium vom deutschen recht deutlich. Der **Studienplan** ist wesentlich **breiter aufgestellt**. Wo man sich in Deutschland auf die Kernfächer beschränkt, wird der französische Student im Laufe des *Licence*-Studiums neben Schuldrecht AT/ BT, Strafrecht AT/BT und öffentlichem Recht auch – i.d.R. wahlweise – etwa die Fächer römisches Recht (*droit romain*), Rechtsgeschichte (*histoire du droit*), Grundrechte (*libertés publiques*), Zivilprozessrecht (*droit des procédures civiles*), Arbeitsrecht (*droit du travail*), Insolvenzrecht (*droit des procé-*

---

1 www.parcoursup.fr.

dures collectives), Steuerrecht (*droit fiscal*), Internationales Privatrecht (*droit international privé*) oder auch Europarecht (*droit de l'Union*) studieren. Hierfür steht ein enger – und vergleichsweise verschulter – Vorlesungsplan mit üblicherweise hoher Anwesenheit zur Verfügung; hinzu kommen Arbeitsgruppen (*groupes de travaux dirigés*) mit Präsenzpflicht und wöchentlichen Hausaufgaben.

III. Prüfungsmethoden und Rechtsverständnis

Ein wesentlicher Unterschied liegt in den **Prüfungsmethoden**. Der französische Student muss den Urteilskommentar (*commentaire d'arrêt*), den Aufsatz zu einem juristischen Thema (*dissertation*) und die praktische Falllösung (*cas pratique*) beherrschen. Dabei muss er beim Urteilskommentar und dem Aufsatz eine streng **binäre Gliederung** einhalten, den sog. zweistufigen Aufbau (*plan ein deux parties*), mit jeweils zwei Hauptteilen (*parties*) und zwei Unterteilen (*sous-parties*, somit: I, A.B., II, A.B.). Königsdisziplin, und am meisten gefürchtet, ist der **Urteilskommentar**, der dem Studenten abverlangt, eine höchstrichterliche Entscheidung in ihren Kontext zu stellen und zu bewerten (was deshalb Sinn macht, weil die Urteile des Kassationsgerichtshofes sehr knapp gefasst und nicht selbsterklärend sind[2]).

644

Falllösungen stehen dagegen nicht unbedingt im Vordergrund der universitären Ausbildung; die juristische Subsumption (*syllogisme juridique*) ebenfalls weniger, als es so mancher fordert. Der französische Jurist versteht sich folglich auch nicht vorrangig als Bediener einer juristischen Rechenmaschine bzw. als „bloßer" Anspruchsprüfer. Vielmehr erlangt er ein **kontextuelles Rechtsverständnis**, das die Norm in Raum und Zeit betrachtet. Während der deutsche Jurist feststellt: „Recht ist", sagt der französische Jurist eher: „Recht war, ist und sollte sein". So wird auch ein gutes Lehrbuch in Frankreich stets die Entwicklungen eines Rechtsgebietes darstellen und sich nicht auf die Darstellung des positiven Rechts beschränken.

645

B. Die berufliche Ausbildung

Wer das erste Jahr des *Master*-Studiums (*Master I*) erfolgreich abschließt, darf sich **Jurist** (*juriste*) nennen. Er kann mit dieser Ausbildung etwa Unternehmensjurist (*juriste d'entreprise*) oder Jurist in einem Verein (*juriste d'association*) werden. Die Mehrzahl der juristischen Berufe – Rechtsanwalt (*avocat*), Richter (*juge* oder *magistrat*), Notar (*notaire*), Gerichtsvollzieher (*huissier*) – sind jedoch sog. **regulierte Berufe** (*professions réglementées*), die eine Zusatzausbildung erforderlich machen.

646

I. Die Ausbildung zum Rechtsanwalt

Rechtsanwalt kann im Prinzip nur werden, wer eine der fünf **regionalen Anwaltsschulen** (*écoles du barreau*) besucht und erfolgreich mit dem Diplom des **CAPA** (*Capacité à exercer la profession d'avocat*) abgeschlossen hat. Der Zugang zu den Schulen wird durch eine Zugangsprüfung (*examen d'entrée à l'école du barreau*) reguliert, die i.d.R. etwa ein Drittel eines Universitätsjahrganges besteht, wobei jedem Kandidaten drei Versuche offenstehen. Geprüft werden alle wesentlichen Rechtsgebiete; i.d.R. bereiten sich die Kandidaten ein Jahr vor, Repetitorien (*écoles préparatoires*, kurz: *prépas*) sind üblich. Die zweijährige Schulzeit setzt sich aus einer sechsmonatigen **theoretischen**

647

---

[2] S. hierzu § 3, Rn. 49.

Ausbildung – etwa in der Kunst des Plädoyers – und langen **Praktika** zusammen. Hält der angehende Rechtsanwalt das CAPA schließlich in Händen, kann er seine Zulassung zu einer Anwaltskammer (*admission à l'ordre des avocats*) beantragen.

II. Die Ausbildung zum Richter

648 In Frankreich gibt es aufgrund der zweigleisigen Gerichtsordnung[3] zwei Richterlaufbahnen: **Richter für Zivil-und Strafrecht** (*magistrat judiciaire*) und **Verwaltungsrichter** (*magistrat administratif*), wobei es naturgemäß weit mehr Zivil- und Strafrichter bzw. Staatsanwälte gibt (ca. 9 000) als Verwaltungsrichter (ca. 1 500). Beide Laufbahnen sind vor allem über nationale **Einstellungswettbewerbe** (*concours*) zugängig. Je nach Bedarf wird jährlich frankreichweit eine bestimmte Zahl an Stellen ausgeschrieben. Auch hier sind umfangreiche Repetitorien üblich. Die anschließende Ausbildung zum *magistrat judiciaire* erfolgt auf der Richterschule in Bordeaux (*École nationale de la magistrature*) und dauert über zwei Jahre. Verwaltungsrichter werden auf verschiedenen Schulen ausgebildet (z.B. dem *Centre de formation de la juridiction administrative*).

Weiterführende Literatur:

N. *Cayrol*, F. *Grua*, Méthode des études de droit, 5. Aufl., Dalloz, Paris 2020

E. *Damette*, F. *Dargirolle*, Méthode de français juridique, 2. Aufl., Dalloz, Paris 2017

---

3 S. Rn. 32 ff.

Stichwortverzeichnis

Die Angaben verweisen auf die Randnummern des Buches.

Abstrakte Normenkontrolle 69
Abtretung 291
Abus de droit
– s. Responsabilité délictuelle 461
Acceptation 202 ff.
Acte administratif 21 ff., 95, 97 ff.
– annulation 97 ff.
– arrêté 21
– décret 21
– ordonnance 21
– softlaw 97
Acte authentique 269
Acte de commerce 513 ff.
Acte de commerce par accessoire 516
Acte de commerce par forme 516
Acte de commerce par nature 516
Acte juridique 128 ff., 150
Acte mixte 522
Acte solonnel 275
Acte sous signature privée 270
Action civile 120
Action interrogatoire 256
Action publique 119
Agent commercial 565 ff.
Allgemeines Schuldrecht 131
Anatocisme 533
Ancien régime 3, 28
Angebot 202 ff.
– Widerruf 205
Annahme 202 ff.
– Schweigen 208
Anspruchskonkurrenz 437
Arglistige Täuschung 230 ff.
Artisan 546 ff.
Assemblée nationale 19, 83 ff.
Aufhebungsklausel 301
Aufklärung 4 ff.
Autonomie de la volonté 4

Bail commercial 585 ff.
Bedenk-und Widerrufsfrist 209
Bereicherungsrecht 138
Berufungsgerichtshof 43 ff.

Besondere schuldrechtliche Verträge 321 ff.
Besonderes Schuldrecht 131
Bestimmter Vertragsinhalt 260 ff.
Beweislastumkehr 370
Beweisrecht 311 ff.
Beweisvorschriften 529 ff.
BODACC 554
Bonne foi 160, 196
Buchführung 560 f.
Bürgschaftsvertrag, persönliche Sicherheit 405 ff.
Bénéfice de discussion 421 ff.
Bénéfice de division 424

Cabinet ministériel 81
Capacité 239 ff.
– majeur 240
Capacité de contracter 220 ff.
Cause 149, 192
Cautionnement
– mention manuscrite 415
– sûreté personnelle 405 ff.
Cautionnement civil 411 ff.
Cautionnement commercial 411 ff.
Cautionnement solidaire 413
Cautionnment simple 413
Cession 291
Chambres de commerce et d'industrie 539 ff.
Citation directe 121
Classement sans suite 121
Clause générale 25
Clause résolutoire 301
Code civil 4 ff., 133 ff., 210
Code de commerce 505 ff.
Code de la consommation
– lois Scrivener 358
Code monétaire et financier 508
Code Napoléon 133
Cofidéjusseurs 426 f.
Commencement de preuve par écrit 314
Commerçant 543 ff.
Commissionnaire 576 f.

153

Stichwortverzeichnis

Communauté réduite aux acqûets 624
Comparution immédiate 115
Comptabilité 560 f.
Conditions générales 106
Conseil constitutionnel 15, 17, 68 ff.
Conseil des ministres 82
Consentement des parties 220 ff.
Consommateur 361 ff.
Constitution 15 ff., 16 ff., 23, 68 ff.
Constitution de 1946 72 ff.
Constitution de 1958 72 ff.
Contenu licite et certain 220 ff.
Contitution civile 6
Contrat 150, 154, 163 ff.
Contrat administratif 105 f.
Contrat cadre, contrat d'application 187 f.
Contrat conclu par voie électronique 217 f.
Contrat consensuel 174 ff., 177
- principe de consensualisme 176
Contrat de vente 326 ff.
- contrat consensuel 329
- contrat à exécution instantanée 329
- contrat à titre onéreux 328
- détermination de la chose 331 ff.
- détermination du prix 331 ff.
- vente à vil prix 334
Contrat d'adhésion, clauses non négociables 145, 179 ff.
Contrat gré à gré 186
Contrat réel 174 ff., 178
Contrats innommés 164 ff., 324 ff.
Contrats nommés 164 ff., 324 ff.
Contrat solonnel 174 ff.
Contrats synallagmatiques 324 ff.
Contrats unilatéraux 324 ff.
Contrat synallagmatique 168 ff.
Contrat unilatéral 168 ff.
Contrat à exécution instantanée 189 ff.
Contrat à exécution successive 189 ff.
Contrat à titre gratuit 172 f.
Contrat à titre onéreux 171 ff.
Contrôle de constitutionnalité 69
Convention 154
Convention de Vienne 386 ff.
Convention internationale 95
Conventions internationales 18, 20, 85

Courtier 578 f.
Coutume 1, 2, 27 f., 454, 511

Deliktshaftung 120, 432 ff.
- allgemeines Lebensrisiko 445
- Auftrag 435
- bloßer Vermögensschaden 439, 448, 464
- Fahrlässigkeit 455 ff., 462
- Fehlverhalten 454 ff.
- Gefahrenquelle 463
- Generalklausel 454, 456
- geschütztes Interesse 446
- Haftung der Eltern 478 ff.
- Haftung des Arbeitgebers 482
- Haftung des Weisungsgebenden 482 ff.
- Haftung für Dritte 477 ff.
- Haftung ohne Verschulden 433, 482, 490, 494, 496
- haftungsrechtliche Immunität 486
- immaterielle Schäden 464
- Kabelbruchfälle 448
- Kausalhaftung 480
- Kausalität 452 f., 496, 499
- mittelbar Geschädigter 446 f., 450
- Nicht-Vermögensschäden 449 f.
- Personenschaden 463
- Persönlichkeitsrecht 449, 464
- Prinzip der Haftung für Dritte 488 ff.
- punitive damages 436
- Rechtsgut, geschütztes 432, 455
- Rechtsmissbrauch 461 ff.
- Rechtswidrigkeit 457 ff.
- Sachhalterhaftung 466 ff.
- Schadensbegriff 444 ff.
- Schutzweck der Norm 452
- seelisches Leid 450
- Unterlassen 455
- Verhältnis zum öffentlichen Recht 441
- Verhältnis zum Strafrecht 442
- Verhältnis zu Vertrag 438 f.
- Verkehrsunfallrecht 496 ff.
- Verlust einer Chance 451
- Vermögensschaden 448
- Verschulden 457 ff.
- Verschuldenshaftung 454, 494
- Verschuldensprinzip 433
- verschuldensunabhängige Haftung 463, 466
- Vorsatz 455, 462
- vorvertragliche Haftung 465
- Zurechnungsfähigkeit 457 ff., 474
Deliktsrechtsreform 27, 434, 436, 451, 497

Stichwortverzeichnis

Delitshaftung, Prinzip der Nachbarschaftshaftung 492 ff.
Dinglicher Vertrag 178
Dispositions impératives 156
Dispositions supplétives 157
Dispositive Vorschriften 144
Doctrine 30 f.
Dol 230 ff.
Dommages et intérêts 305
Drohung 234 ff.
- Vertragsfreiheit 235
- violence économique 236 f.
Droit administratif 90 ff.
Droit civil 131
Droit commercial 503 ff.
Droit coutumier 1, 2, 28 ff.
Droit de la famille 131
Droit de la preuve 311 ff.
Droit de l'Union 16 f., 95
- directive 16
- règlement 16
Droit des biens 131
- biens immeubles 137
- biens meubles 137
- propriété 137
Droit des contrats spéciaux 131
Droit des obligations 131, 138
Droit des personnes 131
- actes de l'état civil 136
- autorité parentale 136
- droit du divorce 136
- droit du mariage 136
- filiation 136
- nationalité 136
- tutelle 136
Droit des sociétés 604 ff.
- abus de majorité ou de minorité 623
- action ut singuli 632
- associés 621
- conventions réglementées 629 f.
- dirigeant 626 ff.
- dissolution de la société 638
- droit de vote 621 f.
- entreprises agricoles 615
- exclusion d'un associé 625
- fin de la société 636 ff.
- pacte d'actionnaire 619
- professions libérales 614
- responsabilité du dirigeant 631

- régime matrimonial 624
- société crée de fait 618
- société fictive 618
- sociétés civiles 613 ff.
- sociétés commerciales 608 ff.
Droit des successions 131
Droit international privé 392
Droit oral 507
Droit privé 122
Droit prétorien 13
Droit public 7 ff.
Droit pénal 85, 107 ff.
Droits expatrimoniaux 126 f.
Droits fondamentaux 69, 71, 85, 88 f., 107
Droits patrimoniaux 126 f.
Droit écrit 14 ff.
Délai de grace 532
Délai de réflexion 209
Délai de rétractation 209, 378
Déni de justice 26

Effet relatif du contrat 286
Effets du contrat 283 ff.
Eigentumsübertragung 336 ff.
- Eigentumsvorbehalt 337 f.
Einrede der Vorausklage 421 ff.
Einrede des nichterfüllten Vertrags 296
Einseitiger Rechtsakt 21 ff.
Einseitiges Vertragsversprechen 214 ff.
Einseitig verpflichtender Vertrag 168 ff., 324 ff.
- Schenkung 170
Elektronischer Vertragsschluss 217 f.
Entgeltlicher Vertrag 171 f.
Erbrecht 131
Erfüllung durch Zwangsvollstreckung 297
Erreur 226 ff.
Erreur manifeste d'appréciation 96
Erreur sur un simple motif 227
Europarecht 16, 95
- Richtlinie 16
- Verordnung 16 f.
Exception de l'inexécution 296
Exigence du double
- force probante 316
Extrait Kbis 556
Exécution forcée 297

155

Stichwortverzeichnis

Fait juridique 128 f.
Familienrecht 131
Faute 4
Fehlverhalten 4
Fernabsatzvertrag 375 ff.
Firma 584
Fonds de commerce 580 ff.
- clientèle 583
Form, Prinzip der Formfreiheit 267 ff.
Formbedürftiger Vertrag 177
Forme
- principe du consensualisme 267 ff.
Forme écrite
- écrit électronique 312
Formularvertrag, nicht verhandelbare Klauseln 179 ff.
Frei ausgehandelter Vertrag 186

Garantie 373
Garantie autonome 407
Garantie commerciale 373
Garantie des vices cachés 348 ff.
- action estimatoire 352
- action rédhibitoire 352
Garantie d'éviction 344 ff., 598
Garantie légale
- garantie des vices cachés 343 ff.
- garantie d'éviction 343 ff.
Gebrauch 28 ff.
Gegenleistung 266
Gegenseitiger Vertrag 168 ff.
- Kaufvertrag 170
Gegenseitige Verträge 324 ff.
Generalklausel 25
Gerichtsbarkeiten 32 ff.
- Amtsgericht 35 ff.
- Arbeitsgericht 42
- Berfungsgerichtshof 43 ff.
- Berufung 45
- Berufungsgerichtshöfe in Verwaltungssachen 53 ff.
- Berufungsgerichtshof Paris 44
- Conseil d'Etat 11, 54, 56 ff.
- Generalstaatsanwaltschaft 47
- Geschworenengericht 39, 116
- Handelsgericht 41, 43
- Justizreform 35 ff.
- Kassationsgerichtshof 46 ff., 644
- Laienrichter 42 f.

- Landgericht 33 ff., 35 ff.
- Polizeigericht 114
- revision 48, 58
- Strafgericht 39, 115 ff.
- Strafgerichtsbarkeit 113 ff.
- Streitmeinung 59
- Tribunal des conflits 11
- Untersuchungsrichter 117
- Verwaltungsgerichtsbarkeit 7 ff., 52 ff.
- Vollstreckungsrichter 38
- Zivil- und Strafgerichte 32 ff.
Geschäftsfähigkeit 239 ff.
- volljährig 240
Geschriebenes Recht 14 ff.
Gesellschaftsrecht 604 ff.
- affectio societatis 618
- Aktionärspakt 619
- Auflösung der Gesellschaft 638
- Ausschluss eines Gesellschafters 625
- Beendigung der Gesellschaft 636 ff.
- betriebliche Mitbestimmung 612
- BGB-Gesellschaften 613 ff.
- de facto Gesellschaft 618
- fiktive Gesellschaft 618
- Förderung des Frauenanteils 612
- Freiberufler 614
- Gesellschafter 621
- Gesellschaftsvertrag 617
- Gesellschaftszweck 617
- Gründung der Gesellschaft 616
- Güterstandsrecht 624
- Haftung des Unternehmensleiters 631
- Handelsgesellschaften 608 ff.
- landwirtschaftliche Betriebe 615
- Missbrauchskontrolle 623
- Stimmrecht 621 f.
- Unternehmensleiter 626 ff.
- Verträge mit Unternehmensleitern 629 f.
Gesetz, ordentliches 19 ff., 84 ff.
- Zuständigkeit ratione materia 84 ff.
Gesetzesverordnung 60, 87
Gesetzesvorhaben 60, 82
Gesetzesvorschlag 62
Gesetzlichkeitsprinzip 108 f.
Gewährleistungsrechte 342 ff.
Gewaltenteilung 10
Gewohnheitsrecht 2, 28 ff., 454
Grundrechte 15, 69, 71, 85, 88 f., 107
Grundsatz der Vertragsfreiheit 155 ff., 259
Gény, François 26, 468

Stichwortverzeichnis

Handelsgerichte 524, 534 ff.
Handelsgeschäft 513 ff.
Handelsgesetzbuch 505 ff.
Handelskauf 384 f.
Handelsmakler 578 f.
Handelsrecht 503 ff.
Handelsregister 551 ff., 619
Handelsvertreter 565 ff.
Heck, Philipp 26

Immaterielle Rechte 126 f.
Immobilienkauf 379 ff.
Imprévision 106
Inexécution du contrat 292 ff.
Informationspflichten 195 ff.
Infraction pénale 108 ff.
– complicité 109
– intention 111
– irresponsabilité pénale 109
– personne morale 111
Insichgeschäft 257
Internationales Abkommen 18, 20, 85, 95
Internationales Privatrecht 392
Interprétation du contrat
– clauses claires et précises 279 ff.
Invitatio ad offerendum 204
Irrtum 226 ff.

Jhering, Rudolf von 26, 468
Juges consulaires 536
Juridictions 32 ff.
– Appel 45
– avis contentieux 59
– Cassation 48
– Conseil des prud'hommes 42
– Conseil d'Etat 11, 54, 56 ff.
– Cour administrative d'appel 53 ff.
– Cour de cassation 46 ff.
– Cour d'assises 116
– Cour d'appel 43 ff.
– Cour d'appel de Paris 44
– Cour d'assises 39
– Judiciaires 32 ff.
– juge de l'exécution 38
– juge départiteur 42
– juge d'instruction 117
– juges non-professionnels 42 f.
– juridictions administratives 52 ff.
– juridictions pénales 113 ff.
– justice administrative 7 ff.

– parquet général 47
– Réforme de la justice 35 ff.
– Révision 48
– Tribunal correctionnel 39, 115 ff.
– Tribunal de commerce 41, 43
– Tribunal de Grande Instance 33 ff.
– Tribunal de police 114
– Tribunal des conflits 11
– Tribunal d'instance 35 ff.
– Tribunal judiciaire 35 ff.
Jurisprudence 24 ff.
Juristenausbildung 641 ff.
– Gliederung 642
– juristische Subsumption 645
– Prüfungsmethoden 644
– Rechtsanwalt 646
– Rechtsverständnis 645
– Richter 646
– Studienplan 643
Juristische Personen, Handelsregister 124
Justice judiciare 12
Justizminister 119

Kaufmann 543 ff.
Kaufvertrag 326 ff.
– entgeltlicher Vertrag 328
Kommissionär 576 f.
Konfliktgericht 64 ff., 90
Königliche Verwaltung 3
Konsensualvertrag, Prinzip 176

Legaldefinitionen 152
Legalitätsprinzip 94
Lehre 30 f.
Leitsätze 151, 155 ff.
Lettre d'intention 407 f.
Liberté contractuelle
– dispositions supplétives 157 f.
Libertés publiques 88 f.
Loi ordinaire 19 ff., 84 ff.
– compétence ratione materiae 84 ff.
Lésion 265
– recision 382 f.

Majeur protégé
– curatelle 245
– sauvegarde de justice 247
– tutelle 245
Mängelrechte 399
Mauvaise exécution du contrat 293 ff.

157

Stichwortverzeichnis

Menschenrechtserklärung von 1789 5, 15
Mention manuscrite 272 ff.
– en toutes lettres et chiffres 315 ff.
Mesures provisoires 38
– hypothèque conservatoire 38
– saisie conservatoire 38
Minderjährige 242 ff.
Minderung 298 f.
Mineurs 242 ff.
Mineur émancipé 244
Ministerrat 82
Mitbürgschaft 426 f.
Monarchie 3, 8 f.
Motivirrtum 227

Nantissement de fonds de commerce
– sûreté réelle 600 ff.
Nationalversammlung 83 ff.
Natürliche Personen, Personenstandsregister 125
Nebenkläger 120
Nichterfüllung 292 ff.
Nom commercial 584
Non-professionnel 363 f.
Notarielle Beurkundung 269
Nullité abolue 277
Nullité relative 277
Numéro SIREN 555
Négociations 194 ff.

Obligation de confidentialité 201
Obligation de conformité au contrat 366
Obligations d'information 195 ff.
Offensichtlicher Bewertungsirrtum 96
Öffentlicher Dienst 93
Öffentliches Recht 7 ff.
Offre 202 ff.
Opportunitätsprinzip 121
Opportunité des poursuites 121
Opposabilité du contrat aux tiers 287
Ordonnance 60, 98
Ordonnances 87
Ordre administratif 7
Ordre public 149, 156, 192

Pacta sunt servanda 159, 284
Pacte de préférence 211 ff.

Paiement de l'indu 138
Parlament 83 ff.
Parlement 9, 43
Parlement de Paris 46
Partie civile 120
Personenrecht 131
– Abstammungsrecht 136
– Betreuungsrecht 136
– Eherecht 136
– Personenstandsrecht 136
– Scheidungsrecht 136
– Sorgerecht 136
– Staatsangehörigkeit 136
Personenstandsregister 125
Personne raisonnable 281
Personnes morales
– registre du commerce et des sociétés 124
Personnes physiques
– régistre d'état civil 125
Portalis, Jean-Étienne-Marie 25
Pouvoir 252
Pouvoir autonome 86
Präsident der Republik 75 ff.
Premierminister 79, 80 ff.
Premierministre 79, 80 ff.
Prescription 138, 525
– délai de prescription 307 ff.
– prescription extinctive 306 ff.
Principe de consensualisme 267 ff.
Principe de la liberté contractuelle 155 ff.
Principe de légalité 94, 108 f.
Principe de l'opportunité des poursuites 121
Principe du non-cumul des responsabilités 437
Prinzip der Sachhalterhaftung 467
Privatrecht 122
Procureur 117, 119 ff.
Procès pénal 112 ff., 118 ff.
– fonction indemnitaire 119
Profession libérale 550
Professionnel 363 f.
Projet de loi 60, 82
Promesse de porte-fort 290
Promesse unilatérale 214 ff.
Proposition de loi 62
Présomption
– présomption irréfragable 318

Stichwortverzeichnis

- présomption légale 317 ff.
- présomption simple (réfragable) 318

Présomption de fait 319
Présomption de solidarité 526 ff.
Présomption simple 515, 557
Publicité foncière 380
Pésident de la République 75 ff.
Question prioritaire de constitutionnalité 70 ff.
Rahmenvertrag 187 f.
Recht der unerlaubten Handlungen 138
Rechtsgeschäft 128 ff., 150
Rechtshandlung 128 f.
Rechtsmäßiger Vertragsinhalt, ordre public 258 ff.
Rechtsprechung 24 ff.
Rechtssubjekte
- juristische Personen 122
- natürliche Personen 122

Rechtsverordnung 21, 98
Rechtsverweigerung 26
Rechtswirkungen des Vertrages 283 ff.
Recours en plein contentieux 100 ff.
Registre du commerce et des sociétés 551 ff., 619
Remplacement du bien 371
Renversement de la charge de la preuve 370
Représantation imparfaite, Scheingeschäft 254
Représentation, pouvoir 250 ff.
Représentation contractuelle 251
Représentation imparfaite 253 ff.
Représentation judiciaire 251
Représentation légale 251
Représentation parfaite 253 ff.
Requête en référé 37
Responsabililité administrative, resonsabilité pour faute 102
Responsabilité administrative 100 ff.
- responsabilité sans faute 103 f.
- rupture d'égalité 104

Responsabilité du fait des choses
- chose 471
- rôle actif de la chose 476
- s. Responsabilité délictuelle 466

Responsabilité délictuelle 120, 432 ff.
- abus de droit 461 ff.
- accidents de la circulation 496 ff.
- causalité 452 f., 496, 499
- clause générale 454, 456
- dommage 444 ff.
- dommage certain 445
- dommage futur 445
- dommage hypothétique 445
- dommage moral 449 f., 464
- dommage purement économique 439, 464
- dommages et intérêts punitifs 436
- droits à la personnalité 464
- faute 454 ff.
- immunité 486
- implication 496, 499
- imputabilité 457 ff., 474
- intention 455, 462
- intérêt légitime, juridiquement protégé 446
- négligence 455 ff., 462
- omission 455
- perte de chance 451
- principe de responsabilité du fait d'autrui 488 ff.
- responsabilité causale 480
- responsabilité des parents 478 ff.
- responsabilité du commettant 482 ff.
- responsabilité du fait du tiers 477 ff.
- responsabilité pour faute 433, 494
- responsabilité pour troubles anormaux de voisinage 492 ff.
- responsabilité sans faute 433, 463, 466, 482, 490, 494, 496
- resposabilité du fait des choses 466 ff.
- risques normaux de la vie 445
- victime par ricochet 446 f.
- véhicule terrestre à moteur 497

Responsabilité extracontractuelle 138
Resposabilité du fait des choses
- garde de la structure 475
- gardien 473

Revolution von 1789 3, 10, 28
Römisches Recht 1, 2, 643
Réduction du prix 298 f., 371
Réparation du bien 371
Résolution du contrat 300 ff., 371
Sachenrecht 131
- bewegliche Sachen 137
- Eigentum 137

159

Stichwortverzeichnis

– unbewegliche Sachen 137
Sachhalterhaftung
– aktive Rolle der Sache 476
– Halter 473
– s. Deliktshaftung 466
– Sache 471
Sachhalterhaftung, Halter der inneren Struktur 475
Saint d'esprit 222
Schadensersatz 100, 103 f., 305
Schlechterfüllung 293 ff.
Schriftform 270
– elektronische Form 312
Schuldrecht 138
Schuldrechtliche Verpflichtungen
– Gesetz 161 f.
– Rechtsgeschäfte 161 f.
– Rechtshandlungen 161 f.
Schutzwalltheorie 23, 95
Senat 83 ff.
Service public
– service public administratif 93
– service public industriel et commercial 93
Sicherheiten 139
Sicherungsmaßnahmen 38
– Sicherungshypothek 38
– Sicherungspfändung 38
Sources des obligations
– actes juridiques 161 f.
– faits juridiques 161 f.
– loi 161 f.
Staatsanwaltschaft 117, 119 ff.
Stipulation de solidarité 422 f.
Stipulation pour autrui 289
Strafprozess 112 ff.
Strafrecht 85, 107 ff.
– Verhältnis zur Deliktshaftung 442
Straftat 108 ff.
– juristische Person 111
– Komplizenschaft 109
– Strafmündigkeit 109
– Vorsatz 111
Strafverfahren 118 ff.
– Entschädigungsfunktion 119
Sujets de droit
– personnes morales 122
– personnes physique 122
Sénat 19, 83 ff.

Sûretés 139
Théorie de la loi écran 23, 95
Théorie de la séparation des pouvoirs 10, 24
Transfert de la propriété 336 ff.
– réserve de propriété 337 f.
Treu und Glauben 160, 196
Tribunal des conflits 64 ff., 90
Tribunaux de commerce 524, 534 ff.
Übereinstimmender Parteiwille 280
Unentgeltlicher Vertrag 172 f.
UN-Kaufrecht 386 ff., 509
Urteil
– Urteilskommentar 49
– Urteilsstil 49 f.
Urteil Nicolo 95
Urteilskommentar 644
Usage 28 ff., 511
Usages internationaux 510
Vente commerciale 384 f.
Vente de fonds de commerce 589 ff.
Vente d'immeuble à construire 381
Vente immobilière 379 ff.
Vente à distance 375 ff.
Verbraucher 361 ff.
Verbrauchsgüterkauf 357 ff.
Verfassung 15 ff., 16 ff., 23, 68 ff.
Verfassungsrat 68 ff.
Verfassung von 1946 72 ff.
Verfassung von 1958 72 ff.
Verjährung 306 ff., 525
– Verjährungsfrist 307 ff.
Verjährungsrecht 138
Vermögensrechte 126 f.
Verordnung (ordonnance) 2016–131 vom 10.2.2016 141 ff.
Verschulden 102 f.
Verschwiegenheitspflicht 201
Vertrag 150, 163 ff.
Vertragsaufhebung 300 ff.
Vertragsauslegung 279 ff.
Vertragsfreiheit, dispositive Vorschriften 157 f.
Vertragsschluss
– Annahme 191 ff.
– Antrag 191 ff.

Stichwortverzeichnis

Vertragsverhandlungen 194 ff.
Vertrag zugunsten Dritter 289
Vertretung, Vertretungsmacht 250 ff.
Verwaltungsakt 21 ff., 95, 97 ff.
- Annulierung 97 ff.
- Dekret 21
- Erlass 21
- softlaw 97
- Verordnung 21
Verwaltungshaftungsrecht 100 ff.
- Haftung ohne Verschulden 103 f.
- Ungleichbehandlung 104
- Verschuldenshaftung 102
Verwaltungsrecht 90 ff.
Verwaltungsvertrag 105
Verwaltungsvertragsrecht 105 f.
Vice du consetement 234
Vices du consentement 225 ff.
Violence 234 ff.
Vorläufiger Rechtsschutz 37

Vorrangige Anfrage der Verfassungskonformität 70 ff.
Vorsatz 111
Vorvertragliche Bindungen 210 ff.
Vorzugsvertrag 211 ff.
VRP 572 ff.

Währungs- und Finanzgesetzbuch 508
Wegfall der Geschäftsgrundlage 106
Widerrufsrecht 378
Willensautonomie 4
Willenserklärung 203
- Annahme 221
- Antrag 221
- ausdrücklich 221
- konkludent 221
Wirksamkeitsvoraussetzungen 219 ff.

Zivilkläger 120
Zivilrecht 131
Zugewinngemeinschaft 624